टूटी हुई बिखरी हुई
(उपन्यास)

टूटी हुई बिखरी हुई

मानव कौल

हिन्द युग्म

ISBN : 978-93-92820-79-3

प्रकाशक:
हिंद युग्म
सी-31, सेक्टर-20, नोएडा (उ.प्र.)-201301
फ़ोन- +91-120-4374046

मुद्रक : थॉमसन प्रेस
आवरण-डिज़ाइन : मेघना भवालकर

पहला संस्करण : अगस्त 2023
तीसरा संस्करण : नवंबर 2025
मूल्य : ₹299

Tooti Hui Bikhari Hui
A novel by *Manav Kaul*

Published By
Hind Yugm
C-31, Sector-20, Noida (UP)-201301
Phone : +91-120-4374046
Email : sampadak@hindyugm.com
Website : www.hindyugm.com

First Edition: Aug 2023
Third Edition: Nov 2025
Price: ₹299

भूमिका

कई साल पहले की बात है, मैंने इस किताब के कुछ शुरुआती अंश लिख दिए थे।

मैं अपने बाक़ी लिखे के बीच में जब भी कभी इन लिखे अंशों पर जाता तो इसे पढ़कर एक नए उत्साह का संचार होता। इस तरह के सुनाई देने वाले संवाद मैंने इससे पहले नहीं लिखे थे। मेरे भीतर एक इच्छा जागती कि मैं अपना सारा काम छोड़कर इन नए सुनाई देने वाले संवादों को आगे बढ़ाऊँ। मैं अपने उत्साह में एक-दो नए वाक्य इस कहानी में जोड़ता और मेरे हाथ रुक जाते। मुझे लगता कि ये कहानी मुझे इसके आगे लिखे जाने से रोक रही है, ये कह रही है कि मैं अभी इसे लिखने के लिए तैयार नहीं हूँ, और मैं रुक जाता।

लेकिन मैंने देखा था कि मैं पूरी तरह रुका नहीं था। मैं इसे आगे लिख नहीं पाता, पर गाहे-बगाहे इस कहानी की तरफ़ वापस आता रहता। मैंने कोशिशें कीं कि ये कहानी, बीच में मिले ख़ाली वक़्त में, थोड़ी आगे बढ़े, पर इसकी संरचना कुछ इस तरह की थी कि ये किताब मेरा सारा वक़्त मुझसे माँगती हुई दिखती थी। सारा वक़्त मेरे पास अपने ख़ुद के लिए भी नहीं था। सो ये किताब बहुत सारे वक़्त की आशा के नीचे कहीं सरकती रही। उसके सरकने में मैं बार-बार इस कहानी को खोलकर बैठ जाता और हर बार मैं इसे पढ़कर मुस्कुराता नज़र आता, पर कहानी आगे नहीं बढ़ती।

फिर मुझे लगने लगा कि शायद ये मेरे उन लिखे में से है जो कभी पूरे नहीं होते, जिन्हें मैं अपने साथ लिए घूमता फिरता हूँ।

क़रीब एक साल पहले की बात है, मैं एक बहुत सघन लेखन के बीच में कहीं यात्रा कर रहा था। हर कुछ देर में मुझे मेरे भीतर एन्ज़ॉइटी का एक झटका आता दिखता और मैं अपने लिखे से दूर जाने की कोशिश करता। शायद लिखे से दूर जाने के बजाय मैं किसी दोस्त के पास जाने की इच्छा रखता, जिससे देर तक बातें की जा सकें। पर मैं यात्रा पर अकेला था। यात्राओं में नई दोस्ती करना यानी अपने लिखे से बहुत वक़्त निकालना था। मैं लंबा टहलने निकल जाता और ख़ुद से बातें करता रहता। पर इस बार ये भी काम करता नहीं दिख रहा था। मेरी एन्ज़ॉइटी वहीं-की-वहीं थी। उस सघन उपन्यास का लिखा जाना मेरी एन्ज़ॉइटी की वजह से दिन-ब-दिन कम होता चला जा रहा था।

ये तभी की बात है कि मैंने इस कहानी को, एक बार फिर इसके सारे अधूरेपन के साथ, अपने सामने खुला पाया। पर इस बार मैंने देखा कि इस कहानी ने अपना एक हाथ आगे बढ़ाया हुआ है... दोस्ती का हाथ। मुझे उस वक़्त बुरी तरह एक दोस्त की ज़रूरत थी। जैसे ही मैंने इस कहानी से हाथ मिलाया मुझे लगा कि किसी ने मुझे गहरे अँधेरे कुएँ से बाहर खींच लिया है। मेरे शरीर में एक क़िस्म की चंचलता वापस आ गई, मैं उछलने लगा। मैं हँसना चाहता था जी-भरकर। अब मुझे जब भी एन्ज़ॉइटी का दौरा आता मैं इस कहानी से मिलने आ जाता और ये कहानी मेरा हाथ पकड़कर मुझे ऐसे रास्तों पर ले जाती कि मैं कुछ वक़्त के लिए अपना सारा सघन लेखन भूल जाता। मुझे बहुत देर बाद पता चला कि मैं इस नई दोस्ती में इस कहानी को लिखता भी चला जा रहा था। जब वो सघन उपन्यास ख़त्म हुआ तो मैंने देखा ये कहानी भी अपने कहे में काफ़ी आगे बढ़ गई है। मेरा इस कहानी से संबंध लेखक और लेखन का न होकर एक दोस्त का ही बना रहा। हम लंबी सैर पर जाते, देर तक नए सुनाई देने वाले संवादों में उलझे रहते। मैंने अपने सारे निजी डरों को इस कहानी से एक अच्छे दोस्त

की तरह साझा किया था और इस कहानी ने उन सारे डरों को पात्रों की शक्ल दी, नए दृश्यों में उन्हें पिरोया और मेरे सामने लाकर खड़ा कर दिया।

अंत में मैंने पाया कि इस कहानी ने मेरा सबसे ज़्यादा समय लिया है, पर अच्छी दोस्ती में मुझे कभी वक़्त के बीतने का पता ही नहीं चला। आज जब ये पूरी हुई है तो मुझे लगता है कि ये पहली कहानी होगी जो पूरी होने के बावजूद मेरे साथ रहेगी। मैं इसके पास वापस आऊँगा, मैं इस कहानी के साथ लंबी सैर पर जाता रहूँगा।

आशा है कि ये कहानी आपके सामने भी दोस्ती का हाथ बढ़ाएगी। इसमें आपको भी एक नया दोस्त दिखेगा जिसके साथ आप भी लंबी सैर पर जाएँगे।

–मानव कौल

1.

वह मेरे सामने खड़ी थी। उसकी उँगलियाँ सिगरेट से खेल रही थीं। मुझे याद है मैं मेरी किताब में घुसा पड़ा था, इतना कि सामने रखी कॉफ़ी कब ठंडी हो चुकी थी, मुझे इसका पता भी नहीं चला था।

"लाइटर है क्या?" उसने पूछा।

"नहीं।" मैंने कहा।

उसकी निगाह मेरे सामने पड़ी माचिस पर पड़ी।

मैंने हकबकाकर कहा, "आपने लाइटर पूछा था न?" वह हँस दी।

मैंने जल्दी से उसे माचिस दे दी ताकि वह चली जाए। वह सिगरेट जलाकर कुछ देर वहीं खड़ी रही। उसने कसी हुई जींस और काली बनियाननुमा टी-शर्ट पहनी हुई थी। काली टी-शर्ट में उसका गोरा रंग और गोरा लग रहा था। उसके बाल खुले हुए थे। मैं एक कहानी पढ़ रहा था और मुझे लगा उस कहानी के पात्रों ने अचानक मुझे घर के बाहर कर दिया है। वह जब तक यहाँ खड़ी रहेगी मैं वापस कहानी का दरवाज़ा नहीं खटखटा सकता था। मैंने फिर भी कोशिश की, मैंने दरवाज़ा खटखटाया। चर्रमर्र की आवाज़ से दरवाज़ा हल्का खुला, और मैं ज़बरदस्ती कहानी में वापस घुसने की कोशिश करने लगा। मुझे अक्षर धुँधले दिख रहे थे। मैं पढ़ रहा था, पर कहीं भी पहुँच नहीं रहा था। मेरे शरीर का आधा हिस्सा अभी भी दरवाज़े के बाहर ही था। तभी वह मेरे सामने वाली कुर्सी पर बैठ गई।

शरीर के जिस आधे हिस्से को मैंने जैसे-तैसे कहानी के दरवाज़े के भीतर घुसाने की कोशिश की थी उसे शरीर के दूसरे हिस्से ने वापस बाहर खींच लिया। मेरे बाहर निकलते ही कहानी का दरवाज़ा एक झटके में बंद हो गया। वह सिगरेट के कश ले रही थी, पर वह अपनी हँसी नहीं रोक पा रही थी। मैं एक दिन पकड़ा जाऊँगा, ये डर मैं बचपन से पाले बैठा था। मुझे लगा कि उसे मेरा कहानी से बाहर निकाल दिया जाना पता लग गया है। मैंने किताब पढ़ना स्थगित कर दिया। मेरे किताब बंद करते ही उसने कहा, "मैंने कई बार देखा है तुम्हें यहाँ पढ़ते हुए।"

"जी, मेरा काम है पढ़ना।" मैंने कहा।

"इस कैफ़े की चहल-पहल तुम्हें डिस्टर्ब नहीं करती ?"

"नहीं, मुझे अच्छा लगता है।"

मैं इस बातचीत में भी बाहर था, बातचीत के दरवाज़े पर। वह अपनी पूरी सहजता में उस बातचीत के घर में थी। मैं ठंडी कॉफ़ी पीने में गर्म कॉफ़ी पीने का अभिनय करने लगा।

वह मेरे वश के बाहर की लड़की थी। मुझे यह बात उसे देखते ही पता लग गई थी। वह उन लड़कियों में से थी जिन्हें दोस्त देखकर कह देते हैं कि भाई उसे न देख वह तेरे वश की नहीं है।

मैं उसके सामने सहज नहीं था क्योंकि उसके देखने में एक तरीक़े की सांत्वना थी। वह मेरी झेंप में एक कायरता से भरा, हारा हुआ संसार देख रही थी। मेरे भीतर ऐसी सांत्वना की भूख थी। मैं बेचारा नहीं था, पर अगर इस बेचारेपन की वजह से इतनी ख़ूबसूरत लड़की मुझसे बात करते रहना चाहती है तो मैं अपने बेचारेपन को देर तक खींच सकता था। मेरी बातचीत में उसकी हँसी बराबर क़ायम थी। मैं उसकी हँसी में और बेचारा होता जा रहा था। अचानक उसने हँसना बंद किया और बीच बातचीत में उसने पूछा, "Your house or my house ?"

"जी ?"

"कहीं चलते हैं, इस कैफ़े में बहुत शोरगुल है। तुम्हारे घर या मेरे घर?"

"मेरा घर बहुत छोटा है।"

"कितना छोटा?" ये कहते ही वह मुस्कुराने लगी।

"मतलब बस एक कमरा है, उसी में किचन, बाथरूम सब है। अँगड़ाई लो तो दोनों हाथों का दोनों तरफ़ की दीवार पर टकराने का ख़तरा बना रहता है।"

ये मैंने जान-बूझकर बोला था ताकि वह मुस्कुराने के बजाय खुलकर हँस दे। वो हँस दी थी।

"मैं देखना चाहती हूँ ये घर। दारू होगी न तुम्हारे घर?"

मैं कुछ जवाब दूँ उसके पहले ही उसने ऑटो रोक लिया। मेरा घर हाईवे के बग़ल में था। शायद यहाँ पहले झुग्गी-झोपड़ियाँ होंगी जिन्हें तोड़कर सरकार ने ये दड़बेनुमा घर बनाकर उन्हें दे दिए थे। इनका किराया बहुत सस्ता था सो मेरे जैसे कई हारे हुए लोग यहाँ रहते थे। घर पहुँचते ही मैंने उसके सामने सस्ती दारू रख दी। वह देर तक उस दारू की आधी ख़ाली बोतल को देखती रही। शायद पहली बार उसने सस्ती दारू को हाथ लगाया था। मैं दो गिलास ले आया। जैसे ही उसने गिलास उठाया मुझे उसकी गंदगी दिखने लगी। मैंने तुरंत उसके हाथों से गिलास लिया और सिंक में धोने चला गया। गिलास धोते वक़्त मुझे महसूस हुआ कि मेरा कमरा भी बहुत गंदा है और यहाँ-वहाँ धूल के थक्के दिख रहे हैं। मैंने सोचा अच्छा है ये रात में आई है वरना दिन की रोशनी में सारी गंदगी उसे नज़र आ जाती। मैंने तय किया कि कल मंदा जी को कहूँगा कि घर थोड़ा अच्छे से साफ़ कर दिया करो। पर गिलास के गंदे होने की दूसरी वजह थी। इस कमरे में अधिकतर मैं अकेले ही पी रहा होता, दूसरे गिलास की ज़रूरत बहुत वक़्त से पड़ी नहीं थी सो उसका गंदा होना लाज़िमी था। गिलास धोते हुए मैंने देखा कि वह छोटे-से कमरे में ऐसे घूम रही थी मानो कोई ऐसी किताब पढ़ रही हो जिसकी कहानी किसी दूसरे ग्रह की हो। उसने बीच कमरे में

खड़े होकर दोनों तरफ़ हाथ खोल दिए, और हाथ खोलते ही हँसने लगी।

अंत में हमने दारू पी और उसने दूसरे पेग के आस-पास मुझे अपने पास खींच लिया। उसी रात हम साथ सोए थे। अगर सही कहूँ तो, वह मेरे साथ सोई थी, मैं उससे उतना ही प्रेम कर रहा था जितना वह चाहती थी। फिर बीच में पता नहीं मुझे क्या हुआ मैं उसे अपने पुरुष होने के प्रमाण देने पर उतारू हो गया। मैं उसके साथ तेज़ी बरतने की कोशिश करने लगा। वह पहले मेरे ऊपर थी, मैंने उसके कंधे और कमर को पकड़ा और उसे बिस्तर पर लिटा दिया। मैं अब उसके ऊपर था। मैं दिखाना चाहता था कि मैं कैफ़े में बैठने वाला एक बेचारा आदमी नहीं हूँ, मैं मर्द हूँ। कैफ़े में उतना नहीं, पर बिस्तर पर मैं किसी भी मर्द से कम नहीं हूँ। मैं मेरी मर्दानगी में बहुत तेज़ दौड़ लगा रहा था तभी मैंने देखा कि उसकी आँखों में एक मुस्कुराहट दौड़ने लगी थी। मुझे लगा जैसे वह किसी जानवर के बच्चे को देख रही है, जो बहुत क्यूट हरकत रह रहा हो। मैंने अपनी आँखें उसकी आँखों से हटा ली। मैं अपना मुँह उसकी गर्दन के आस-पास घुसाने लगा। उसने तुरंत मेरे बाल पकड़े और मेरे सिर को खींचकर मेरी आँखों में वापस देखने लगी। मेरा पुरुषत्व चरमराने लगा था। मैं अपने बाल छुड़ाना चाहता था, पर उसकी पकड़ तेज़ थी। मैंने फिर उसकी गर्दन की तरफ़ भागने की कोशिश की, पर फिर उसने मुझे खींचकर अपनी आँखों के सामने कर दिया। जब मैं कुछ और नहीं कर पाया तो मैंने अपनी आँखें बंद कर लीं और अपने रिरियाते पुरुषत्व की कायरता छुपाने में सेक्स करने की गति को धीमा कर दिया और मुँह से निकल रही दबी हुई आनंद की झूठी आवाज़ों को बढ़ा दिया। उसने तुरंत मुझे रोक दिया।

"रुको, रुको, हटो, हटो।" उसने कहा।

"क्या हुआ?"

"कुछ नहीं।"

"कुछ ग़लत किया!"

"नहीं, हटो, एक सिगरेट पीते हैं।"

वह खड़ी हुई और मुझसे दूर जाने लगी। पर कमरा इतना छोटा था कि वह चाहकर भी बहुत दूर नहीं जा सकती थी। अंत में उसे सबसे दूर कमरे की खिड़की दिखी जिस पर वह टिककर बैठ गई। अगर ये वश के बाहर की लड़की नहीं होती तो मैं पलंग पर ही बैठा रहता और उसके वापस आने का इंतज़ार करता। पर वश के बाहर की लड़की के साथ मैं ऐसा नहीं कर सकता था। मैं कुछ देर पलंग पर बैठा रहा। मैं अपने दोस्त धीरू के बारे में सोचने लगा, जब मैं उसे बताऊँगा इस वश के बाहर की लड़की के बारे में, तो उसे कितना मज़ा आएगा! मैं अभी तक इसका नाम भी नहीं जानता था। मैं सोचने लगा कि अगर मुझे इसका नाम पता होता तो सेक्स करते वक़्त मैं उसका नाम ले सकता था। शायद उसे अच्छा लगता। अपने वश के बाहर की लड़की के साथ सेक्स करने में यही दिक़्क़त होती है। आप हमेशा उसके लिए मज़दूरी करते नज़र आते हैं।

मैं कुछ देर में खिसियाता हुआ खिड़की के दूसरे कोने में आकर खड़ा हो गया। मैं खिड़की पर बैठ नहीं सकता था क्योंकि बैठने में मेरा शरीर उसके शरीर को छू सकता था, और मुझे लगा कि उस वक़्त वह मुझे छूना नहीं चाह रही थी।

उस रात चाँद पूरा था। खिड़की से आती हुई रोशनी में उसका नग्न गोरा शरीर चमक रहा था। उसके स्तन कसे हुए नहीं थे, वे थोड़े लटके हुए थे, पर वे अपने झूलने में बेहद आकर्षक थे। जब मैं बिस्तर में उसे प्रेम कर रहा था तब मैं अपने बेचारेपन के विरुद्ध लड़ रह था, पर अभी उस चाँद की रोशनी में मैं सच में उसे छूना चाहता था। वो इतनी शांति से सिगरेट पी रही थी कि मेरी हिम्मत नहीं हुई उसे छूने की। मैं बाहर चाँद को देखने लगा। कुछ देर में मैंने भी एक सिगरेट जला ली। चाँद की रोशनी में उसके चमक रहे स्तनों को मैं हर कुछ देर में देख लेता और अपने हाथों को उसकी तरफ़ बढ़ने से रोकता रहता।

हम जैसे साधारण दिखने वाले लोगों के साथ ये हमारी कल्पना में ही होता है कि हम किसी लड़की से टकरा जाएँ और वो लड़की कुछ ही वक़्त

में आपके बिस्तर पर हो। अगर मैं कभी इस क़िस्म के उपन्यास पढ़ता तो लगता कि ये क्या बात है? ऐसा कहीं होता है क्या? पर असल जीवन कई बार आपको काल्पनिक कहानियों से कहीं ज़्यादा आश्चर्य में डाल सकता है। मैंने आख़िरी बार कब सेक्स किया था ये मुझे याद भी नहीं था। मुझे अभी भी लग रहा था कि कहीं मैं कोई कहानी तो नहीं पढ़ रहा हूँ। अधिकतर मैं कहानियाँ पढ़ते हुए उसके मुख्य पात्र होने की कल्पना करता और उनके हिस्से का सेक्स अकेले बिस्तर पर करता पाया जाता था।

इस तरह की चुप्पी मुझसे बर्दाश्त नहीं हो रही थी, मेरी इच्छा हुई कि मैं उसे अपना नाम बता दूँ, तभी मैंने देखा कि वह मुस्कुरा रही है। मैंने उसकी आँखों की तरफ़ देखा तो वह बग़ल वाली बिल्डिंग के छठे माले की तरफ़ देख रही थी। मेरा कमरा तीसरे माले पर था। मैंने थोड़ा आगे होकर देखा तो मुझे छठे माले की खिड़की पर एक आदमी की आकृति दिखी जो इसी तरफ़ देख रही थी। आकृति से पता करना मुश्किल था कि ये पुरुष है या स्त्री, पर मुझे यक़ीन था कि ये कोई पुरुष ही होगा, क्योंकि पुरुष ही दूसरे घरों की खिड़कियों में झाँकने की छिछली हरकत कर सकता है। मुझे याद नहीं आता कि मैंने कभी छठे माले की उस खिड़की पर पहले किसी को भी देखा हो। उस आदमी ने बनियाननुमा कोई सफ़ेद-सी चीज़ पहनी हुई थी जो इस चाँदनी रात में चमक रही थी। मैंने तुरंत खिड़की बंद करनी चाही, पर उसने मुझे रोक दिया। उसने मुझे अपने क़रीब खींचा और मुझे चूमने लगी। मेरे हाथ, मौक़ा पाकर, सीधा उसके स्तन छूने लगे। उसने रोका नहीं। फिर उसने मेरे लिंग को हल्के से सहलाया। मैं उत्तेजना से भर गया। मेरी उत्तेजना देखकर उसने मुझे धीरे से अपने पीछे खड़ा किया और अपनी दोनों कोहनियाँ खिड़की पर रख दी। अब वह उस आदमी को देख रही थी, वह आदमी उसे देख रहा था और मैं पीछे से, अपने सारे पुरुषत्व का ग़ुस्सा लिए, उसके साथ सेक्स कर रहा था। मैं बेचारेपन की गहराई में गड़ा जा रहा था। मैं इसी वक़्त रुक जाना चाहता था, पर मेरी उत्तेजना इतनी ज़्यादा बढ़ी हुई थी कि मेरे सोचने-समझने की शक्ति नशा खाकर

चित्त पड़ी थी। मुझे लगा शायद वह उस छठे माले वाले आदमी को जानती है। मैं उसका चेहरा सामने से देखना चाहता था, नहीं चेहरा नहीं, मैं उसकी आँखें देखना चाहता था जिसकी वजह से वह छठे माले वाला आदमी बुत बने हुए बस उसे घूरे जा रहा था। चाँदनी रात में मुझे उस आदमी का दाहिना हाथ उसकी जाँघों के बीच जाता हुआ दिखा, फिर उसके दाहिने कंधे का उचकना दिखा, फिर कुछ देर में उस आदमी के शरीर का कमान की तरह आगे की तरफ़ झुकना दिखा।

इस बीच उस लड़की ने मेरी जाँघों को कसकर पकड़ा, उसके नाख़ून मेरी जाँघों और कूल्हे के बीच गड़ गए थे। मैं उसके हाथों को हटाने ही वाला था कि उसकी चीख़ निकली। मैंने ऐसी आवाज़ पहले कभी नहीं सुनी थी, उस एक चीख़ के साथ कई और आवाज़ें उसने निकालीं। वो सारी-की-सारी आवाज़ें मेरे लिए किसी चमत्कार के समान थीं। उन सारी आवाज़ों के धीमे होते-होते वह नीचे गिर गई, उसके नीचे गिरने के साथ-साथ छठे माले वाला आदमी भी जहाँ खड़ा था वहीं बैठ गया। मैंने जब नीचे पड़ी, हाँफती हुई उस लड़की को देखा तो वह मुझे माँस और हड्डी का एक थका हुआ लोथड़ा लगी जो मेरे पैरों के पास, ज़मीन पर बिखरी पड़ी थी। ठीक उसी एक क्षण मुझे अपने पौरुष का अनुभव हुआ, मेरा बेचारापन ग़ायब हो गया, मेरे चेहरे पर चमक आ गई, मैं मुस्कुराने लगा था। तभी उसने अपनी आँखें खोलीं और उसने सीधा मुझे देखा। मेरे चेहरे की मुस्कुराहट तुरंत ग़ायब हो गई और मेरा पुरुषत्व किसी कुत्ते की पूँछ-सा मेरी दोनों टाँगों के बीच घुस गया।

कुछ देर में वह उठी और सीधी बाथरूम में चली गई। जब बाहर आई तो जल्दी-जल्दी कपड़े पहनने लगी। उसे देखकर ऐसा लग रहा था मानो वह किसी पराए घर में अचानक सोकर उठी हो। जब उसने कपड़े पहने तो मुझे बिना कपड़ों के एकदम नंगा महसूस होने लगा। मैंने भी कपड़े पहन लिए। मैं इंतज़ार कर रहा था कि कब वह खिड़की पर जाकर उस

छठे माले वाले आदमी को देखेगी, या कब वह मुझे अपना नाम बताएगी। उसने वो दोनों ही नहीं किए।

उसके बाद उसने एक सिगरेट जलाई और उसे ऐसे पीने लगी मानो किसी ने उसे सिगरेट पीने की सज़ा सुनाई हो। वह कमरे में टहलने लगी। फिर आधी सिगरेट बुझाकर उसने मुझे देखा। उसकी आँखों में पानी था।

"क्या हुआ?" मैंने पूछा।

"कुछ नहीं।"

"तुम रो क्यों रही हो?"

"Shut up! There is no sad story here."

मैं चुप हो गया। वह बीच कमरे में खड़ी थी। वैसे कमरा बहुत ही छोटा था, पर छोटे कमरे का भी एक बीच होता है, जहाँ रुका रहना, कमरे में उपस्थित बाक़ी लोगों को असहज कर देता है। मैं कमरे के एकदम किनारे जाकर खड़ा हो गया।

"क्या मेरे लिए एक चाय बनाओगे?" उसने कहा।

"ओ, तुम चाय पीती हो?"

उसने मुझे घूरकर देखा और मैंने तुरंत चाय चढ़ा दी।

वह अब बिस्तर पर बैठ चुकी थी। हम दोनों के बीच चाय थी और टोस्ट। टोस्ट मैंने अपनी मर्ज़ी से रख दिया था।

"मेरा नाम रेणु है।"

उसने चाय का सिप पीते हुए कहा, लेकिन उसके कहने में मुझे वो जगह नहीं दिखी जहाँ मैं अपना नाम उसे बता सकूँ। सो मैंने टोस्ट उठाया और उसे चाय में डुबोकर खाने की कोशिश करने लगा, पर वो कम्बख़्त ठीक मुँह के पास आकर टूट गया। मैं रेणु का घूरना अपने शरीर पर महसूस कर सकता था। मैंने जल्दी से गिरे हुए टोस्ट के टुकड़े को उठाकर अपने मुँह में रख लिया और टोस्ट के पड़े दाग़ को बग़ल में रखी चादर से साफ़ करने लगा।

"छीः! चादर से मत करो।"

वह उठी और किचन से जाकर एक गंदा कपड़ा ले आई और सफ़ाई करने लगी। मैं बुत बना जहाँ-का-तहाँ बैठा रहा। मैं अब मेरे वश के बाहर की लड़की के जाने का इंतज़ार कर रहा था।

"मुझे तुमसे एक काम है।"

"मुझसे ?"

"और क्या यहाँ कमरे में कोई और भी है ? तुम्हीं से बात कर रही हूँ।"

"बोलो।" मैंने गला साफ़ करते हुए कहा।

"मैं लिखती हूँ, तुम्हें पता है न ?"

"हाँ बिल्कुल।" मुझे बिल्कुल भी नहीं पता था।

"क्या तुम मेरी एक कहानी पढ़ोगे, अभी बस शुरुआत ही लिखी है ? ये मैं पहली बार कर रही हूँ, मैं यूँ कभी किसी को कुछ पढ़ाती नहीं हूँ और ख़ासकर अधूरा लिखा तो कभी नहीं, पर मुझे लगता है कि मुझे इस कहानी के लिए कोई चाहिए जिससे मैं इस बारे में बात कर सकूँ।"

"पर मैं ही क्यों ?"

"क्योंकि तुम न तो मुझे जानते हो और न मैं तुम्हें, और मैंने तुम्हें हमेशा कैफ़े में पढ़ते हुए देखा है।"

इसके बाद वह चुप हो गई, मुझे नहीं पता कि वह क्या चाहती थी कि मैं क्या कहूँ।

"हाँ, मैं पढ़ता हूँ।" अंत में मैंने कहा।

"ठीक है, तो ये रही शुरुआत, आगे लिखते ही और देती रहूँगी।"

अपने बैग से उसने कुछ पन्नों को निकाला और बात करते हुए ऊपर वाले पन्ने पर अपना मोबाइल नंबर लिख दिया।

"जब पढ़ लो तो मैसेज करना, मैं फ़ोन करूँगी।"

मैं कुछ जवाब देता तब तक वह अपना बैग उठाकर निकल गई थी। जाते वक़्त उसने मेरे गालों को चूमा और मेरे बाल सहला दिए।

उसके जाते ही लगा मानो मैं अब तक साँस रोके बैठा था। जैसे ही मुझे लिफ़्ट का दरवाज़ा खुलने और बंद होने की आवाज़ आई, मैं ही नहीं,

कमरा भी अपनी थकी हुई शक्ल में वापस आ गया था। इस थकान में एक गर्माई थी, वो भी वापस चली आई थी। मैं हमेशा से इस थकी हुई गर्माई का आदी रहा हूँ, अपनी भी और इस कमरे की भी। मैं चाय और एक टोस्ट लेकर खिड़की पर आया। चाय में टोस्ट डुबोकर देर तक उस टोस्ट को देखता रहा, पर टोस्ट नहीं गिरा। मेरी निगाह छठे माले की खिड़की पर गई, वहाँ कोई नहीं था, वो इतनी ख़ाली थी कि यक़ीन नहीं हो रहा था कि उस खिड़की पर अभी कुछ देर पहले ही एक आदमी खड़ा था।

मंदा जी के बर्तन माँजने की आवाज़ से सुबह नींद खुली। उस कमरे के टूटे-फूटे काम निपटाने के बाद उन्होंने कुछ पैसे माँगे, उनके बच्चे की तबीयत ख़राब थी। मेरे पास कभी ज़्यादा पैसे होते नहीं थे। उस वक़्त जितने थे मैंने उन्हें दे दिए। पैसे देते वक़्त मुझे कल रात की बात याद आई और मैंने उनसे कहा, "देखो, घर में कितनी धूल है, आप सफ़ाई ठीक से नहीं करती हो!"

मंदा जी मुझे घूरकर देखने लगीं। मैं झेंपते हुए बाथरूम में चला गया। बाथरूम में मैंने सोचा कि जब मैं कल रात की घटना के बारे में अपने दोस्त धीरू को बताऊँगा तो उसे क़तई यक़ीन नहीं होगा। उसे लगेगा कि मैं उसे किसी सस्ती फ़िल्म की कहानी सुना रहा हूँ। मंदा जी के जाने के बाद मैं बाथरूम से निकला और मैंने गैस पर खिचड़ी चढ़ाई। फिर मैं रेणु की कहानी के पन्ने लेकर बिस्तर पर लेट गया। पहला पन्ना पूरा होते ही मैं उठ बैठा, मेरी कुछ समझ नहीं आया। मैंने उठकर गैस बंद की, एक कड़क चाय बनाई और कुर्सी पर आकर बैठ गया। कड़क चाय के पहले सिप के साथ मैंने पहले पन्ने से वापस पढ़ना शुरू किया।

2.

उसका रंग साँवला था और उसके शरीर पर जगह-जगह टैटू बने हुए थे। जब पहली बार राजुला ने रेणु को अपने घर की चौखट पर देखा था तो वो स्तब्ध रह गई थी।

ऐसी लड़कियों को अब तक उसने इंटरनेट पर ही देखा था। अजीब-से बिखरे घुँघराले बाल, फटी हुई जींस, छोटी मैली सफ़ेद टी-शर्ट, जिसमें से उसकी नाभि झाँक रही थी। कुछ टैटू कपड़ों के नीचे से दिखाई दे रहे थे। रेणु, राजुला के पति धीरज की बड़ी बहन की लड़की थी। आज तक राजुला को रेणु की ख़बरें आती थीं। इसके पहले राजुला ने उसे अपनी शादी में देखा था वो भी कुछ घंटों के लिए। धीरज ने उसे बताया था कि वह बहुत पहले घर से भाग गई थी। बहुत वक़्त बाद उसके बारे में पता चला कि वह कलकत्ता के पास शांतिनिकेतन में अपनी किसी सहेली के साथ रह रही थी। उसने वापस घर आने से इनकार कर दिया था। वह सालों वहीं रही, फिर नुक्कड़ नाटक करते हुए पूरा देश घूमती रही। एक दिन सरकार के ख़िलाफ़ प्रदर्शन करते हुए धीरज ने उसे टीवी पर देख लिया था। तब से

वह चाहता था कि वह कैसे भी घर वापस आ जाए। लेकिन तब वह प्रदर्शन के चक्कर में जेल जा चुकी थी। राजुला तक रेणु की ख़बरें धीरज के माध्यम से आती थीं–वो भी कभी-कभी। धीरज अपना सिर खुजाते हुए जब भी रेणु की बात करता तो उस वक़्त उसके शब्दों से शर्मिंदगी टपक रही होती। तब राजुला ने भी बुराई के कई शब्द धीरज की शर्मिंदगी में जोड़े थे। फिर एक दिन रेणु ने आत्महत्या करने की कोशिश की, वह कैसे बची ये बात राजुला को किसी ने नहीं बताई। तब तक घर में रेणु की बात करने की मनाही हो चुकी थी। धीरज की माँ ने उसे मरा हुआ घोषित कर दिया था।

किचन में काम करते हुए धीरज की माँ ने राजुला से कहा कि रेणु कुछ दिनों के लिए हमारे साथ रहने आ रही है। राजुला को कुछ वक़्त लगा समझने में कि रेणु कौन है, क्योंकि बहुत वक़्त से घर में उसकी बातें नहीं हुई थीं। राजुला ने घर के एक कमरे को ख़ाली कर दिया, पर धीरज की माँ ने कहा कि बरसाती की सफ़ाई कर दो, रेणु का घर के भीतर रहना ठीक नहीं है। राजुला ने धीरज की माँ को जवाब नहीं दिया था और बरसाती की सफ़ाई में लग गई थी।

"You must be Rajula ?" दरवाज़े पर खड़ी रेणु ने कहा।

"जी, आप रेणु हैं! आइए।"

"मैं तुम्हें जब भी देखती हूँ मुझे लगता है कि मैं तुम्हें जानती हूँ!" रेणु के चेहरे पर मुस्कुराहट थी।

"मुझे ?" राजुला ने हिचकिचाते हुए पूछा।

जब तक राजुला असहज नहीं हो गई तब तक रेणु उसे मुस्कुराते हुए देखती रही। फिर रेणु ने भीतर प्रवेश किया और सामान रखते ही वह राजुला के कान के झुमकों को ताकने लगी। वह राजुला के क़रीब आई और सीधा झुमकों को छूते हुए पूछा, "क्या ये असली पंख है?"

"पंख?"

राजुला थोड़ी अस्थिर हो गई। फिर उसे याद आया कि उसके कान के झुमके पंख वाले हैं।

"हाँ, असली हैं।" राजुला ने जवाब दिया।

"तुमने अपने पंखों को अपने कानों में बाँधकर रखा है?" फुसफुसाते हुए रेणु ने पूछा। ये पूछते हुए वह मुस्कुरा रही थी।

राजुला साँवली थी, उसकी आँखें बड़ी-बड़ी थीं। मुस्कुराहट की वजह से उसके काले होंठों के पीछे से उसके सुंदर सफ़ेद दाँत झाँक रहे थे। राजुला को रेणु के पास से मिट्टी की ख़ुशबू आ रही थी। वह कहना चाहती थी कि रेणु तुम कितनी सुंदर हो!

"नहीं, चिड़िया के हैं।" राजुला ने कहा।

राजुला, रेणु का बरसाती में जाना देखती रही, उसकी आँखें रेणु से हटने का नाम नहीं ले रही थीं।

बरसाती में अपना सामान रखने के बाद वह वापस नीचे धीरज की माँ से मिलने आई।

"कैसी हो आप?" रेणु ने बड़े ही दोस्ताना अंदाज में पूछा।

धीरज की माँ किचन में अपने काम में व्यस्त रहीं। उन्होंने आँख उठाकर रेणु की तरफ़ एक बार भी नहीं देखा। रेणु कुछ देर धीरज की माँ को देखती रही। राजुला के लिए ये सब बहुत ही चौंकाने वाला था, पर इन सबमें राजुला की निगाह बार-बार कपड़ों से झाँकते रेणु के टैटुओं पर जा रही थी। धीरज की माँ और रेणु के बीच की चुप्पी में राजुला ने ख़ुद को थोड़ा असहज पाया। वह आटा निकालकर उसे गूँदने लगीं। रेणु ने फ्रिज़ से पानी की बोतल निकाली और पीने लगी। तभी धीरज की माँ उठीं और उन्होंने रेणु की तरफ़ एक गिलास बढ़ा दिया। तब भी धीरज की माँ रेणु की तरफ़ देख नहीं रही थी। रेणु ने हँसते हुए गिलास लिया और उसे फ्रिज़ के बग़ल में रख दिया। वह वापस बोतल से पानी पीने लगी। तभी राजुला को रेणु की कमर से झाँकता एक टैटू दिखा, उसने पढ़ने की कोशिश की- SAPPHO (साफ़ो), अँग्रेज़ी में साफ़ो लिखा हुआ था। रेणु अच्छी लड़की नहीं है, ऐसी बातों में उसने ही धीरज के साथ की बुराइयों में शिरकत की थी। वह रेणु से दूर ही रहना चाहती थी, पर बस वह एक बार उसके सारे टैटू देख लेना चाहती थी। कोई अपने शरीर पर कैसे शब्दों को गुदवा सकता है! ये उसकी कभी समझ नहीं आया था।

एक ख़राब लड़की के अग़ल-बग़ल कैसे जाया जाए, ये राजुला ने कभी सीखा नहीं था। फ्रिज़ में वापस पानी की बोतल रखने के बाद रेणु भागती हुई सीढ़ियाँ चढ़कर ऊपर चली गई। उस भागने में उसने एक बार राजुला की तरफ़ मुसकुराते हुए देखा था और राजुला को लगा कि उसके पैरों के नीचे से ज़मीन खिसक गई थी। वह आटे की परात लेकर नीचे बैठ गई। उससे फिर खड़े रहते नहीं बना था।

धीरज के वापस आने के पहले राजुला ने इंटरनेट पर साफ़ो शब्द के मायने ढूँढ़े। साफ़ो लेस्बोस द्वीप की एक पुरातन यूनानी कवि थी। आगे पढ़ते हुए राजुला को बहुत-सी बातें समझ नहीं आईं फिर उसने कुछ शब्द पढ़े, Sapphic, Lesbian जो साफ़ो नाम से ही जुड़े हुए थे। कहा जाता है कि उनकी कविताएँ एक महिला के दूसरी महिला से प्रेम के बारे में लिखी गई हैं। ये पढ़ते ही राजुला ने साफ़ो का मतलब ढूँढ़ना बंद कर दिया।

रेणु अधिकतर बरसाती में ही रहती थी। वह खाना भी बहुत कम खाती थी। जब राजुला दोपहर को अपने बिस्तर पर झपकी ले रही होती तो उसको बरसाती से एक तीखी, पैनी-सी धुन सुनाई देती थी। रेणु अँग्रेज़ी में कुछ गा रही होती थी। राजुला उन सारे गानों में अपने बिस्तर पर करवट बदल रही होती। जब कभी रेणु बरसाती से नीचे आती तो राजुला को घर में उसके चलने की आहट एक टीस की तरह हृदय में महसूस होती। रेणु अधिकतर दोपहर को नीचे आती थी जब धीरज की माँ सो रही होतीं, वह अपने सारे काम जल्दी निपटाती, किचन से जो भी उसे चाहिए होता, लेती और वापस ऊपर चली जाती। राजुला को हमेशा लगता कि रेणु अपनी व्यस्तताओं में भी उसे देख रही होती थी। राजुला के लिए वो एक रहस्य थी। धीरज जब ऑफ़िस से थका हुआ आता तो राजुला अपनी बातों में रेणु का ज़िक्र छुपा लेती। धीरज जब कहता कि रेणु को वह कुछ ही दिन में कहीं भेज देगा तो वह ऐसे बर्ताव करती कि उसने ये वाक्य सुना ही नहीं है।

एक दिन राजुला घर का काम निपटाकर अपने कमरे में सो रही थी तभी उसे रेणु की आहट किचन से आई। धीरज की माँ अपने कमरे में दोपहर की नींद ले रही थीं। जब वह अपने कमरे से बाहर आई तो देखा किचन में रेणु कुछ तलाश रही थी।

"कुछ मदद कर दूँ?" राजुला ने किचन में घुसते हुए पूछा।

"जी, मैं चाक़ू तलाश रही थी।" रेणु ने ढूँढ़ते हुए कहा।

"क्यों, चाक़ू क्यों चाहिए?"

राजुला के सुर में हल्का अधिकार था। रेणु ने ढूँढ़ना बंद किया और पलटकर आश्चर्य से राजुला को देखने लगी।

"मार नहीं लूँगी ख़ुद को, उसके अलग तरीक़े हैं मेरे पास।" रेणु ने कहा।

राजुला झेंप गई।

"नहीं, मेरा वो मतलब नहीं था। मैं तो पूछ रही थी कि अगर कुछ काम है तो मैं हाथ बटा दूँ।"

रेणु राजुला के पास आई और उसके कान को छूते हुए बोली, "पंख नहीं बाँधे आज!"

राजुला को फिर लगा कि उसके पैरों में जान नहीं है, वह इसी वक़्त कहीं बैठ जाना चाहती थी।

"आज कुछ दूसरा पहनने की इच्छा थी।"

"वैसे नंगे कान बहुत अच्छे लगते हैं तुम पर।"

रेणु की उँगलियाँ उसके कान के उस कोमल हिस्से को छू रही थीं जिस हिस्से में राजुला अपने झुमके टाँकती थी।

"चाक़ू सामने ही है।" राजुला ने आँखों से चाक़ू को दिखाते हुए कहा।

रेणु तब भी उसके क़रीब खड़ी रही और राजुला के चेहरे को देखती रही। वह उसकी नाक, होंठ, गर्दन, माथा सारा कुछ ऐसे देख रही थी मानो वह किसी पेंटिंग को निहार रही हो।

"मैं तुम्हें देखते ही पहचान गई थी।" रेणु ने कहा।

"पहचान गई थी?" राजुला ने फुसफुसाते हुए पूछा।

"शादी में नहीं, शादी में तो मैं तुम्हें देख ही नहीं पाई थी, इस बार जब तुम्हें देखा तो लगा कि मैं तुम्हें जानती हूँ।"

"क्या जानती हो?"

"तुम साफ़ो हो, बस अभी तुम ये बात नहीं जानती हो।"

ये कहते ही रेणु ने चाक़ू लिया और एक नींबू काटकर वापस ऊपर बरसाती में चली गई। उस दिन राजुला घर का काम नहीं कर पाई थी। वह अपने बिस्तर में पड़ी रही थी। साफ़ो शब्द उसके दिमाग़ में हरकत करने लगा था। वह साफ़ो है, इसका क्या मतलब है! धीरज ने रात में राजुला से पूछा कि क्या तुम्हारी तबीयत ठीक नहीं है तो उसने जवाब दिया कि आज शरीर में हरारत-सी है। उसके शरीर में उसने इससे पहले कभी ऐसी हरारत महसूस नहीं की थी।

एक शाम राजुला ने हिम्मत जुटाई और एक कड़क चाय बनाकर वह ऊपर छत पर गई। ऊपर पहुँचने के ठीक पहले उसे संगीत

सुनाई देने लगा। वह उस धुन को सुनते हुए बरसाती की तरफ़ बढ़ी। उसने देखा, रेणु की बरसाती का दरवाज़ा खुला हुआ था और वह ज़मीन पर चित्त पड़ी हुई थी। उसकी आँखें बंद थीं मानो वह बहुत गहरी नींद सो रही हो। राजुला ने देखा कि बरसाती में यहाँ-वहाँ ढेरों किताबें बिखरी पड़ी थीं। बिस्तर भी अस्त-व्यस्त था। शायद इसलिए वह ज़मीन पर सो रही थी, राजुला ने सोचा। राजुला धीरे से खिसकती हुई भीतर आई, रेणु शॉर्ट्स और बनियान पहने हुए थी, उसके शरीर के बहुत-से टैटू दिख रहे थे, पर राजुला Sappho को ध्यान से देखना चाहती थी। अगर वह साफ़ो है तो रेणु ने उसका होना अपने शरीर पर क्यों गुदवा रखा है, वह सोच रही थी। राजुला चाय हाथ में लिए रेणु के क़रीब आई, उसने एक हाथ से रेणु की बनियान ऊपर की और उसे Sappho लिखा हुआ साफ़ दिखने लगा। पर तभी उसे दिखा कि रेणु के हाथों से ख़ून टपक रहा है। राजुला ने तुरंत चाय टेबल पर रखी और रेणु का हाथ अपने हाथों में लिया।

"क्या हुआ ? कैसे कट गया ?"

रेणु की आँखें बंद थीं और होंठ हल्के खुले हुए थे। उसका शरीर कमान की तरह तिरछा हो रहा था मानो छत छूना चाहता हो। राजुला को लगा वह मुस्कुरा रही है।

"तुम पागल हो क्या ? क्या किया ये ? तुम्हें पता है कितना ख़ून बह गया है !"

राजुला ने अपनी चुनरी फाड़ी और उसे रेणु की कलाई पर लपेटने लगी। रेणु ने धीरे से अपनी आँखें खोली और अपनी एक उँगली राजुला के होंठों पर रख दी।

"नस नहीं काटी है, ज़ख़्मी किया है बस। मेरे ज़ख़्म भर जाते हैं।"

रेणु उठकर बैठ गई और उसने राजुला की चुनरी निकालकर उसे वापस कर दी। रेणु की निगाह चाय पर पड़ी।

"और मैं चाय नहीं पीती।"

राजुला को कुछ समझ नहीं आया कि वह क्या करे! उसके हाथों में ख़ून से सनी चुनरी थी। रेणु ने वापस अपनी आँखें बंद कर ली थीं। राजुला उठकर चली जाना चाहती थी, पर उसका शरीर वही जड़ पड़ा रहा, वह हिल नहीं पा रही थी। वह बैठे-बैठे रेणु के टैटुओं को देखने लगी। उसकी इच्छा थी कि वह उन्हें छूकर देखे, हर टैटू के मतलब तक वह पहुँचे, रेणु से उन टैटुओं की कहानी पूछे, और पूछे कि कोई अपने पूरे शरीर पर ये सब कैसे गुदवा लेता है!

"अब चुनरी फट गई है, क्या करूँ? बाँध लो इसे प्लीज़!" राजुला ने बहुत ही दयनीय स्वर में कहा। रेणु ने वापस अपनी आँखें खोलीं। उसने राजुला के हाथों से चुनरी ली और उसे अपने हाथों में लपेट लिया।

"ठीक है? अब आप जा सकती हैं।" रेणु ने बहुत अपनेपन से कहा, जितने अपनेपन से वह कह सकती थी। राजुला को लगा उसकी जड़ें निकल गई हैं। वह वहाँ से हिल सकने में असमर्थ थी।

"मैं जा नहीं पा रही हूँ।"

रेणु, राजुला को देखती रही। राजुला, रेणु की आँखों से बचती

हुई नीचे देखने लगी।

"तुम्हारा यहाँ रहना तुम्हारी सेहत के लिए ठीक नहीं है।" रेणु ने कहा।

"ये बात मुझे पता है।" राजुला ने फुसफुसाया।

रेणु को हँसी आ गई। रेणु उठी और उसने देर से ठंडी पड़ चुकी काली कॉफ़ी के दो-तीन घूँट लिए। रेणु की हँसी की वजह से राजुला थोड़ी सहज हो गई थी। वह रेणु से आँख मिला सकती थी। रेणु ने चल रहे संगीत की आवाज़ थोड़ी बढ़ाई। फिर वह राजुला के क़रीब आई। उसने राजुला का चेहरा अपने हाथों में लिया और धीरे से फुसफुसाया, "दरवाज़ा बंद कर दो और खिड़कियों के पर्दे खींच लो।"

राजुला कुछ देर तक वहीं स्थिर बैठी रही।

"उठो।" रेणु ने कहा।

राजुला उठी और उसने दरवाज़ा लगाया और खिड़की के पर्दे खींच दिए। रेणु ने जिस काँच के टुकड़े से अपना हाथ काटा था उसे फिर अपने हाथ में वापस लिया और ज़मीन पर लेट गई।

"चुप रहना, और मुझे छूना मत।" रेणु ने कहा।

राजुला वापस आकर अपनी जगह पर सिकुड़ गई। रेणु ने अपनी जाँघों को खोला और अपनी जाँघों के पीछे की तरफ़ काँच के टुकड़े से दो वार किए। ख़ून की धार निकलने लगी। राजुला बुत बनी सब देखती रही। रेणु ने काँच का टुकड़ा अपने बग़ल में रखा और अपनी आँखें बंद करके लेट गई।

राजुला ने देखा कि रेणु की छाती ने हल्की हरकत की, फिर कुछ ही देर में धीरे-धीरे उसकी छाती ज़मीन छोड़ने लगी थी। उसका सिर हल्का पीछे की तरफ़ लटकने लगा था। तभी उसकी छाती के साथ उसके सिर और कमर ने ज़मीन छोड़ दी। राजुला को अपनी आँखों पर यक़ीन नहीं हुआ। तभी रेणु के शरीर को एक झटका-सा लगा और वह ज़मीन से क़रीब डेढ़ इंच ऊपर उठ गई। राजुला ने देखा कि रेणु हवा में थी। संगीत बज रहा था, और रेणु का शरीर हवा में हल्के-हल्के हिल रहा था। रेणु का सिर पीछे की तरफ़ लटक गया था और उसके होंठ वैसे ही खुले हुए थे जैसे राजुला ने बरसाती में घुसते वक़्त देखे थे। थोड़ी देर बाद रेणु थोड़ा और ऊपर उठी फिर धम्म से ज़मीन पर गिर पड़ी। उसने आँखें खोल दीं और अपने ज़ख़्मों को देखा। जाँघ के पीछे का ज़ख़्म भरकर लगभग ग़ायब हो चुका था, पर हाथों के ज़ख़्म से अभी भी ख़ून बह रहा था। उसने राजुला को इशारा किया कि वह चुनरी को थोड़ा कसकर बाँधे। राजुला की आँखें अब भी रेणु की जाँघों पर थीं, जहाँ ज़ख़्म का अब नामोनिशान नहीं था। उसने चुनरी की गाँठ कसकर बाँधी, पर उसके हाथ काँप रहे थे। रेणु ने उसके हाथों को थामा।

"राजुला नाम है न तुम्हारा!" रेणु ने कहा।

"हाँ!" राजुला ने जवाब दिया।

"मुझे तुम्हारा नाम बहुत पसंद है।"

"और मुझे तुम्हारा।" राजुला ने झिझकते हुए कहा।

"क्या मैं तुम्हारा नाम ले सकती हूँ?" रेणु ने राजुला को अपने पास खींचते हुए कहा।

"अगर तुम मुझे अपना नाम दो तो?" इस बार बिना झिझक के राजुला ने कहा।

"रेणु..."

"राजुला..."

राजुला ने राजुला पुकारा और रेणु ने रेणु। दोनों अपने नामों के साथ एक-दूसरे की साँसें महसूस कर सकते थे। तभी रेणु ने अपनी जीभ बाहर निकाली और बहुत हल्के से उसे राजुला के होंठों पर घुमाने लगी। राजुला के होंठ खुल गए थे। रेणु ने बहुत धीरे से अपनी जीभ राजुला के होंठों के भीतर कर दी। राजुला ने रेणु की कमर को पकड़ा और वह रेणु को चूमने लगी, रेणु के होंठ उसे बेहद कोमल लगे। इतने कोमल कि उसे लगा ये असल नहीं हैं। वह बार-बार रेणु को चूमती फिर अपनी उँगलियाँ उसके होंठों पर घुमाती। उसे यक़ीन नहीं था कि होंठ इतने कोमल भी हो सकते थे। रेणु की उँगलियाँ राजुला के कान सहला रही थीं। कुछ ही देर में दोनों की आँखें बंद थीं और सिर्फ़ होंठ एक-दूसरे में गुथमगुत्था थे।

ठीक उसी वक़्त से राजुला रेणु हो गई और रेणु राजुला।

3.

पन्ने ख़त्म हो चुके थे। कहानी यहीं तक थी। कहानी के बीच में ख़त्म होते ही पता नहीं क्यों मैं उदास हो गया। मेरी उदासी में रेणु के साथ मेरी बिताई रात भी शामिल थी। मैंने कहानी को फिर से पढ़ना शुरू किया। दूसरी बार पढ़ते हुए मुझे रेणु और राजुला दिखने लगे थे। मैं देख सकता था दो लड़कियों की आकृतियाँ, पर मैं उन्हें बिल्कुल भी जानता नहीं था। कहानी के आगे का हिस्सा मैं पढ़ना चाहता था।

मैंने रेणु को मैसेज किया, 'पढ़ लिया है, मज़ेदार है, आगे भेजें।'

रेणु ने मुझसे मेरा ईमेल माँगा और कहा कि जल्द आगे का हिस्सा मेल करती हूँ।

फिर मैं इंटरनेट पर गया और साफ़ो शब्द का मतलब खोजने लग गया। खोजने पर मुझे Selby Wynn Schwartz की लिखी एक किताब दिखी– 'After Sappho'। मैंने उसे तुरंत ख़रीद लिया।

मैं एक फ़िल्म कंपनी में स्क्रिप्ट कंसल्टेंट या स्क्रिप्ट डायरेक्टर जो भी कह लीजिए, वो था। मुझे कभी भी किताबें पढ़ना पसंद नहीं था और न ही अभी है। पर अब काम ऐसा था कि मैं कुछ भी कर लूँ पढ़ने से कोई छुटकारा नहीं था। मैं घर में किताबें पढ़ता तो नींद आ जाती इसलिए उन्हें किसी कैफ़े में जाकर पढ़ता था। यूँ कैफ़े में पढ़ते हुए भी मुझे नींद आती

थी, पर इस पूरी दुनिया के सामने कामचोरी करके सोने की बेइज़्ज़ती मैं बर्दाश्त नहीं कर सकता था। यूँ मेरा काम महज़ स्क्रिप्ट पढ़ना ही था, पर अब ये नए OTT प्लेटफ़ॉर्म के आ जाने से ये चलन चल निकला था कि फ़िल्में और सीरीज़ किसी किताब पर बननी चाहिए। किताबें पढ़ने का काम मेरी कंपनी ने मुझे सौंप दिया था। मेरी कंपनी को लगता था कि जो भी लोग छोटे शहरों से आते हैं, ख़राब अँग्रेज़ी बोलते हैं और ग़रीबी से जिनका गहरा संबंध रहा है, वो सब साहित्य समझते हैं। मेरा संबंध साहित्य से कभी भी अच्छा नहीं रहा था, मैं लगभग अपना पूरा जीवन साहित्य से भागता रहा था। साहित्य से भागने का कारण मेरा बाप था।

मैं घर का इकलौता बच्चा था। पिता बड़े बुद्धिजीवी थे, ऐसा मैंने अपने पूरे बचपन में सुना था। शायद मैं कक्षा दस में था जब मेरे पिता घर छोड़कर चले गए थे, फिर उनका कभी कोई पता नहीं लगा। अनुमान यही लगाया गया कि वह मर चुके हैं और लोगों ने कई सालों बाद मेरी माँ को विधवा भी घोषित कर दिया था। लेकिन माँ को लगता रहा था कि वह अभी भी हैं कहीं। पिता के बुद्धिजीवी होने की वजह से हमारा पूरा घर किताबों से अटा पड़ा था। माँ पढ़ी-लिखी नहीं थीं तो वह बस उन सारी किताबों की धूल झाड़तीं और उन्हें वापस क़रीने से जमा देतीं। मेरी माँ एक दुखी औरत थीं। जब भी मैं कोई किताब अलमारी से उठाता तो उनके चेहरे पर एक ख़ुशी की लहर दौड़ जाती। मैं उन्हें ख़ुश करने के लिए किसी भी किताब के साथ कुछ देर बैठ जाता। अब ये बात सिर्फ़ मैं ही जानता था कि मैं उन किताबों का इस्तेमाल करता था, कभी पढ़ता नहीं था। लगभग हर किताब का सारांश मुझे पता था। शायद यही वजह थी कि मेरे हर बॉस को लगता था कि मैं काफ़ी साहित्य जानता हूँ। ये जॉब करते हुए ही मुझे पता लगा कि किसी को भी पूरी किताब में कोई दिलचस्पी नहीं थी, हर आदमी सारांश ही जानना चाहता था। सारांश की भी आदत मुझे यूँ लगी थी कि अगर माँ को सफ़ाई करते वक़्त कोई किताब हाथ लगती जिस पर पिता ने कुछ लिखा होता तो वह उस किताब की कहानी जानना चाहतीं, जिसे पिता के रहते वह

कभी उनसे पूछ नहीं पाई थीं। शायद वह सबूत तलाश रही थीं कि शायद उन्हें किसी किताब की कहानी में पता चल जाए कि वह कहाँ गए हैं! कभी तो मैं किताब का सारांश उन्हें रात में सोते हुए बताता तो कभी कामचोरी की वजह से, मैं किसी दूसरी कहानी का सारांश उन्हें घुमा-फिराकर सुना देता। समय रहते मुझे पता चला कि फणीश्वरनाथ रेणु उन्हें बहुत पसंद थे। वह हमेशा ज़िद्द करतीं कि रेणु की कोई कहानी सुना दो, पर मैं हर बार बात टाल देता। उसके बदले मैं कोई विदेशी लेखक उठाता और कोई मनगढ़ंत कहानी बनाकर उन्हें सुना देता। मुझे कभी भी इन बातों का बुरा नहीं लगा। माँ भी ख़ुश रहतीं और मैं भी। इन किताबों की वजह से ही शायद हुआ होगा कि माँ मुझसे बहुत अपेक्षा रखने लगी थीं, मेरे पिता की तरह। उन्हें लगता कि मैं अपने पिता की तरह बुद्धिजीवी निकलूँगा। जैसे-जैसे मैं बड़ा होता गया ये अपेक्षा भी मेरे साथ बड़ी होती गई। मुझे ग्लानि होने लगी थी, और उस ग्लानि की वजह से मैं माँ की सारी अपेक्षाओं से चिढ़ने लगा था। एक दिन जब मैं घर आया तो देखा माँ ज़मीन पर पड़ी हुई थीं और उनके ऊपर किताबों की अलमारी गिरी पड़ी थी। उस वक़्त जब वह अस्पताल गईं तो कभी घर वापस नहीं आईं। क़रीब एक साल वह अस्पताल में रहीं। बिस्तर पर पड़े-पड़े उन्हें बस दो चीज़ें सुख देती थीं, पहला रेणु की कहानियाँ और दूसरा मुझसे मेरे सुनहरे भविष्य की बातें करना। मेरे सुनहरे भविष्य की बातें मुझे बहुत बोर करती थीं, इसलिए मैं उन्हें रेणु की कहानियाँ ही पढ़कर सुनाता था। उनकी मृत्यु रेणु की कहानी सुनते वक़्त ही हुई थी।

इस बीच 'After Sappho' किताब आ चुकी थी और मैंने उसे पढ़ना भी शुरू कर दिया था। किताब पढ़ते हुए जब भी मैं अपनी खिड़की पर आता तो पाता कि छठे माले वाले अंकल अपनी खिड़की पर खड़े हुए हैं। वह रोज़ रात वहाँ आकर खड़े होते और लगातार मेरी खिड़की की तरफ़ ही देख रहे होते। मेरी जब भी उनसे निगाह मिलती मुझे मेरी माँ याद आ जातीं, और याद आतीं उनकी अपेक्षाएँ जो उन्होंने मेरे लिए पाल रखी थीं।

मैं खिड़की पर खड़े उन अंकल को कभी ठीक से देख नहीं पाता था, बस कभी-कभी हल्की रोशनी में उनकी आँखें चमक जाती थीं। मैं उन्हें कैसे समझाऊँ कि उस तरीक़े की रात मेरे जीवन में भी पहली बार आई थी, पर उनकी आँखों से जो अपेक्षा छलकती थी मैं उस अपेक्षा का क्या करूँ! मैं रातों में अपनी खिड़की पर जाना छोड़ चुका था। घर की लाइट भी बंद करके रखता कि उनको लगे घर में कोई नहीं है। लेकिन मैं जब भी चोरी से झाँकता, वह अंकल मुझे वहीं खड़े दिखते।

इस बीच धीरू को मैंने कई फ़ोन किए, पर उसका फ़ोन बंद आ रहा था। मैं उससे मिलने के लिए उतावला था।

एक दिन मैं अपने ऑफ़िस में काम कर रहा था कि रेणु का मेल आया। उसने कहानी के आगे का हिस्सा भेजा था। मैंने तुरंत अपने बॉस से आधे दिन की छुट्टी माँगी और घर आ गया। पहली बार ऐसा हुआ था कि मैं कुछ पढ़ने घर आया था, वरना अक्सर मेरी सारी पढ़ाई कैफ़े में ही होती थी। घर आते ही मैंने सारे कपड़े उतार फेंके और कहानी लेकर बिस्तर में आ गया।

4.

वह राजुला से रेणु हो चुकी थी।

रेणु होते ही उसके पास सवालों का जमघट लग गया था। हर सवाल पर उसके पैर बरसाती की सीढ़ियाँ चढ़ने लगते।

राजुला (जो पहले रेणु थी) रेणु के किसी भी सवाल का जवाब नहीं दे रही थी। उसने रेणु से कहा कि तुम्हें ख़ुद पता करना पड़ेगा।

"पर कैसे?" रेणु ने अंत में रिरियाते हुए कहा।

"पढ़ो।"

"क्या पढ़ूँ?"

राजुला ने अपनी बरसाती की अलमारी से 'ओरलेंडो' नाम की किताब निकालकर उसे दे दी। रेणु ने उस किताब को अपने हाथों में लिया और पूछा, "मेरे जवाब इसमें मिलेंगे?"

राजुला हँसने लगी।

"तुम्हें पता है न इसके कोई जवाब नहीं हैं। हम जिस समाज में रह रहे हैं उसमें विकलांग पैदा होना ज़्यादा ठीक माना जाता है।"

राजुला अपने कहे में गंभीर थी। रेणु किताब हाथ में लिए चुप रही। कुछ देर बाद उसने फुसफुसाते हुए पूछा, "तो फिर इसे पढ़ने का मतलब क्या है!"

"इसे पढ़ने पर बस यही पता लगेगा कि हम अकेले नहीं हैं।"

रेणु 'ओरलेंडो' की गाथा में डूब चुकी थी। जैसे ही, ओरलेंडो तीस वर्ष की उम्र में एक दिन सोकर उठा तो उसने पाया कि वह स्त्री हो चुका है, इस घटना के बाद रेणु से आगे पढ़ा नहीं गया। वह किताब लिए भागती हुई राजुला के पास उसकी बरसाती में पहुँच गई।

"ऐसा कैसे हो सकता है?" उसने हाँफते हुए पूछा था।

राजुला अपने कमरे की सफ़ाई में व्यस्त थी। सफ़ाई करते हुए उसने रेणु से कहा, "कहते हैं कि ये किताब एक प्रेम-पत्र है जो वर्जीनिया वुल्फ़ ने अपनी प्रेमिका वीटा (Vita Sackville-West) के लिए लिखा है।"

राजुला किताब के बारे में और भी कुछ कहना चाहती थी, पर तब तक रेणु जा चुकी थी। उसने इंटरनेट पर ओरलेंडो के बारे में सारा कुछ पढ़ा। वह वीटा और उसके जीवन जीने की अदा पर मोहित हो गई। उसने वापस ओरलेंडो पढ़ना शुरू किया। उसे पहली बार लगा कि ओरलेंडो के स्त्री होने पर ओरलेंडो को पता चला कि जो चीज़ें वह पुरुष होकर सामान्य तरीक़े से कर सकता

था, वो अब स्त्री होकर वह सोच भी नहीं सकती है। जैसे रात में लंदन की सड़कों पर अकेले चलना। उसके सामने ओरलेंडो के बहुत अलग मतलब निकलने लगे थे। वह किताब पढ़ते हुए बीच-बीच में अपने होंठों पर अपनी जीभ घुमा लेती। उसे राजुला के होंठों का कोमल स्पर्श याद हो आता और हर बार वह एक कोमल मीठा स्वाद अपनी स्वाद-इंद्रियों पर महसूस करती। वह एक बार फिर से राजुला के होंठों को छूना चाहती थी, पर उसके लिए जवाब ढूँढ़ना भी बहुत महत्त्वपूर्ण था। वह ओरलेंडो के अंत पर पहुँचने के पहले राजुला के क़रीब नहीं जाना चाहती थी।

तभी बाथरूम के दरवाज़े पर खटका हुआ और उसे याद आया कि धीरज बाथरूम में नहा रहा है। रेणु पलंग पर घर की साड़ी पहने ओरलेंडो में डूबी हुई थी। वह धीरज के बाथरूम से निकलने से पहले कुछ पन्ने और पढ़ लेना चाहती थी, पर तभी धीरज बाथरूम से बाहर आ गया।

"आजकल जब देखता हूँ किताब में घुसी पड़ी रहती हो। कोई परीक्षा दे रही हो?"

रेणु ने बिना जवाब दिए किताब को बग़ल वाली टेबल पर रख दिया।

"तुम ठीक हो? शरीर की हरारत ठीक हुई?" धीरज ने ये सवाल रेणु की तरफ़ देखे बिना पूछा था, रेणु ने करवट ली और धीरज की तरफ़ देखते हुए मुस्कुराने लगी।

"कान में कुछ पहना नहीं है तुमने, ये क्या है राजुला, तुम्हें पता है न, माँ को नंगे कान पसंद नहीं हैं!"

धीरज ने राजुला नाम लिया और रेणु के पूरे शरीर में झुरझुरी दौड़ गई। वह अब राजुला नहीं रह गई थी। किचन में, बरसाती में रेणु ने कई बार राजुला नाम फुसफुसाया था और राजुला मुस्कुरा दी थी और राजुला हर कुछ वक़्त में उसके कानों के पास आकर पूछती– कैसी हो रेणु? नाम बदल जाने का एक गोपनीय खेल था दोनों के बीच जिसकी हल्की हँसी उन दोनों का अपना रहस्य था। आज पहली बार धीरज के मुँह से राजुला सुना तो रेणु को लगा कि वह बरसाती में बैठी राजुला से बात कर रहा है।

"कान दर्द कर रहे हैं, कुछ दिनों के बाद पहन लूँगी।"

धीरज अलमारी के पास खड़ा था और कपड़े निकालकर पहनने लगा था। रेणु, धीरज के मुँह से राजुला नाम सुनना चाहती थी।

"कपड़े काहे पहन रहे हो, यहाँ आओ न।"

रेणु ने कहा। धीरज ने रेणु को देखा। रेणु ने अपनी घर की साड़ी में एक अँगड़ाई ली। धीरज की आँखें चमकने लगीं। उसने तौलिया अलमारी पर टाँगा और बिस्तर में चला आया। रेणु के पास आकर उसने उसके चेहरे को देखा, फिर अपनी उँगलियों से उसके चेहरे पर आए बालों को पीछे करने लगा। रेणु धीरज को अपने इतने क़रीब देख नहीं पा रही थी। उसने अपनी आँखें बंद कर लीं। धीरज ने उसे चूमने की कोशिश की, पर रेणु को धीरज की मूँछ के बाल पहली बार गड़ने लगे और उसके होंठ उसे अजीब से पतले और कड़क लगने लगे।

"लाइट बंद कर दो।" रेणु ने कहा।

"नहीं।"

"प्लीज़ बंद कर दो न।"

"ना।"

रेणु ना कहती और धीरज उत्तेजित होता जाता। पहले वह धीरे-धीरे रेणु की साड़ी उतार रहा था, पर रेणु के न कहने की वजह से उसके हाथ तेज़ चलने लगे। पलक झपकते ही रेणु की साड़ी उतर चुकी थी। वह धीरज से अभी भी विनती करती रही कि लाइट बंद कर दो, पर धीरज अब ब्लाउज़ और पेटीकोट पर हमला कर चुका था। बीच में कपड़े के फटने की आवाज़ आई जिस पर रेणु ने तुरंत अपने शरीर को ढीला छोड़ दिया ताकि कपड़े आसानी से उतर सकें। जब धीरज रुका तो वह हाँफने लगा था। रेणु के शरीर पर जब कोई भी कपड़ा नहीं बचा था तब धीरज हाँफते हुए उसके नंगे शरीर को निहारने लगा था। रेणु ने शर्म से अपनी आँखें बंद कर ली थीं। धीरज उसके ऊपर चढ़ गया और पास आकर उसने कहा, "राजुला, आँखें खोलो, आँखें खोलो न राजुला।"

राजुला नाम सुनते ही रेणु ने धीरज को धक्का दिया और तपाक से उठी और उसने पूरे कमरे की लाइट बंद कर दी। अँधेरा होते ही वह पलंग को टटोलती हुई वापस बिस्तर पर आई। धीरज को छूते ही उसे पता चला कि वह नाराज़ है। उसे धीरज को मनाना आता था। वह उसके गालों के पास गई। उसकी इच्छा हुई कि वह धीरज से कहे कि वह एक बार उसे फिर से राजुला पुकारे। धीरज चुपचाप लेटा हुआ था। तभी रेणु के दिमाग़ में वर्जीनिया और वीटा हरकत करने लगे। क्या वर्जीनिया वुल्फ़ ने जब वीटा को चूमा होगा तो उसे भी वीटा के होंठ उतने ही कोमल लगे होंगे जितने उसे राजुला के लगे थे! रेणु अपनी साँसों के भीतर बुदबुदाई– 'वीटा'।

रेणु ने देखा कि वीटा कहते ही उसके रोंगटे खड़े हो गए हैं। वह धीरज को चूमते हुए उसकी गर्दन तक पहुँची, फिर गर्दन से छाती की तरफ़ खिसकते हुए वह उसकी नाभि से बहुत देर तक खेलने लगी। नाभि से खेलते हुए उसने शब्द के बजाय एक वाक्य कहा, "ये क्या रूप लिया है वीटा तुमने!" फिर उसने नाभि से नीचे की तरफ़ सरकना शुरू किया। धीरज की उत्तेजना वह उसके पूरे शरीर में महसूस कर सकती थी। वह उसकी जाँघों के बीच में थी। वहाँ पहुँचते ही रेणु को एक गंध आती थी। धीरज अभी-अभी नहाकर आया था इसलिए वो गंध बहुत महीन थी। रेणु ने अपनी नाक उसकी जाँघों के बीच में घुसाई, किसी गुप्तचर की तरह और बहुत हल्के-हल्के चूमते हुए उस गंध की टोह लेने लगी। उसे हल्की गंध आना शुरू हो गई थी।

"मुझे पुकारो, मानो मैं बहुत दूर जा चुकी हूँ।" रेणु ने फुसफुसाया।

"राजुला... राजुला..." धीरज बुदबुदाया।

"मैं और दूर हूँ।"

"अरे माँ सुन लेंगी।"

रेणु रुक गई।

"अच्छा ठीक है, पुकारता हूँ– राजुला... राजुला..."

रेणु ने धीरज का लिंग अपने हाथों में लिया और उसे सहलाने लगी। फिर उसे अपनी थूक से गीला किया और उसे देर तक चूमने के बाद उसे चाटने लगी। रेणु ऐसा कभी नहीं करती थी, वह सीधे लिंग को मुँह में रख लेती थी, पर आज वह सच में बरसाती में बैठी राजुला थी, उसे लगा उसके शरीर पर बहुत से

टैटू उभरने लगे हैं। रेणु की आँखें बार-बार धीरज के चेहरे पर जा रही थी। अँधेरे की वजह से उसे धीरज के शरीर की छाया-आकृति ही दिख रही थी। वह धीरज को चूसने लगी। अगर धीरज चुप हो जाता तो वह उसे याद दिलाती कि राजुला अभी भी बहुत दूर है। धीरज राजुला-राजुला कहता रहा। तभी रेणु धीरज के ऊपर चढ़ी और उसने अपने कान धीरज के होंठों पर लगा दिए। वह राजुला नाम अपने बहुत भीतर कहीं सुनना चाहती थी। धीरज ने रेणु के भीतर प्रवेश किया। रेणु ने धीरज के सिर के पीछे की दीवार को ऐसे छुआ जैसे वह राजुला को छू रही हो। वह अपने दिमाग़ में बरसाती में थी, वह धीरज नहीं, वीटा के शरीर पर अपना शरीर रगड़ रही थी। तभी अचानक एक कराह के साथ धीरज ढीला पड़ गया। रेणु को लगा कि वह बरसाती से सीधा यहाँ धीरज के बग़ल में आकर गिर पड़ी है। वह वापस बरसाती में जाना चाहती थी। धीरज हाँफता हुआ करवट लेने लगा। रेणु ने अपनी आँखें नहीं खोलीं, वह वैसे ही लड़खड़ाती हुई बाथरूम में चली गई। बाथरूम का दरवाज़ा उसने भीतर से बंद कर दिया और कमोड पर बैठकर पेशाब करने लगी। कुछ ही देर में उसका हाथ पेशाब की तरफ़ गया। वह एक उँगली से अपना clitoris छूने लगी थी, और उसके मुँह से राजुला निकलने लगा था। वह वापस बरसाती में पहुँच गई थी। बरसाती में वह राजुला की जाँघों को अपने दोनों पैरों के बीच फँसाए हुए थी... वह जितना ख़ुद को राजुला की जाँघों पर रगड़ती जाती उतना उसके सामने दिख रही बरसाती धुँध में डूबती जाती। अंत में उसके मुँह से हल्की चीख़ निकली और उसका शरीर कमोड पर एकदम-से कड़क हो गया। उसने पाया कि इस वक़्त उसका शरीर बिल्कुल वैसा ही

कमान की तरह मुड़ा हुआ है जैसा राजुला का शरीर था ज़मीन से डेढ़ इंच ऊपर। ये सोचकर रेणु के चेहरे पर मुस्कुराहट आ गई और वह कमोड के नीचे फ़र्श पर बिखर गई।

जब रेणु बाथरूम से नहा-धोकर बाहर आई तो धीरज सो चुका था। कमरे में अँधेरा था। वह उसके बग़ल में लेट गई और उसे लगा वह ख़ुद को पहचानती नहीं है। ये क्या हो रहा था उसके साथ? कैसे वह अपने दिमाग़ में इतनी जगहों पर एक साथ चली गई थी? वह रोना चाहती थी, पर भीतर इतनी ख़ुशी भरी पड़ी थी कि आँसुओं के निकलने की कहीं जगह ही नहीं थी। वह हँसने लगी। धीरज बग़ल में सो रहा था तो उसे अपने मुँह को अपने हाथों से ढकना पड़ा। कहीं हँसी की आवाज़ धीरज न सुन ले। तभी हँसते हुए उसने पाया कि उसकी आँखों से आँसुओं की धार बहने लगी है। वह हँस भी रही थी और रो भी रही थी।

इन सारी घटनाओं के बाद भी वह बरसाती में तब तक नहीं गई जब तक उसने ओरलेंडो पूरी पढ़ नहीं ली। किताब ख़त्म करने के बाद वह बरसाती में जाकर राजुला के सामने बिफर पड़ी। उसने ओरलेंडो के बारे में ऐसे बात की मानो वह अपने जीवन के बारे में बात कर रही हो और अपने जीवन के बारे में ऐसे जैसे वह उसे पढ़कर आई हो। सारा कुछ उसके लिए गड्डमड्ड हो रहा था। राजुला को किताब वापस देते हुए वह उस रात की घटना पर आई जब उसे लगा था कि वह धीरज नहीं वीटा के साथ सेक्स कर रही थी। फिर रेणु ने विस्तार से बताना शुरू किया, जब धीरज ज़बरदस्ती साड़ी उतार रहा था और वह लाइट बंद करने

की ज़िद्द कर रही थी, पर अपनी बात कहते हुए उसने देखा कि राजुला के चेहरे के भाव बदलने लगे हैं। उसकी बातों के तार टूटने लगे थे। वह विस्तार से बताने के बजाय मुख्य घटनाओं पर आ गई। फिर उसने कहा कि जब धीरज उसे राजुला कह रहा था तो उसे लग रहा था कि उसके शरीर पर टैटू उभरने लगे हैं। क्या नाम छोड़ते ही वह भटक गई है? वह अब राजुला नहीं है तो क्या वह कुछ भी हो सकती है? रेणु ये पूछकर चुप हो गई।

राजुला 'ओरलेंडो' के पन्नों को कुछ देर पलटती रही फिर उसने उसे वापस अपनी अलमारी में रख दिया। वह अलमारी में, किताबों के बीच कुछ खोजने लगी थी, फिर उसे कुछ दिखा और उसने अलमारी के सबसे ऊपर वाले खाने से एक किताब निकाली।

"ये दोनों किताबें एक ही साल में आई थीं।" राजुला ने किताब की धूल झाड़ते हुए कहा।

"कब?"

"उन्नीस सौ अट्ठाईस में।"

"इतना पहले इन बातों पर लिखा जा रहा था?" रेणु ने पूछा।

"यहाँ तो अभी भी बहुत कम साहित्य है, पर लंदन और पेरिस में इस वक़्त बहुत हलचल थी। ये किताब तो सालोंसाल बैन रही।"

"पर ये मुझे तुम क्यों पढ़ने दे रही हो?"

"मुझे लगता है कि तुम्हें जानना चाहिए, और मैं तुम्हें जवाब देते-देते तुमसे थकना नहीं चाहती हूँ। मुझे तुम बहुत पसंद हो।"

राजुला उसके क़रीब आई और उसने बहुत पुरानी पड़ गई एक किताब को रेणु के हाथों में रख दिया। रेणु ने उस किताब के मुख्य पृष्ठ को देखा। वो Radclyffe Hall द्वारा लिखित किताब 'The Well of Loneliness' थी।

"ये मेरी बहुत प्रिय किताब है और इसे मैंने आज तक किसी और को नहीं दिया है। तुम पढ़ना, इस किताब में जो मुख्य पात्र है- स्टीफ़न, उसकी कहानी मेरी कहानी से बहुत मेल खाती है।"

"स्टीफ़न तो लड़का हुआ, इसका मुख्य पात्र लड़का है?" रेणु ने पूछा।

"लड़की का नाम है स्टीफ़न, उसके पिता को हमेशा से लड़का चाहिए था, स्टीफ़न के पैदा होने के पहले ही उसके पिता ने ये नाम चुन लिया था। जब लड़की हुई तब भी वही पहले से चुना हुआ नाम उसे दे दिया गया।"

रेणु ने पहली बार राजुला की आवाज़ को टूटते हुए देखा था। राजुला ने एक गहरी साँस ली और उसके होंठों के आस-पास एक हल्की-सी मुस्कुराहट छा गई। ऐसा लगा कि उसे किसी की याद आई, या कोई घटना। उसने रेणु की तरफ़ देखा, उसकी आँखें चमक रही थीं।

"मैंने ये कहीं पढ़ा था", राजुला ने कहा, "कि जब वर्जीनिया वुल्फ़ ने अपना उपन्यास 'ओरलेंडो' प्रकाशित किया था तो वह एक बार उस पर बातचीत के लिए कैम्ब्रिज गईं और उन्होंने वहाँ के छात्रों से ये कहा था कि एक उपन्यास पढ़ने की कल्पना करो, जिसमें तुम इस वाक्य पर पहुँचते हो: Chloe liked Olivia. (क्लोई, ओलिविया को पसंद करती है), जिस पर आप

लोग कहोगे कि हाँ हमें याद है, सौ सालों से क्लोई ओलिविया को पसंद करती रही है। वे दोनों एक टापू पर, पानी के किनारे, झाड़ियों की परछाइयों के नीचे लेटे हुए थे, हम कैसे भूल सकते हैं! या शायद आप लोग डर जाएँ उनके इस जीने के तरीक़े से, या डर जाएँ ऐसे उपन्यास से, जो शायद बहुत जल्द बैन हो जाए किसी कोर्ट के किसी मजिस्ट्रेट द्वारा, जो कोर्ट किसी खाई के समान है जहाँ रोशनी नहीं पहुँचती। सच बात ये है कि, Cassandra (कैसेंड्रा) के वक़्त से औरतों का सत्य साहित्य में परेशानी पैदा करने वाला ही रहा है। पर अगर तुम अपने कमरे का दरवाज़ा बंद कर दो, तो शायद तुम ख़ुद क्लोई और ओलिविया की कहानी लिखने की कोशिश कर सकते हो। पर सबसे पहले तुम्हें उनका नाम बदलना होगा, जिससे वो कहानी तुम्हें तुम्हारी अपनी कहानी जैसी सुनाई देने लगे।"

ये कहते हुए राजुला की आँखें गीली हो चुकी थीं। रेणु ने अपने दोनों हाथों में राजुला का चेहरा लिया और अपने अँगूठों से उसके गालों को सहलाने लगी।

"देखो हम दोनों ने अपने नाम बदल दिए हैं, और नाम बदलते ही तुम मुझे कितनी अपनी लगने लगी हो!" रेणु ने कहा।

वह ये कहते ही राजुला को चूम लेना चाहती थी, पर उसे अजीब-सा डर खाए जा रहा था कि कहीं उसे उसके होंठों की आदत न लग जाए, जिससे वह धीरज को कभी चूम नहीं पाएगी। रेणु जब तक अपने डरों को समेट पाती, राजुला ने उसके होंठों पर अपने होंठ रख दिए। राजुला के होंठों का स्वाद जैसे ही रेणु ने महसूस किया उसे लगा कि वो कब से इसी स्वाद के लिए

तरस रही थी। जब उसकी जीभ बार-बार उसके होंठों को छू रही थी तो रेणु को लगा कि वो कब से इसी कोमल स्पर्श को चख लेना चाहती थी। वे दोनो एक-दूसरे को देर तक चूमते रहे। उसी चूमने में राजुला ने रेणु के कपड़े उतारने की कोशिश की, पर रेणु शरमा गई। उसके शरमाने में इन नई उभरती भावनाओं का डर भी था। वह राजुला को सब कुछ करते देखना चाहती थी और उसे रोकना भी चाहती थी। उसका डर राजुला ने सूँघ लिया था। राजुला तुरंत अलग हो गई और उठकर उससे दूर चली गई। रेणु ने अपना सिर नीचे कर लिया, उसने अपने दोनों अँगूठों को अपनी मुट्ठी में इस क़दर दबाया कि उसके गाल लाल होने लगे।

"कॉफ़ी पियोगी?" कुछ देर बाद राजुला ने पूछा।

रेणु ने कोई जवाब नहीं दिया।

एक कप कॉफ़ी लेकर राजुला आई और उसने रेणु से कहा कि चखो अगर तुम्हें ठीक लगेगी तो तुम्हारे लिए भी बना दूँगी।

रेणु ने कॉफ़ी का सिप लेते ही उसे थूक दिया।

"ये कितनी कड़वी और काली है!"

राजुला हँस दी थी। और उसने कहा कि कुछ ही दिनों में तुम इसे पीती पाई जाओगी, ये मेरी गारंटी है।

"कभी नहीं।" रेणु ने कहा।

"देखते हैं।"

"तुम इतने विश्वास से कैसे कह सकती हो!" रेणु हैरान थी।

"कड़वी-काली चीज़ों का अपना आकर्षण होता है, वो एक बार मुँह लग गईं तो वो आपके साथ रहने लगती हैं।"

5.

मुझे ठंड लग रही थी। कहानी के इस हिस्से को ख़त्म करते ही मुझे याद आया कि मैं नंगा बैठा हूँ। मैंने तुरंत कपड़े पहने। फिर इंटरनेट पर जाकर मैंने दो किताबें ऑर्डर की, 'The Well of Loneliness' और 'Orlando'. मुझे पढ़ना पसंद नहीं था, पर फिर भी मैंने दोनों किताबें मँगा ली थीं। शायद उसका कारण था कि मैंने जो पिछली किताब मँगाई थी 'After Sappho', उसे आधी से ज़्यादा पढ़ लेने के बाद मैं रेणु और राजुला को थोड़ा बेहतर समझ पा रहा था। ख़ासकर 'After Sappho' में Natalie Clifford Barney का जो ज़िक्र था, उसे। Natalie Barney एक अद्भुत महिला थीं। वह अमेरिकन लेखिका थीं और उन्होंने पेरिस में 1900 के आस-पास Literary Salon शुरू किया था जिसमें ज़माने भर के कलाकार आकर हिस्सा लेते थे। एक्टर, लेखक, चित्रकार, उनमें से ज़्यादातर महिलाएँ थीं और Natalie Barney का संबंध जाने कितनी अलग-अलग महिलाओं के साथ हुआ था। वो उन्हें Sappho कहती थीं। उन्होंने खुलकर महिलाओं के आपसी प्रेम पर कविताएँ लिखीं, उपन्यास लिखे और नाटक भी। वह कहती थीं कि जीवन में उनकी एक ही महत्त्वाकांक्षा है कि वह अपने जीए हुए को कविता में तब्दील होते देखना चाहती हैं। कहते हैं कि Orlando और 'The Well of Loneliness' के लिखे जाने के पीछे भी Natalie Barvey के Literary Salon की प्रसिद्धी का हाथ था। मैं जब भी Natalie Barney

के बारे में पढ़ रहा होता मुझे बार-बार मेरी माँ का चेहरा याद हो आता। Natalie Barney उन्नीस सौ के आस-पास ये कर रही थीं और मेरी माँ, उसके लगभग सौ साल बाद, किताबों से भरी अलमारी के बोझ तले अपना दम तोड़ चुकी थीं, जिन किताबों को वह पढ़ना भी नहीं जानती थीं। फिर मैं अपने मोहल्ले की आस-पास की औरतों के बारे में सोचने लगा– सादिया आंटी, शर्मा मैडम, पराशर आंटी, मुझे उन सबके चेहरे नज़र आते। बार-बार Natalie Barney के बारे में सोचते हुए मुझे सादिया आंटी का चेहरा दिखने लगता और मैं अपना सिर झटक देता। मैं सादिया आंटी के बारे में नहीं सोचना चाहता था। मेरे पिता बुद्धिजीवी थे, वह किताबों वाले कमरे में ही सोते थे, मैंने कभी उन्हें और माँ को साथ सोते नहीं देखा था। जब भी सादिया आंटी आतीं तो वह घर पर ही रुक जातीं, क्योंकि उनका घर दूसरे गाँव में था। वह माँ के कमरे में उनके साथ ही सोती थीं।

Natalie Barney की मुक्तता पढ़ते हुए मुझे अपना घर जेल जैसा दिखाई देने लगा। और शायद उस जेल का सिपाही मैं ही था। मुझे कुछ भी अंदाज़ा नहीं था कि जेल के भीतर क्या हो रहा है! मैं उस बारे में आज भी नहीं सोचना चाहता था। मैं 'After Sappho' पढ़ते हुए बार-बार सोच रहा था कि ये तो सात समंदर पार के जीवन की कहानी है। इसका हम लोगों से कोई संबंध नहीं है।

रेणु की कहानी मेरे लिए किसी फ़िल्मी स्क्रिप्ट की तरह होनी चाहिए थी, उन फ़िल्म स्क्रिप्टों को मैं एक मशीन की तरह पढ़ डालता था और उस पर अपनी टिप्पणियाँ लिख देता और मेरा काम ख़त्म हो जाता। पर मैं इस कहानी में घुसा पड़ा था। शायद मैं रेणु की कहानी को इतना महत्त्व इसलिए दे रहा था क्योंकि मैं उसे एक बार अपने होने से प्रभावित करना चाहता था। वह वश के बाहर की लड़की थी, मैं बस चाहता था कि वह एक बार मेरे वश में आ जाए। उस रात मेरा पुरुषत्व आहत हुआ था। मैं उस रात की अपनी हरकतों से ज़ख़्मी हुआ पड़ा था। मैं बस चाहता था कि किसी भी तरीक़े से वह एक बार मुझसे इम्प्रेस हो जाए। जब मैं

उससे अगली बार मिलूँगा तो मैं उसके बराबर खड़े होकर उससे उसकी ही कहानी पर बात कर सकूँगा। रेणु को मैसेज करने के लिए मैंने अपना फ़ोन उठाया कि उसे कह दूँ कि मैंने कहानी पढ़ ली है, कब मिलना है, पर मैं मैसेज करूँ उसके पहले किसी ने दरवाज़ा खटखटाया। इतनी रात गए कौन हो सकता था! कहीं रेणु तो नहीं चली आई थी! मैंने दरवाज़ा खोला तो देखा एक महिला खड़ी थीं।

"जी?" मैंने कहा।

"नमस्ते!" उन्होंने कहा। और फिर वो मुझे देखती रहीं मानो मुझे कुछ पता है जो मैं कह नहीं रहा हूँ।

"जी? कहिए?" मैंने हिचकिचाते हुए कहा।

"आपने मुझे पहचाना नहीं?" उन्होंने आश्चर्य से पूछा।

"नहीं, क्या मैं जानता हूँ आपको?"

उनके चेहरे पर एक झिझक आई और उस झिझक पर हल्की मुस्कुराहट तैरने लगी।

"क्या मैं अंदर आ सकती हूँ?" उन्होंने पूछा, पर उनका शरीर सीढ़ियों की तरफ़ मुड़ रहा था। अंदर आने का पूछकर वह चली जाना चाहती थीं।

"जी आइए।"

वह झिझकीं, एक बार उन्होंने सीढ़ी की तरफ़ देखा फिर मेरी तरफ़, फिर कुछ तय करती हुई भीतर आईं। भीतर आते ही वह कमरे को ऐसे देखने लगीं जैसे पहले वह यहीं रहा करती थीं। मेरे कमरे में बैठने की अलग-अलग जगह नहीं थी, उन्हें बिस्तर पर ही बैठना पड़ेगा मैं जानता था। मैंने उन्हें वक़्त दिया चुनने का कि वह बिस्तर के किस तरफ़ बैठें, दाहिनी तरफ़ या बाईं तरफ़। उन्होंने अंत में दाहिनी तरफ़ बैठना चुना। मैं किचन से टिककर खड़ा हो गया।

"आपको ठंड लग रही है?"

तभी मुझे ध्यान आया कि मैंने अपना नंगापन ढाँकने के चक्कर में कुछ ज़्यादा ही कपड़े पहन लिए थे।

"कभी-कभी मुझे ज़्यादा कपड़े पहनना अच्छा लगता है।"

वह मेरे माथे से टपकती पसीने की बूँद को देख सकती थीं। मेरी रीढ़ की हड्डी से भी मैं पसीने की एक धार का बहना महसूस कर सकता था।

"मैंने जैसा सोचा था आपका कमरा वैसा नहीं है।" उन्होंने कहा।

"कैसा सोचा था आपने?" मैंने पूछा।

"थोड़ा... अलग।"

मेरे पास इसका कोई जवाब नहीं था। मैं कहना चाहता था कि वैसे तो सबने मेरा जीवन भी थोड़ा अलग ही सोचा था, पर यही है जो है।

"क्या मैं आपको जानता हूँ?" मैंने पूछा।

"वैसे तो नहीं, मैं बग़ल वाली बिल्डिंग के छठे माले पर रहती हूँ। आपने देखा है मुझे अपनी खिड़की से और मैंने आपको अपनी खिड़की से।"

मैं सन्न रह गया।

"तो वो आप थीं जो देख रही थीं खिड़की से रात में?"

मैं ये सोच रहा था, पर कहना नहीं चाह रहा था, पर ये शब्द मेरे मुँह से, बिना मेरी अनुमति के गिरते जा रहे थे।

"जी।"

उन्होंने कहा और वह मुझे ताकती रहीं। मेरे पास कहने के लिए कुछ भी नहीं था।

"आप चाय पिएँगी?"

मैंने पूछा पर वह चुप रहीं, उन्होंने न तो हाँ बोला और न ही मना किया। मैं भी वहीं खड़ा रहा। मुझे भी इस वक़्त चाय की इच्छा नहीं थी। उनकी उम्र तीस-पैंतीस के बीच लगती थी, पर मुस्कुराते ही वह पच्चीस-तीस की हो जाती थीं।

"देखिए मैं आपको असहज नहीं करना चाहती हूँ। पर मेरे लिए वो रात बहुत अहम थी। मैं आपको बता नहीं सकती, अगर आपके बजाय वह लड़की होती तो वह मेरी बात ज़्यादा अच्छे-से समझ सकती। एक पुरुष

कभी नहीं समझ सकता। आप बुरा न मानें मेरी बात का।"

मैं हमेशा से वह आदमी था जो कभी चीज़ों को उनके घटते वक़्त समझ नहीं पाता था। मैं अपनी माँ को नहीं समझ पाया था, ख़ासकर उन क्षणों में जब सादिया आंटी उनके कमरे में होती थीं और मुझे उन दोनों की हँसी की आवाज़ें बाहर तक सुनाई देती थीं।

"नहीं, मैं समझता हूँ, मतलब मैं जानता हूँ कि मैं कभी नहीं समझ सकता हूँ।"

"उस रात के बाद से ही मैं रोज़ रात का इंतज़ार करने लगी थी बहुत उत्सुकता से, फिर शायद आप कुछ दिन थे नहीं, फिर मैंने अपको नीचे सब्ज़ीवाले के पास देखा था, सोचा वहीं रोककर आपसे पूछूँ, पर दिन में आपसे बात करना शायद अजीब होता। मुझे पता है कि मुझे यहाँ इस तरह नहीं आना चाहिए था, पर मैं ख़ुद को रोक नहीं पाई।"

वह बोलते-बोलते रुक गईं। मैं उन्हें देखता रहा। मेरे बिस्तर की चादर को उन्होंने अपनी मुट्ठी में भींचा हुआ था। उनकी आँखों से मुझे आँसू की बूँदे लुढ़कती हुई दिख रही थीं। मैंने गिलास में पानी निकालकर उनकी तरफ़ बढ़ाया।

"आप आराम से पानी पीजिए।" मैंने कहा।

उन्होंने पानी पिया और जैसे ही उन्होंने अपने चेहरे को हाथ लगाया उन्हें अपने आँसू दिखे। उन्होंने अपनी साड़ी के पल्लू से अपने चेहरे को पोछा और वह अचानक बहुत असहज हो गईं।

"ये क्या हो रहा है मुझे, अक्सर मेरी आँखें बेवजह गीली हो जाती हैं। मैं यहाँ क्यों चली आई मुझे ठीक-ठीक नहीं पता है। मुझे लगा कि मैं आ सकती हूँ।"

वह अचानक खड़ी हो गईं। मैं समझ नहीं पा रहा था कि मैं क्या करूँ। मैं किचन से टिककर खड़ा था, उनके खड़े होते ही मैंने अपनी टेक हटा ली और सीधा खड़ा हो गया। मुझे लगा अगर मैं बिस्तर में उनके बग़ल में बैठ जाता तो शायद वह सहज तरीक़े से बात कर सकती थीं। पर अब

बहुत देर हो चुकी थी। वह कुछ देर खड़ी रहीं फिर वह हल्का-सा दरवाज़े की तरफ़ खिसकीं।

"मैं बस आपको ये बताना चाहती हूँ कि मैं रोज़ रात इंतज़ार करती हूँ, इंतज़ार करती हूँ उसका, क्या नाम है उस लड़की का जो आपके साथ थी?"

मैं चौंक गया, मैं नाम कैसे बता देता। मैं सोचने लगा।

"जाने दीजिए, मैं भी क्या पूछ रही हूँ। माफ़ी चाहती हूँ।"

वह दरवाज़े की तरफ़ गईं और उन्होंने दरवाज़ा खोल दिया। अचानक मेरे मुँह से निकला, "उसका नाम राजुला है।"

वह खुले दरवाज़े की चौखट पर कुछ देर रुकी रहीं, हल्का-सा उनका सिर हिला और वह चली गईं।

मेरे दिमाग़ में पहला सवाल आया कि क्या रेणु को पता था कि ये कोई अंकल नहीं बल्कि एक महिला हैं जो छठे माले से झाँक रही थीं! और अगर उसे पता था तो मैं हर बार इतना गधा कैसे हो सकता हूँ! मैं रेणु को अभी मैसेज करना चाहता था, मैंने फ़ोन निकाला और लिखा– 'क्या तुम्हारा नाम राजुला है?' ये मैसेज भेजते ही मुझे अजीब लगने लगा। मुझे लिखना चाहिए था कि क्या हम मिल सकते हैं? या छठे माले वाले अंकल, अंकल नहीं आंटी हैं। या कहानी अच्छी है।

मैं बहुत देर तक उसके जवाब का इंतज़ार करता रहा, पर उसका कोई जवाब नहीं आया। मैं बिस्तर पर आकर पसर गया। मैंने जो ज़्यादा कपड़े पहने थे वो धीरे-धीरे करके उतार दिए। जब तक मुझे पता था कि छठे माले वाले अंकल हैं तब तक मैं उनकी अपेक्षाओं से भरी आँखों से चिढ़ा बैठा था। अब जब मैं जानता हूँ कि वह एक महिला हैं तो मैं उनकी अपेक्षा के लिए कुछ करना चाहता था। मैं ख़ुद नहीं जानता था कि ऐसा क्यों है, शायद मैंने उनकी आँखों में जो अपेक्षा के आँसू देखे थे वो मेरी माँ के आँसुओं से मेल खाते थे? पता नहीं।

6.

मंदा जी के बर्तन माँजने की आवाज़ सुनकर फिर सुबह हुई। मैंने वक़्त देखा तो नौ बज रहे थे। मंदा जी ने जैसे ही मुझे उठा हुआ देखा तो अपने पति की बुराइयाँ करने लगीं। मैं उनकी हाँ-में-हाँ मिलाते हुए चाय बनाने की प्रक्रिया में व्यस्त हो गया। फिर चाय लेकर अपनी खिड़की पर आया और बग़ल वाली बिल्डिंग के छठे माले की तरफ़ देखने लगा।

मुझे अचानक शिखा की याद आई और मैं अपने फ़ोन पर उसका नंबर तलाशने लगा। शिखा को आख़िरी बार मैंने कब बुलाया था मुझे याद नहीं पर वही एक लड़की थी जो मेरे एक मैसेज पर भागी हुई आ सकती थी।

शिखा से मैं सालों पहले मिला था। वो एक फ़िल्म का आइडिया लेकर हमारी कंपनी में आई थी। उसका आइडिया मुझे बहुत पसंद आया था। हमारी कंपनी के बाक़ी लोगों में भी उसकी फ़िल्म को लेकर बहुत उत्साह था। हम डील लॉक करने ही वाले थे, तभी मुझे पता लगा कि उसकी फ़िल्म का आइडिया एक डेनिश फ़िल्म 'The Hunt' से चुराया गया है। मुझे बहुत ग़ुस्सा आया। मैंने शिखा को ख़ूब लंबा मैसेज भेजा जिसमें मैंने बस अपशब्दों का इस्तेमाल नहीं किया था बाक़ी अपना सारा ग़ुस्सा उड़ेल दिया था। वह मिलकर माफ़ी माँगना चाहती थी, पर मैं उसकी शक्ल भी नहीं देखना चाहता था। उसके बहुत ज़िद्द करने पर मैंने कुछ देर के लिए उससे मिलना स्वीकारा था। जहाँ तक मुझे याद है, हम एक पब में मिले थे, वह

माफ़ी माँगना चाहती थी और साथ ये भी चाहती थी कि कंपनी में ये बात किसी को पता न चले कि उसकी फ़िल्म का आइडिया चोरी किया हुआ है। इस पर मैं मान गया था। फिर पता नहीं क्यों हम नशे में मेरे घर आ गए थे और आते ही हम जानवरों की तरह एक-दूसरे पर टूट पड़े थे। वो रात बहुत वाइल्ड थी। उसके बाद हम फ्रेंड्स विद् बेनिफिट वाले संबंध में क़रीब एक साल तक रहे। फिर मैं इस संबंध से ऊब गया और उसके मैसेज का जवाब देना मैंने बंद कर दिया था। उसको लेकर यूँ भी मेरे अंदर एक गिल्ट था कि मैंने चुप रहने के बदले उससे सेक्स का सौदा किया था। लेकिन आज मुझे उसकी ज़रूरत थी। सो मैंने मैसेज किया– 'हैलो! क्या हाल हैं?'

मैं मैसेज करके पलटा तो देखा मंदा जी अपना काम ख़त्म करके मुझे देख रही थीं।

"क्या हुआ?" मैंने पूछा।

"पगार?" उन्होंने कहा।

"पर अभी तो पैसे दिए थे?" मैंने कहा।

"वो तो मुझे ज़रूरत थी, वो वापस दे दूँगी पर आज तो पगार का दिन है न?"

"मैं कल देता हूँ।"

मेरे कहने पर उन्होंने मुझे ऐसे देखा जैसे पैसे उन्होंने मुझसे नहीं बल्कि मैंने उनसे माँगे हों।

"कल पक्का देता हूँ।" मैंने फिर से कहा।

वह बिना कुछ बोले चली गईं। मैंने देखा शिखा का जवाब आया था– 'अरे, ईद का चाँद आज कहाँ से निकला, वो भी सुबह-सुबह। मैं ठीक हूँ अपना बताओ?'

'आज फ्री हो तो मिल सकते हैं।' मैंने फिर मैसेज किया।

'That was fast!' उसका जवाब आया, मैंने जवाब में स्माइली भेज दी।

'अभी आ जाऊँ?' उसने पूछा।

'नहीं अभी नहीं, रात में... क़रीब दस बजे।'

'That's very precise.'

मैंने फिर स्माइली भेज दी।

'ठीक है, मिलते हैं।' उसका जवाब आया।

मैं वापस अपनी खिड़की पर आ गया। काश मुझे वहाँ छठे माले वाली महिला दिख जाएँ तो मैं उन्हें इशारे से कह सकूँ कि आज रात आइएगा खिड़की पर। पर उनकी खिड़की सूनी पड़ी थी। मैं बहुत देर तक उस इशारे के बारे में सोचता रहा जो मैं उन्हें करने की सोच रहा था– आज रात आइएगा खिड़की पर दस बजे, इसका क्या इशारा हो सकता था?

आधे दिन के लिए मैं ऑफ़िस गया और वापस आते वक़्त बाज़ार से वाइन और आलू टमाटर उठा आया। वाइन फ्रिज़ में रख दी। शाम होते-होते मैंने आलू टमाटर की गीली सब्ज़ी बनाई और चावल चढ़ा दिए। क़रीब साढ़े नौ बजे शिखा काले रंग की ड्रेस पहनकर दरवाज़े पर खड़ी थी। उसके मुँह से वाइन महक रही थी। शिखा हमेशा ऊँची हील पहनती थी क्योंकि उसका क़द छोटा था। शरीर गठीला था और मुँह बच्चे जैसा था जिसकी वजह से उसकी उम्र कितनी है ये पता करना बहुत मुश्किल था।

"यार, एक बहुत बोरिंग पार्टी से आ रही हूँ। वहाँ बैठते ही नहीं बना सो जल्दी आ गई!"

मुझे 'यार' शब्द से शुरू हुए वाक्य कभी पसंद नहीं आते थे। ख़ासकर जब आप एक-दूसरे को ठीक से जानते नहीं हों। फिर भी, मैंने अपने चेहरे पर शिकन भी नहीं आने दी।

"कोई नहीं। सब्ज़ी बन गई है और चावल चढ़ा दिए हैं।"

"पर तुम अभी भी नाराज़ हो न मुझसे? है न? सज़ा दे दो, पर नाराज़ मत रहो।"

उसने लड़खड़ाते हुए लाड़ में लिपटी छोटी बच्ची-सा अभिनय करते हुए कहा। तभी मुझे याद आया, जब वह पहली बार आई थी तो वह यही चाहती

थी कि मैं उसे सज़ा दूँ। मैं कहता रहा कि ऐसी कोई बात नहीं है, पर वो पीछे पड़ी रही, वह गिड़गिड़ाने लगी। मैं डर गया कि वह चाहती क्या है! फिर उसने अपनी सलवार उतारी (उस दिन वह सलवार पहनकर आई थी) और पलटकर खड़ी हो गई थी। मुझसे कहा था कि मेरी पैंटी उतारो और मुझे मारो, यही मेरी सज़ा है। मैं बहुत देर तक समझा नहीं था। जब समझ आया तो मैं हिचकिचाते हुए उसके कूल्हों पर हल्के से मारने लगा। वह कहती रही कि तेज़ मारो, तेज़ मारो। वो रात मैं कैसे भूल गया था! उसके बाद से वह जब भी आती मैं उसे अलग-अलग क़िस्म की सज़ा देता रहता। कई बार वह बीच सेक्स में रोई भी थी, मैं रुक जाता तो वह कहती कि ये ख़ुशी के आँसू हैं। मुझे लगने लगा था कि ये मेरे भीतर मैंने कैसे जानवर को पाल रखा था, जो किसी को मारने में सेक्स की उत्तेजना महसूस कर रहा था! मैं कभी अपना वैसा रूप देखना नहीं चाहता था। अभी उसने जैसे ही कहा कि मुझे सज़ा दो तो मुझे सब कुछ याद आ गया। मुझे इसे नहीं बुलाना था, पर मेरे पास कोई दूसरा विकल्प भी नहीं था। मैंने घड़ी देखी– पौने दस हो रहे थे। मैं खिड़की पर गया, छठे माले की खिड़की अभी भी सूनी पड़ी थी। मैं जैसे ही पलटा तो देखा, शिखा ने अपनी काली ड्रेस कमर तक उठा रखी है और वह अपनी पैंटी को धीरे-धीरे नीचे खिसका रही है। वह किचन के स्लैब से टिककर खड़ी हो गई, जब पैंटी घुटनों तक आ गई तो वह पलटकर कहने लगी, "सज़ा दो मुझे, मैं बहुत गंदी लड़की हूँ, माफ़ कर दो न सर, प्लीज़!"

मैं शिखा के पास गया और उसके कंधे पकड़कर उसे अपने पास खींचा, फिर उसके चेहरे को मैं कुछ देर देखता रहा। मैं उसे गले लगाना चाहता था, मुझे लगा कि अगर मैं उसे एक अच्छे दोस्त की तरह गले लगा लूँ तो शायद वह इस तरह की हिंसा के बजाय प्रेम करने लगे। मैंने उसके माथे को चूमा और जैसे ही मैंने उसे अपनी तरफ़ खींचा गले लगाने के लिए तो उसने मुझे धक्का दे दिया।

"What the fuck are you doing?" उसने कहा।

"मैं बस गले लगाना चाहता था।" मैंने हड़बड़ाते हुए कहा।

“Do not give me fucking sympathy sex?”

“नहीं मैं तो बस... प्यार करना चाहता था।”

मुझे कुछ समझ नहीं आया और मेरे मुँह से प्यार जैसा शब्द निकला। वह हँसने लगी।

“प्यार!” उसने कहा।

मैंने देखा, चावल उबलने लगे थे। मैंने गैस की आँच कम कर दी।

“क्यूट मत बनो।”

वह मुस्कुराते हुए मेरे पास आई और फिर गैस की तरफ़ पलटकर खड़ी हो गई। जैसा वह चाहती थी मैं वैसा करने लगा। मैं अपने भीतर के जानवर को अँगडाई लेता हुआ महसूस कर सकता था। क्या कुछ नहीं छुपा हुआ होता है हमारे भीतर कि कभी-कभी हम ख़ुद को भी नहीं पहचान पाते हैं! मैंने उसके कूल्हे को सहलाया और चाँटे मारने शुरू किए। हर वार पर उसके मुँह से आह निकलती और वह पलटकर मुझे देखती, हर बार उसकी आँखें किसी गुनहगार के समान दिखने लगतीं।

“ज़ोर से सर, और ज़ोर में सर, sorry sir, very sorry! अब मैं ऐसा कभी नहीं करूँगी।”

कुछ देर में मेरे सारे कपड़े उतर चुके थे। मैं उसके भीतर प्रवेश कर चुका था। कभी हम अलमारी पर, कभी किचन पर, कभी जूते-चप्पल वाली जगह के बग़ल वाली दीवार पर एक-दूसरे में गुत्थमगुत्था हुए सेक्स करते रहे। अंत में हम थककर बिस्तर पर गिर गए थे।

चावल उबलकर जल गए थे। मैं बिस्तर से ज़मीन पर गिर गया था। हम दोनों पसीने-पसीने हो चुके थे। मुझे साँस लेने की ज़रूरत थी। मैं बहुत बुरी तरह हाँफ रहा था। मेरे भीतर विचार आया कि मुझे सिगरेट कम पीनी चाहिए, पर ठीक उसी वक़्त मेरी सिगरेट पीने की इच्छा हुई। जैसे-तैसे मैंने ख़ुद को उठाया और गैस बंद की। शिखा बिस्तर पर औंधे मुँह लेटी हुई थी। उसकी ड्रेस अभी भी कमर तक उठी हुई थी। मुझे याद आया वाइन अभी भी फ्रिज़ में रखी हुई है। मैंने फ्रिज़ खोला पर तभी मुझे ध्यान आया

छठे माले का, मैंने फ्रिज़ वापस बंद किया और खिड़की पर गया तो देखा वह महिला वहाँ अपनी खिड़की पर खड़ी हुई हैं। उनकी आँखें मेरी आँखों से मिलीं, वो हल्का खिसककर खिड़की के पास आ गई थीं, उनकी आँखों में चमक आ गई थी। मैं समझा कि मैंने कपड़े नहीं पहने हुए थे, ये चमक उनकी अपेक्षा की थी। मुझे लगा कि उन्हें इशारे से समझाऊँ कि सेक्स हो चुका है। पर इसका क्या इशारा हो सकता है ? कैसे कहते हैं इशारे से कि सेक्स हो चुका है ? मैंने पलटकर शिखा को देखा, वो अभी भी वैसे ही थकी हुई बिस्तर पर औंधे पड़ी हुई थी। मैं उसके पास गया और उसे चूमने लगा। फिर उसे मैंने बिस्तर से उठाकर खड़ा किया।

"क्या कर रहे हो ?" उसने अलसाई आवाज़ में कहा।

मैं बिना कुछ कहे उसे चूमते हुए खिड़की के पास ले आया। फिर मैंने उसकी ड्रेस उतारी और उसके दोनों हाथों को खिड़की पर रखा बिल्कुल वैसे ही जैसे रेणु खड़ी थी। शिखा बार-बार पूछे जा रही थी कि क्या कर रहे हो, मैं उसके पीछे खड़ा हो गया और उसकी कमर को पकड़कर सहलाने लगा।

"क्या कर रहे हो ? अरे, छोड़ो मुझे, I am not in the mood. छोड़ो यार।"

शिखा के मुँह से 'यार' सुनते ही मैं अपना मुँह बिचकाने लगा, इस वक़्त ये शब्द मैं उसके मुँह से नहीं सुनना चाहता था। मेरा पूरा मूड ख़राब हो सकता था।

"मैं कुछ नहीं कर रहा हूँ, बस यहाँ खड़ी रहो।" मैंने उससे कहा।

मैं इंतज़ार कर रहा था मेरे उत्तेजित होने का, पर मेरे भीतर वासना मर चुकी थी। मैं कुछ देर खड़ा रहा फिर सोचा कि मैं जिस स्थिति में इस वक़्त खड़ा हूँ, छठे माले से क्या पता चलेगा कि मैंने शिखा के भीतर प्रवेश किया है कि नहीं। सो मैं शिखा के पीछे खड़े होकर झूठे सेक्स का अभिनय करने लगा।

"तुम पागल हो गए हो क्या!" उसने कहा।

शिखा हटना चाहती थी, पर मैंने उसे अपने हाथों से पकड़ रखा था।

अपने झूठे अभिनय में मैंने देखा कि छठे माले की वो महिला खिड़की से थोड़ा पीछे खिसक गई थीं। मैंने अपने झूठे अभिनय की रफ़्तार बढ़ा दी। कुछ देर बाद मैंने देखा तो छठे माले वाली वो औरत वहाँ नहीं थीं। मैं रुक गया। मेरी पकड़ शिखा पर ढीली हुई और उसने पलटकर मुझे ज़ोर का धक्का दिया।

"You can't fucking get it up... what the fuck you even trying, weirdo!"

और भी जाने क्या-क्या बड़बड़ाते हुए उसने जल्दी से कपड़े पहने। मुझे नहीं लगा था कि वह इतनी नाराज़ हो जाएगी। मैं उसे समझाने की कोशिश करने लगा, पर वह अपने कपड़े पहनकर, मुझे कोसते हुए घर से निकल गई। जाते वक़्त उसने इतनी तेज़ दरवाज़ा बंद किया कि मुझे लगा पूरी बिल्डिंग हिल गई है।

उसके जाते ही पूरे कमरे में एक गहरी चुप्पी छा गई। उस चुप्पी में दरवाज़े के बंद होने की गूँज देर तक घूम रही थी। मुझे अपना ही कमरा पराया लगने लगा। उस पराएपन में एक नमी थी जिसकी वजह से मैं अपनी ही चीज़ों को छूना नहीं चाह रहा था। अचानक मुझे बहुत तेज़ भूख लगने लगी थी। मैंने फ्रिज़ से वाइन निकाली और बोतल को मुँह से लगा लिया। कुछ लंबे घूँट पीने के बाद मुझे ठीक लगा। फिर मैंने जले हुए चावल को देखा। फिर से चावल बनाने की हिम्मत मुझमें नहीं थी। सो जले हुए चावल और आलू टमाटर की पतली सब्ज़ी लेकर मैं ज़मीन पर बैठ गया, साथ में वाइन की बोतल भी थी। पहले कौर को मुँह में रखा तो उबकाई आ गई, सब्ज़ी में नमक जरूरत से ज़्यादा पड़ गया था। मैंने ख़ुद को सामने लगे आईने में देखा, अभी-अभी बेइज़्ज़त हुआ, नंगा आदमी, जले चावल और नमक से भरी सब्ज़ी खा रहा है। मुझे ख़ुद पर तरस आने लगा। मैं आईने में ख़ुद को घूरता रहा और इशारे में कहना चाहा कि मुझे ख़ुद पर तरस आ रहा है, पर इस बात का क्या इशारा हो सकता था?

7.

सुबह उठा तो देखा मंदा जी नहीं आई थीं। पूरा घर वैसे ही अस्त-व्यस्त था। मैंने चाय चढ़ाई और घर ठीक करने लगा। मैंने तय किया कि आज मैं अपने दोस्त धीरू से ज़रूर मिलूँगा। घर साफ़ करते हुए फ़ोन देखा तो देर रात रेणु का मैसेज आया हुआ था– 'फालतू सवाल मत पूछो, आगे का हिस्सा मेल किया है, पढ़ लेना और कल शाम को मिलते हैं।'

मैंने जल्दी-जल्दी घर साफ़ किया और चाय लेकर तुरंत आगे का हिस्सा पढ़ने बैठ गया।

धीरज की माँ की आवाज़ आई, "बहुत दिनों से देख रही हूँ कि तुम्हारे कान सूने हैं!"

"हाँ माँ, कान में दर्द है, कुछ दिनों में पहन लूँगी।" रेणु ने कहा।

रेणु दाल में बघार लगा रही थी और धीरज की माँ भिंडी काट रही थीं। दोनों अपने कामों में व्यस्त थीं और बिना एक-दूसरे को देखे बात कर रही थीं।

"तो शायद गला भी दर्द दे रहा हो!" धीरज की माँ ने कहा।

"नहीं माँ, गला तो ठीक है।"

"मंगलसूत्र नहीं है इसलिए पूछा।"

"नहाते वक़्त बाथरूम में छूट गया होगा।"

धीरज की माँ ने गला साफ़ किया मानो आगे कुछ कहना चाह रही हों, पर फिर उन्होंने कुछ नहीं कहा। इस चुप में रेणु बहुत असहज होने लगी थी सो उसने गैस कम की और अपने कमरे में मंगलसूत्र ढूँढ़ने चली गई। बाथरूम में मंगलसूत्र नहीं था। वह बिस्तर के आस-पास खोजने लगी। तकिये के नीचे, चादर के अंदर, पर उसे मंगलसूत्र मिला नहीं। बिस्तर पर पड़ी हुई 'The Well of Loneliness' किताब रेणु को दिखी जो वह आधी पढ़ चुकी थी। तभी पीछे से धीरज की माँ की आवाज़ आई,

"देख लो, कहीं बरसाती में तो नहीं छूट गया है?"

रेणु पलटी तो देखा धीरज की माँ दरवाज़े पर खड़ी हैं और सीधा उसे ही देख रही हैं। उसने चादर से किताब को ढक दिया। उसे समझ नहीं आया कि उसने ऐसा क्यों किया? किताब छुपाने की क्या ज़रूरत थी?

"आजकल ज़्यादा समय बरसाती में बीत रहा है। देख बेटा, वह अलग दुनिया की लड़की है, वह तेरी दुनिया नहीं है। तेरी दुनिया नीचे ज़मीन पर है, वहाँ ऊपर बरसाती में नहीं।"

तभी रेणु को गोदरेज की अलमारी के हत्थे पर मंगलसूत्र टँगा दिख गया। उसने धीरज की माँ के सामने वो मंगलसूत्र उठाया, पर पहना नहीं। धीरज की माँ उसे देखती रहीं।

"मंगलसूत्र के तार गड़ने लगे हैं, इसे ठीक कराकर पहन लूँगी।"

रेणु ने कहा और मंगलसूत्र को गोदरेज की अलमारी के अंदर रखकर वापस किचन में चली गई।

दाल को तड़का देकर वह अपने कमरे में वापस आ गई, पर उसका अपने कमरे में मन नहीं लगा। पहली बार था कि रेणु ने धीरज की माँ को जवाब दिया था। वह अपने कमरे में चक्कर काट रही थी। उसने वापस किताब उठाई और उसके कुछ पन्नों को पलटकर देखने लगी। स्टीफ़न, जो 'The Well of Loneliness' की मुख्य किरदार है, उसकी बेचारगी में उसकी असहजता और बढ़ गई। उसने बरसाती में जाना तय किया। धीरज की माँ अभी भी किचन में थीं, पर उसे किसी भी हालत में राजुला का साथ चाहिए था। वह अपने कमरे से निकली और तेज़ कदमों से चलती हुई बरसाती में चली गई। उसे पता था धीरज की माँ उसे देख रही होंगी।

जब वह ऊपर पहुँची तो उसने देखा, बरसाती का दरवाज़ा खुला हुआ है। वहाँ राजुला नहीं थी। वह पहली बार बरसाती में अकेले थी। वह बरसाती में राजुला की चीज़ों को निहारने लगी, उन्हें छूने लगी। किताब की अलमारी में से उसने कई किताबें उठाईं और उन्हें उलट-पलटकर देखने लगी। फिर किताबों की अलमारी के बग़ल में एक बोर्ड टँगा था जिसमें राजुला चीज़ों को लिखकर टाँग दिया करती थी। रेणु ने सरसरी निगाहों से उस बोर्ड पर टँगे वाक्यों को पढ़ा। कुछ शब्दों को हाथ लगाया, पर किसी भी चीज़ के अर्थ तक वह नहीं पहुँची। तभी उसकी निगाह बिस्तर पर पड़ी डायरी पर पड़ी। वह तुरंत बिस्तर पर गई और डायरी के पन्नों को पलटने लगी।

'मैं अपने घुटने टेके खड़ी हूँ, मुझे डर लग रहा है, कभी मेरी माँ फ़ोन कर रही है तो कभी मेरे पिता। मैं उन दोनों के फ़ोन नहीं उठा रही हूँ।'

रेणु ने देखा डायरी में ये एंट्री पाँच साल पुरानी थी। वह आगे पढ़ने लगी।

'मुझे पता था कि इस बार फिर जाह्नवी मैडम ने उन्हें फ़ोन किया है। मैं फ़ोन उठाकर चीख़ना चाहती हूँ, उनसे कहना चाहती हूँ कि जाह्नवी मैडम और मेरा संबंध है। लेकिन अगर वह पूछेंगे कि क्या संबंध है तो मैं क्या कहूँगी?'

रेणु ने देखा, उस लिखे के बग़ल में पेन से एक स्केच बना है ख़ाली खिड़की का, जिस खिड़की में कोई नहीं खड़ा है। वह डायरी के पीछे के पन्ने पलटने लगी। खोजते-खोजते वह उस एंट्री पर पहुँची जहाँ जाह्नवी मैडम का पहली बार ज़िक्र था।

'कल कॉलेज में मैंने पहली बार सोलो सिंगिंग की थी, मेरे गिटार ने भी मेरा सही साथ दिया था। जाह्नवी मैडम ने मुझे कसकर गले लगा लिया था। मैं ख़ुश हो गई जब सुबह-सुबह उनका मैसेज देखा, आओ एक दिन कॉफ़ी पीते हैं साथ में। मैंने तुरंत जवाब दिया, जी बिल्कुल।' उसके बाद के पन्नों पर स्केच थे पेड़ों के, चिड़िया के, तितली के।

रेणु ने कुछ पन्ने आगे बढ़ाए।

'मैं उत्साह और डर में समय से पहले कैफ़े कॉफ़ी में पहुँच गई हूँ। हमेशा ऐसे वक़्त मेरे घुटने दर्द करने लगते हैं, मैं अपने घुटनों पर बार-बार हाथ फेर रही हूँ। मैं जब आठवीं कक्षा में थी तो एक

दिन लंच ब्रेक में पूरी क्लास एक-दूसरे को बता रही थी कि कौन किसको पसंद करता है। हर लड़के ने लड़की का नाम लिया और हर लड़की ने किसी लड़के का। सिर्फ़ मैं ही थी जिसने कहा था कि मुझे क्लास की एक लड़की पसंद है। क्लास मॉनीटर ने मेरी शिकायत टीचर से कर दी थी और मुझे पूरी क्लास में ब्लैक बोर्ड के पास, दीवार की तरफ़ देखते हुए अपने घुटनों पर बैठना पड़ा था। आज तक जब भी मुझे लगता है कि मैं ग़लती कर रही हूँ तो मेरे घुटने दर्द करने लगते हैं और मैं अपने घुटनों के बल कुछ देर खड़ी रहती हूँ।'

उसके बाद एक साड़ी वाली औरत का स्केच था जो एक पेड़ के नीचे घुटने टेके खड़ी थी। रेणु ने पन्ना पलटाया।

'मैं पूरा दिन अपनी उँगलियों को बार-बार अपने मुँह के पास ले जा रही हूँ, उन्हें सूँघ रही हूँ। कॉफ़ी पीते हुए उन्होंने बहाने-बहाने से कई बार मेरी उँगलियों को छुआ था। क्या वह Sappho हैं?'

रेणु ने देखा उसके बाद के स्केच शरीर के अलग-अलग अंगों के थे, होंठ, स्तन, कंधे और घुटनों के।

'ख़ान मार्केट के पास में ही वो बंगला था। मैं दरवाज़ा खटखटाती और एक बूढ़ी औरत दरवाज़ा खोलतीं। मैं उन्हें नमस्ते कहती, पर वह कोई भी जवाब नहीं देतीं। मैं सीधा बंगले में प्रवेश करके दाहिनी तरफ़ वाले कमरे में चली जाती। अधिकतर जाह्नवी मैडम बिस्तर पर लेटी हुई दिखतीं। वह जब मुझे छूतीं तो बाहर उस बूढ़ी औरत के पूजा करने की आवाज़ें मेरे कानों में बजती रहतीं।"

फिर एक स्केच था जिसमें उँगलियाँ संतरे की दो फाँक के भीतर घुसी हुई थीं। रेणु ने पन्ना पलटाया और देखा उसके बाद लगातार स्केच बने हुए थे– बिस्तरों के, बेतरतीब चादरों की सिलवटों के, पैरों के बीच फँसे हाथों के।

फिर कई पन्नों के बाद, एक पन्ने के कोने में छोटे अक्षरों में लिखा था– 'वो बूढ़ी औरत जाह्नवी मैडम की माँ थीं।'

रेणु ने डायरी बंद कर दी। वह कमरे के बाहर निकल आई। वह कुछ देर छत पर टहलती रही फिर उसने कुछ गहरी साँसें लीं और वापस बरसाती में चली आई।

'मैं कब वैसा जीती हूँ जैसा जीना चाहिए? जैसा जीना चाहिए वैसा चोरी से जी पाती हूँ। मैं चोर हूँ, इसलिए हर बार मुझे सज़ा मिलती है, हर बार मेरे घुटने दर्द करने लगते हैं।'

कुछ स्केच थे उँगलियों के, नाखूनों के, पैरों के।

'जाह्नवी मैडम के पति से मिली, उन्होंने कहा, ये मेरी फ़ेवरेट स्टूडेंट है, बिल्कुल मेरी बेटी जैसी।'

इसके बाद के पन्नों में पेन से वार किए हुए थे जैसे बहुत सारा लिखकर मिटाया गया हो। फिर स्केच था जाँघ का, जहाँ 'जा' लिखा हुआ था, एक स्तन के निचले हिस्से का, जहाँ 'न' लिखा हुआ था और गर्दन के पीछे की तरफ़ 'वी' लिखा हुआ था। पन्ने के नीचे की तरफ़ छोटे अक्षरों में लिखा था– 'टैटू कराने में बहुत दर्द होता है।'

उसके बाद कहीं कुछ लिखा नहीं था, सिर्फ़ स्केच थे। चीख़ते हुए चेहरे, वीरान सड़कों के, ख़ाली कप के, टूटे शीशों के, काँच के टुकड़ों के जिन पर ख़ून लगा हुआ था। उसके बाद सीधे पाँच साल पुरानी एंट्री थी जिसमें राजुला के माता-पिता उसे फ़ोन कर रहे थे और वह फ़ोन नहीं उठा रही थी।

रेणु ने डायरी बंद की और वह बरसाती के बाहर छत की खुली हवा में आ गई। बरसाती में उसका दम घुटने लगा था। उसने कई बार गहरी साँस ली, पर फिर भी वह अपना रोना नहीं रोक पा रही थी। उसकी आँखें छलकने लगीं। वह छत की दीवार से टिककर बैठ गई। तभी उसे सीढ़ियों पर किसी के ऊपर चढ़ने की आवाज़ आई, उसने तुरंत अपना चेहरा अपनी साड़ी के पल्लू से पोंछा। सामने से आती हुई उसे राजुला दिखी और वह ख़ुद को रोक नहीं पाई, वह भागकर उसके गले लग गई। उसकी आँखें फिर छलकने लगीं।

"क्या हुआ?" राजुला ने पूछा।

"कुछ नहीं।" रेणु ने जवाब दिया।

रेणु अब रो नहीं रही थी। वह पलंग पर बैठी हुई थी। राजुला ने आते ही पलंग पर पड़ी उसकी डायरी को तकिये के नीचे छुपा दिया था और अपने लिए कॉफ़ी बनाने में व्यस्त हो गई थी।

"एक ख़ुशख़बरी है।" राजुला ने कहा।

"क्या?" रेणु ने पूछा।

"ऑस्ट्रेलिया की एक फ़र्म से जॉब का ऑफ़र आया है।"

रेणु उत्साह में पलंग से उठकर खड़ी हो गई। वह उसके पास आई और उसे चूमने लगी। चूमते हुए उसने कहा, "मुबारक हो!"

"इतना तो मैं भी ख़ुश नहीं हूँ जितनी तुम ख़ुश दिख रही हो, मेरे यहाँ से चले जाने का इतना उत्साह!"

"मैं नहीं चाहती हूँ कि तुम जाओ और शिद्दत से चाहती हूँ कि तुम किसी सुंदर जगह चली जाओ। पता नहीं आज क्या हो रहा है मुझे!"

राजुला कॉफ़ी तैयार कर चुकी थी। इस बार उसने दो कप कॉफ़ी बनाई थी। उसने एक कप रेणु को पकड़ाया और दोनों बिस्तर पर आकर बैठ गईं।

"ये पूरी पीनी पड़ेगी क्या?" रेणु ने पूछा।

"मुझे लगा तुम कॉफ़ी पीने यहाँ आती हो।" राजुला ने चुहल करते हुए रेणु से कहा और रेणु मुस्कुरा दी।

"कम-से-कम शक्कर ही दे दो।" रेणु ने कहा।

"ना, वो तो कभी नहीं। काली कॉफ़ी में शक्कर डालना गुनाह है।"

राजुला रेणु का चेहरा देख रही थी, हर कॉफ़ी के सिप के साथ रेणु अजीब तरीक़े से अपना चेहरा बिचका रही थी। हर बार राजुला की हँसी निकल जाती।

"ऑस्ट्रेलिया! कितनी अच्छी ख़बर है! क्या करोगी तुम वहाँ?" रेणु ने पूछा।

“मैं? पता नहीं, मैं बस उड़ जाना चाहती हूँ, और किसी कविता की पंक्तियों में नहीं, सच में, मैं सच में उड़ जाना चाहती हूँ।”

“मुझे पहली बार इस कड़वाहट में मिठास नज़र आने लगी है।” रेणु ने कॉफ़ी का आख़िरी सिप लेते हुए कहा।

रेणु को राजुला की बातों में परिकथाओं वाला सुख मिल रहा था, वह राजुला की भविष्य की बातों में बने रहना चाहती थी। राजुला अपने ऑस्ट्रेलिया के प्लान उसे बतलाने लगी। बीच बातचीत में रेणु ने राजुला को अपने पास खींचा और उसके गले लग गई। राजुला चुप हो गई, रेणु ने उसे कसकर पकड़ा हुआ था। वह राजुला की पीठ सहलाने लगी और धीरे से उसने राजुला के बाल हटाए, उसे गर्दन के पीछे पड़ा ‘वी’ दिखा। उसने अपनी उँगली से उसे छुआ और राजुला झटके से अलग हो गई।

8.

फ़िल्म की स्क्रिप्ट पढ़ना मेरा काम था। मैं शुरुआती कुछ पन्ने पढ़ता फिर अंत के कुछ पन्ने पढ़ता और मुझे मोटे तौर पर पता चल जाता कि ये फ़िल्म क्या है। मुझे बेहद सरसरी तौर पर चीज़ें पढ़ने की आदत रही थी। लेकिन इस कहानी को पढ़ते हुए मैं ख़ुद को बरसाती में पाता और कड़वी कॉफ़ी का स्वाद बार-बार मेरे मुँह में आ रहा होता। हर बार कहानी का अंश ख़त्म करने के बाद मैं ख़ुद को थोड़ी देर सन्न पाता। शरीर हिलना बंद कर देता और मैं देर तक अपने कमरे की छत ताकता रहता।

मुझे किसी भी क़िस्म की ज़िम्मेदारी कभी पसंद नहीं थी। बड़े होते हुए मैंने बड़े होने की ज़िम्मेदारियों को देर तक अपने कंधों पर महसूस किया था। माँ हमेशा चाहती थीं कि मैं अपने पैरो पर खड़ा हो जाऊँ और मैं उनके सामने हमेशा लड़खड़ाता हुआ चलता था। उनके जाने के बाद मेरे सारे रिश्तेदारों ने जाने कितनी और ज़िम्मेदारियाँ मेरे ऊपर लाद दी थीं! उन्हें लगता था कि अब तो ये कुछ कर ही लेगा। मैं कुछ करने के बजाय उस जगह से भाग लिया था। मैंने उन्हें कहा था कि मैं अपने पिता को खोजने जा रहा हूँ, मेरी माँ को लगता था कि वह हैं कहीं, और मेरी माँ ग़लत नहीं हो सकती थीं। यह एक बहाना था। मैं रिश्तेदारों की अपेक्षाओं के बोझ तले मरना नहीं चाहता था। मैं भागकर मुंबई आ गया। इस शहर में बड़े-बड़े लोग आकर गुम जाते थे, मैं गुम जाना चाहता था। मैं बिल्कुल अपने पिता

की तरह हो जाना चाहता था.... ग़ायब!

मैं शाम को रेणु से नहीं मिलूँगा, मुझमें हिम्मत नहीं है। मैं नहीं चाहता था कि वो मुझे कहानी के इतने भीतर तैरता हुआ देखे। मैं कहानी को पहले ठीक से पचा लेना चाहता था जिससे मैं उससे कहानी के बारे में इत्मीनान से बात कर सकूँ। रेणु के आस-पास यूँ भी एक अजीब-सा अनप्रिडिक्टेबल घेरा नज़र आता था, जहाँ अगर आप घुस गए तो कुछ भी हो सकता था। मैंने आज ऑफ़िस जाना भी स्थगित कर दिया था। मैं अपने निरुद्देश्य जीवन में बस शांति चाहता था। मैंने रेणु को मैसेज लिखा कि मैं व्यस्त हूँ, मैसेज करूँगा जब वक़्त होगा। अब इस कहानी को पचाने के लिए मेरे पास वक़्त ही वक़्त था। मैं अपनी खिड़की पर गया तो देखा बग़ल की बिल्डिंग का छठा माला सूना पड़ा था। पूरे दिन घर के अंदर चक्कर काटता रहा और बार-बार मेरी आँखें छठे माले की सूनी खिड़की पर चली जातीं। मैं क्या चाहता था इसका मुझे कोई अंदाज़ा नहीं था।

तभी शिखा का मैसेज आया– 'पता नहीं क्यों पहली बार रात की अपनी हरकत पर शर्मिंदा हूँ। मुझे इतनी वाइन नहीं पीनी थी। मैं माफ़ी नहीं माँगना चाहती हूँ बल्कि चाहती हूँ कि हम एक बार मिलते हैं। बताना जब भी तुम्हारे पास वक़्त हो।'

कुछ वक़्त बाद मैं तैयार होकर घर से बाहर निकल आया। मैं अपने दोस्त धीरू से मिलने के लिए निकला था पर रिक्शा पकड़ने के बजाय देर तक कॉलोनी के नीचे चक्कर काटता रहा, इस आशा में कि शायद मुझे वह छठे माले वाली महिला दिख जाएँ। वो नहीं दिखीं और मैंने पाया कि मेरे पैर छठे माले वाली बिल्डिंग की तरफ़ बढ़ते जा रहे थे। मैं लिफ़्ट के सामने खड़ा था और सोच रहा था कि नीचे टहलने के बजाय छठे माले पर जाकर टहलने में क्या हर्ज है! यहाँ सारी इमारतें एक जैसी हैं, सीलन से भरी, अँधेरी, नीरस और एक अजीब क़िस्म की उदासी अपने भीतर लिए हुए। मुंबई में ऐसे घरों को चाली कहते हैं। छठे माले पर गहरी चुप्पी थी,

मेरे लिफ़्ट खोलने और बंद करने की आवाज़ इतनी थी कि मुझे लिफ़्ट के बाहर आकर बहुत देर चुपचाप खड़े रहना पड़ा ताकि यहाँ की चुप्पी अपनी पुरानी स्थिति में वापस आ जाए। मुझे अब वापस चले जाना चाहिए था पर मैं वहीं खड़ा रहा और बाईं तरफ़ के आख़िरी दरवाज़े को देखता रहा। सारे दरवाज़े गहरे रंग के थे, पर वो आख़िरी दरवाज़ा सफ़ेद था। मैं उस सफ़ेद दरवाज़े की तरफ़ बढ़ने लगा। जब उसके सामने खड़ा हुआ तो देर तक कान लगाए भीतर की हरकत सुनने की कोशिश करने लगा। बाहर की चुप्पी और भीतर की चुप्पी में कोई अंतर नहीं था। तभी मैंने फ़ोन निकाला और शिखा के आए मैसेज को देखने लगा। ये मैं क्या कर रहा हूँ, मैं ख़ुद को ये बेवक़ूफ़ी करता देख रहा था। मैंने अपना सिर झटका और मेरा सिर दरवाज़े से टकरा गया। एक खट्ट की आवाज़ हुई, मैंने अपना फ़ोन तुरंत जेब में डाल लिया। दरवाज़ा खुलेगा की अपेक्षा से मैं कुछ देर खड़ा रहा, पर उस जगह की चुप्पी बरक़रार रही। मैंने बग़ल में लगी घंटी को दबाया, एक कर्कश आवाज़ ने पूरे छठे माले को घेर लिया। तब भी भीतर से कोई आहट नहीं हुई। मैं जाने को हुआ तो देखा एक खट्ट से दरवाज़ा खुल गया, पर कोई बाहर नहीं आया।

"हेलो!" मैंने कहा पर फिर भी कोई आहट नहीं हुई।

मैंने धीरे से दरवाज़ा खोलकर भीतर प्रवेश किया। भीतर प्रवेश करते ही मुझे सामने पड़े सोफ़े पर एक बूढ़े आदमी बैठे हुए दिखाई दिए। उनके हाथों में एक छड़ी थी। शायद उन्होंने उसी छड़ी से दरवाज़ा खोला होगा। कमरे में बहुत अँधेरा था, मैं उन्हें ठीक से देख नहीं पा रहा था। मैंने जब सोचा था कि छठे माले की खिड़की पर आदमी खड़ा है तो वह औरत निकली और जब इस घर में औरत की अपेक्षा की तो आदमी निकला।

"माफ़ी चाहता हूँ, वो हैं क्या?"

कुछ कहने की कोशिश में मैंने उनके बारे में पूछा जिनका मुझे नाम भी नहीं पता था।

"वो कौन?" उन्होंने पूछा और मेरी तरफ़ मुख़ातिब हुए।

“वो! वो महिला?”

वह मेरी तरफ़ देखते रहे। मैं असहज हो रहा था। मुझे रोशनी चाहिए थी। दीवार पर मुझे एक लाइट का स्विच दिखा, मैंने उसे दबा दिया। जैसे ही कमरे में रोशनी हुई मुझे उनका चेहरा साफ़ दिखाई दिया और मैं हक्का-बक्का रह गया। उनकी शक्ल मेरे पिता से कितनी ज़्यादा मिलती थी! उनके चेहरे पर पड़ी झुर्रियाँ, उनके झुके कंधे। तभी उनके हाथों से छड़ी छूटी और वह उसे टटोलने लगे। मैंने तुरंत उनकी छड़ी उठाकर उन्हें दे दी। उन्हें छड़ी पकड़ाते ही मुझे मेरे घुटनों में दर्द महसूस होने लगा। अजीब-सा दर्द, ये पहली बार हुआ था। मैं तुरंत अपने घुटनों के बल बैठ गया, दर्द थोड़ा शांत हुआ। वहीं उकड़ूँ बैठे हुए मैं उनकी शक्ल को ताकता रहा।

“वह शाम को आएगी। क्या काम है?” उन्होंने पूछा।

“काम कुछ नहीं है।” मैंने थकी हुई आवाज़ में कहा।

मैंने एक गहरी साँस ली और अपने दोनों हाथों से अपना सिर पकड़ लिया। ये मेरे साथ क्या हो रहा था!

“तुम नीचे क्यों बैठे हो? क्या तुम्हारा कुछ गिर गया है?” उन्होंने पूछा।

“नहीं, कुछ नहीं गिरा।”

उन्होंने टटोलते हाथों से मुझे छुआ। मेरे कंधे से उनका हाथ मेरे चेहरे पर गया। मेरी आँखें गीली थीं, उनका हाथ मेरे चेहरे पर रुक गया।

“उठो, यहाँ बैठो।”

मैं उठकर उनके बग़ल में बैठ गया।

“कहाँ से आए हो?” उन्होंने पूछा।

“मैं आपका पड़ोसी हूँ, बग़ल की बिल्डिंग में रहता हूँ।”

“तुम धुन को जानते हो?”

“किस धुन को?”

मैंने पूछा और वह चुप हो गए। मुझे समझ में आया कि उस महिला का नाम धुन है। मैं जवाब देने में झिझक गया और मुझे लगा कि वो वक़्त निकल गया जब जवाब दिया जा सकता था। वह अपनी छड़ी का सहारा

लेकर खड़े हुए और सीधा सामने रखी टेबल तक गए, फिर बाईं तरफ़ मुड़े और किचन में पहुँच गए। उन्होंने एक बोतल पानी उठाया और उसे लिए वैसे ही वापस मुझ तक आ गए। मैंने उनके हाथों से बोतल ली और गटागट पानी पी गया। मैं कितना प्यासा था! पानी पीने के बाद मैंने बोतल अपने बग़ल में रख दी, वह मेरे सामने खड़े रहे।

"क्या आप बुद्धिजीवी हैं?" मैंने पूछा।

"क्या?"

ये मैं क्या पूछ रहा था! मैं खड़े होने की कोशिश में लड़खड़ा गया। घुटनों का दर्द जो नीचे बैठे हुए थोड़ा कम हो चला था वापस आ गया। मैं उनसे कहना चाहता था कि मैं अभी भी अपने पैरों पर नहीं खड़ा हो पाता हूँ, लड़खड़ा जाता हूँ। वह मेरे खड़े होते ही वापस सोफ़े पर बैठ गए।

"धुन आएगी तो मैं उसे बता दूँगा कि तुम आए थे। क्या नाम है तुम्हारा?"

"यश।" मैंने कहा और उनके चेहरे को देखता रहा।

"यश!" कुछ देर बाद उन्होंने मुँह से बुदबुदाया जैसे उन्हें कुछ याद आया हो।

"आप मुझे जानते हैं!" मेरे मुँह से अनायास निकला।

उनका चेहरा मेरी आवाज़ की तरफ़ घूमा और रुक गया। मेरे घुटनों में दर्द बढ़ता जा रहा था। मैंने लाइट का स्विच वापस बंद किया और कमरे से बाहर निकल आया। मेरे निकलते ही दरवाज़ा बंद हो गया। उन्होंने फिर अपनी छड़ी का इस्तेमाल किया होगा।

मैं जब लिफ़्ट से वापस आ रहा था तो बार-बार मेरी इच्छा हो रही थी अपने घुटनों पर बैठने की।

बाहर निकला तो सूरज आँखों में चमक रहा था। मुझे लगा कि मैं किसी अँधेरी गुफा से बाहर निकलकर आया हूँ। कुछ देर चलते हुए मेरा लड़खड़ाना बंद हुआ और मेरे घुटनों का दर्द भी जाता रहा। मैं रिक्शे में बैठा और अपने दोस्त धीरू के घर की तरफ़ निकल गया। मेरी आँखों के

सामने बार-बार उनका चेहरा आ रहा था। मैं अपने दिमाग़ को भटकाना चाहता था सो मैंने फ़ोन निकाला और शिखा को मैसेज किया कि मैं भी तुमसे मिलना चाहता हूँ, पर घर पर नहीं, हम किसी कैफ़े में मिलेंगे। उसका मैसेज तुरंत आया– 'Anytime.'

मैंने लिखा– 'बताता हूँ।'

फिर मैंने रेणु को मैसेज किया कि आज मिल सकते हैं क्या? कुछ देर में उसका जवाब आया जिसमें उसने अपने घर का पता भेजा था और नीचे लिखा था– 'नौ बजे।'

मैंने लिखा– 'See you!'

9.

मुझे हमेशा से यक़ीन रहा है कि दिन सब ठीक करने की क्षमता रखता है। दिन के सारे उतार-चढ़ाव शाम होने तक सुलझे हुए नज़र आते हैं। पर अगर शाम होते-होते सारा कुछ ठीक नहीं होता तो रात दिन की हार का महोत्सव मनाने से चूकती नहीं है। वो सोने नहीं देती। मैं हमेशा से इस तरीक़े के दिनों से बचता रहा था। मैं इस तरीक़े के जीवन से भी दूर भागता रहा था। मैं अपने जीवन में 'कुछ भी नहीं घटा' की शांति चाहता था। मैं हमेशा से चाहता था कि मैं कोने-कोने जीवन जीते हुए निकल जाऊँ और किसी को पता भी न चले कि कोई मेरे जैसा स्वार्थी व्यक्ति कभी इस धरती पर चला था। जहाँ मुझे दिखता कि कोई मुझसे कुछ अपेक्षा रखता है मैं तुरंत उस व्यक्ति से दूर हो जाता था। पर जीवन जीने का एक जाल है जिससे सब के सब एक साथ जुड़े हुए हैं, मेरी लाख कोशिशों के बावजूद भी मैं ख़ुद को दूसरों के जीवन में उलझा पाता। पर मेरी उलझनों की एक सीमा थी, वे मेरे कमरे में प्रवेश नहीं कर पाती थीं। पर इस बार सारा कुछ मेरे कमरे से ही शुरू हुआ था। मैं अगर शिकायत भी करना चाहता तो मैं किसी से कुछ भी नहीं कह सकता था। अपने पुरुषत्व को दिखाने के चक्कर में मैं इसमें बुरी तरह फँस चुका था। मैंने तय किया कि जब मैं रेणु से मिलूँगा तो मैं उसको अपने घुटने के दर्द के बारे में बताऊँगा और उससे पूछूँगा कि इसका इलाज कहाँ है। कहानी में या कहानी से बाहर?

रिक्शा को छोड़कर मैं धीरू की बिल्डिंग में दाख़िल हुआ।

धीरू बंबई शहर में मेरा एकमात्र दोस्त बना था। हमारी दोस्ती अभी तक चली आ रही थी इस बात पर आश्चर्य किसे होना चाहिए मुझे या धीरू को, ये मैं कभी समझ नहीं पाया। धीरू ख़ुद को आर्टिस्ट मानता था। उसका मानना था कि आर्टिस्ट तभी तक आर्टिस्ट है जब तक वह ग़रीब है, परेशान है, अमीर होते ही वह अपनी प्रतिभा गँवा चुका होता है। धीरू एक दिन कोई बहुत बड़ा काम करेगा, इस बात की संभावना वह सालों से अपने इर्द-गिर्द बनाए रखता आया था। मैं जब बंबई आया था तो कुछ वक़्त मैं धीरू के साथ ही रहा था। तब से हमारी दोस्ती चली आ रही थी। मुझे लगता रहा कि इस दोस्ती की नींव में हार है। हम दोनों ही हारे हुए लोग थे। अंतर सिर्फ़ इतना था कि मैं अपनी हार में हमेशा बने रहना चाहता था और धीरू एक दिन जीत जाएगा के आभास में। वह क्या करता है, कैसे अपना ख़र्च चलाता है इसके बारे में मैं कुछ भी नहीं जानता था। उसे जब भी पैसों की ज़रूरत होती वह हक़ से मुझसे माँगता और मैं दे देता।

मैं धीरू के कमरे का दरवाज़ा खड़खड़ाने ही वाला था कि अचानक उसने दरवाज़ा खोल दिया मानो वह दरवाज़े के दूसरी तरफ़ इंतज़ार में ही खड़ा था। मैंने देखा उसने अपने सारे बाल उड़ा दिए थे और हल्की दाढ़ी और मूँछ छोड़ी हुई थी।

"ये क्या किया?" मेरे मुँह से निकला।

"भीतर आओ।" उसने कहा।

उसने आधा दरवाज़ा खोला। मैं जैसे-तैसे भीतर घुसा, फिर धीरू ने बाहर झाँका कि कोई है तो नहीं और उसने दरवाज़ा बंद कर दिया। उसका पूरा घर बिखरा पड़ा था, बैठने की जगह बनाने के लिए मुझे उसकी किताबों और कपड़ों को हटाने की ज़रूरत थी, पर मैं उसके घर में कुछ भी छूता नहीं था, क्योंकि मुझे नहीं पता था कि उसके कमरे के बिखराव में कौन-सी चीज़ उसकी किस आर्टिस्टिक प्रॉसेस का हिस्सा हो!

"ये कपड़े हटा दूँ?"

किताबों को तो मैं क़तई नहीं छू सकता था सो मैंने धीरे-से कपड़ों के बारे में पूछा। वह कुछ देर तक उन कपड़ों को देखता रहा।

"इस तरफ़ के नहीं... दूसरी तरफ़ के..." उसने कहा।

"क्या खिड़की खोल सकते हैं?" मैंने धीरे से पूछा।

वह तेज़ कदमों से चलता हुआ खिड़की पर गया और सारी खिड़कियाँ खोल दीं। फिर नीचे सड़क को शक की निगाह से देखने लगा। जब वह मेरी तरफ़ पलटा तो मुझे उसका चेहरा साफ़ दिखाई दिया। हल्की दाढ़ी से मुझे पहली बार सफ़ेदी झाँकती हुई दिखी।

"क्या देख रहे हो? मेरे चेहरे पर कुछ है क्या?"

उसने अपने चेहरे पर हाथ फेरा।

"नहीं, अच्छे लग रहे हो, दाढ़ी पर आई सफ़ेदी फब रही है।"

मैंने अपनी आवाज़ में प्रशंसा से भरा उत्साह डाला। उसे मेरी प्रशंसा ठीक नहीं लगी।

"तुम जब यहाँ आ रहे थे तो तुम्हें लगा कि कोई तुम्हारा पीछा कर रहा है?"

"नहीं।"

धीरू ने अपनी दाढ़ी पर देर तक हाथ फेरा, वह कुछ सोच रहा था, मैंने उसे वक़्त दिया। मुझे लगा कि वह कुछ कहने वाला है पर तभी वह पलटा और किचन में जाकर खड़ा हो गया। मैंने देखा वह चाय बना रहा था। मैं धीरू को ध्यान से देख रहा था। मुझे हमेशा समय लगता था ये समझने में कि वह इस वक़्त किस चीज़ के जुनून में है। इस बार उसे फ़िल्म बनाने का बुख़ार नहीं चढ़ा था, एक विशाल महाकाव्य भी वह नहीं लिख रहा था, वह गहरे योगा के विज्ञान को भी नहीं खोज रहा था, वह किसी गुरु के चक्कर में भी नहीं था, तो इस बार वह किस अलग गुत्थी में उलझा हुआ था? उससे मिलने के पहले मैं हमेशा सतर्क रहता हूँ कि ये वह धीरू नहीं है जिससे मैं पिछली बार मिला था। और इस बार तो मुझे कुछ ज़्यादा ही सतर्क रहना पड़ रहा था क्योंकि मैं बहुत दिनों बाद उससे मिलने आया था।

अभी तक तो पता नहीं क्या-क्या बदलाव हो चुके होंगे! मैं चाहता था कि मैं उसे उस बूढ़े आदमी की बात बताऊँ जिसकी शक्ल मेरे पिता से मिलती थी, पर धीरू का कोई भरोसा नहीं, वह इस बात को रशिया और पाकिस्तान की साज़िश से भी जोड़ सकता था। मुझे इंतज़ार करना होगा।

"तुम्हें पता है वे लोग सब सुन रहे हैं?" धीरू ने चाय बनाते हुए दबी हुई आवाज़ में कहा।

"कौन लोग?"

मैंने भी उतनी ही दबी हुई आवाज़ में उससे पूछा। वह पलटा और उसने मेरे सामने रखी टेबल की तरफ़ इशारा किया। मेरी कुछ समझ नहीं आया पर मैंने ऐसी प्रतिक्रिया दी कि मुझे सब समझ में आ गया।

"हम जहाँ जाते हैं, जिससे मिलते हैं, जो खाते हैं, जो ख़रीदते हैं सारा कुछ उन्हें पता होता है। पता है इससे बचा कौन है?"

मैंने अपनी आँखें बड़ी कर दीं...

"गूँगे और बहरे लोग, क्योंकि वे इशारों में बात करते हैं। मैं एक नई भाषा पर काम कर रहा हूँ। इसलिए हर चीज़ बहुत गुप्त रखनी पड़ रही है।"

वह चाय लेकर आया, मैंने अपना कप उठाते हुए कहा, "जो अभी तुमने बोला वो भी तो वे लोग सुन चुके हैं, उन्हें तुम्हारी नई भाषा के आविष्कार के बारे में पता चल गया होगा।"

उसने मुस्कुराते हुए अपने फ़ोन को टेबल से उठाया और मुझे दिखाया। उसका फ़ोन बंद था। फिर मैंने अपना फ़ोन उसे दिखाया जो बंद नहीं था। धीरू के चेहरे पर शिकन आई, पर वो शिकन बहुत देर तक रुकी नहीं।

"उन्हें पता है ये बात, तभी तो मेरे पीछे लोग लगा रखे हैं।"

तभी उसने मुझे इशारे से कहा कि मैं अपनी आँखें बंद करूँ। मैंने आँखें बंद कर लीं। वह उठकर मेरे पास आया और उसने, कभी धीमी तो कभी ऊँची आवाज़ में कहा, "पैंटी... ब्रा... ब्रा... पैंटी... पैंटी... पैंटी... ब्रा... ब्रा... पैंटी..."

वह लगातार बोले जा रहा था। कभी मेरे फ़ोन के पास आकर तो कभी खिड़की के पास जाकर। मैं चाहता था कि मैं आँखें खोल लूँ और धीरू का ये नृत्य देखूँ, पर उसके करतब में बने रहने के लिए मुझे उसका सारा कहा मानना होता था। शायद इसलिए उसकी दोस्ती की कृपा मुझ पर अब तक बनी हुई थी। मुझे उसकी दोस्ती बहुत प्रिय थी, क्योंकि सिर्फ़ यही एक जगह थी जहाँ मैं किसी भी क़िस्म की ज़िम्मेदारी महसूस नहीं करता था।

"अब अपनी आँखें खोलो।" उसने धीरे से कहा, "और अपना मोबाइल निकालकर सर्च में जाओ।"

वह जैसा-जैसा कहता रहा मैं बिल्कुल वैसा ही करता गया।

"क्या दिखा?" उसने अपने पूरे उत्साह में पूछा।

मैंने चौंक जाने का पूरा अभिनय किया और कहा, "सही में... ब्रा और पैंटी का विज्ञापन।"

"देखा!"

"हम्म!"

मैं जब पहली बार बंबई आया था तब धीरू कवि हुआ करता था। उसी वक़्त उसका एक कविता-संग्रह छपकर आया था जिसकी प्रशंसा हर जगह हो रही थी। लोग धीरू के पीछे पड़ गए थे कि और लिखो, मगर ठीक उसी वक़्त उसने कविताएँ लिखनी बंद कर दीं। फिर धीरू बहुत वक़्त तक पेंटिंग करता रहा। मुझे हमेशा से उसके बनाए चित्र बहुत पसंद आते थे। मुझे पता था कि मैंने अगर उससे कहा कि मुझे तुम्हारी पेंटिंग बहुत पसंद है तो ये पेंटिंग करना छोड़ देगा। मैंने कभी नहीं कहा, पर उसके जीवन में उस वक़्त एक महिला आई थी, उसने धीरू से कहा कि तुम असल में पेंटर हो। उसने पेंटिंग तो छोड़ी साथ-ही-साथ उस लड़की से भी मिलना बंद कर दिया था। बीच में जब मैं उससे मिला था तो वह अपने किए काम को जलाने में व्यस्त था। कविताएँ, पेंटिंग, कहानियाँ, तबला। मैंने उसे रोकने की कोशिश की, पर वह नहीं माना। कहने लगा कि काफ़्का भी यही चाहता था कि उसका सारा लिखा जला दिया जाए, पर काफ़्का के दोस्त ने उसे

धोखा दिया और उसका सारा काम उसके मरने के बाद प्रकाशित करवा दिया। मैं अपने ज़िंदा रहते ही अपना नामोनिशान मिटाकर जाऊँगा, तुम्हें धोखा देने का मौक़ा नहीं दूँगा।

वह मुझे अपना दोस्त मानता था मेरे लिए ये बात सारी बातों से ज़्यादा बड़ी थी। उसकी उपस्थिति मेरे जीवन में बग़ैर अपेक्षाओं के सुख का संचार करती थी। मुझे इस क़िस्म के लोग बेहद पसंद आते थे जो अपने अलग ग्रह पर रहते थे। आपको उनसे मिलने उनके ग्रह पर जाना होता था। मेरी हमेशा इच्छा होती थी धीरू से पूछने की कि उस लड़की का फिर क्या हुआ जिसने कहा था कि तुम असल में पेंटर हो पर उसके ग्रह पर इस क़िस्म के सवाल पूछना आपका उस ग्रह में प्रवेश वर्जित कर सकता था सो मैं वहीं सुनता था जो धीरू बताना चाहता था। धीरू चाय पीते हुए दुनिया को चरमपंथी विचारधारा से ग्रस्त होते जाने पर दुख जता रहा था। फिर उसने कहा, "असल में हर विचारधारा फ़ैशन की तरह होती है, हम हर चीज़ से बोर हो जाते हैं। जैसे पहले बेलबॉटम पैंट चलते थे फिर बैगी पैंट आए अब चुस्त चीज़ों का ज़माना है, इंसान किसी भी एक बात पर बहुत देर टिक नहीं सकता है। सारी क्रांतियाँ असल में उस क्रांति से बोर हो जाने की बलि चढ़ती हैं।"

मैं आश्चर्य से विचारधाराओं पर उसकी बातें सुन रहा था तभी उसने पूछा, "तुम्हारे जीवन में क्या चल रहा है?"

अगर धीरू यही सवाल मेरे आते ही पूछ लेता तो शायद मैं शुरू से उसे अपनी सारी परेशानी बता सकता था पर इस वक़्त मेरी परेशानियाँ उसके दरवाज़े के बाहर छूटी हुई थीं। इस वक़्त उन परेशानियों का असर मुझ पर शून्य था।

"ठीक ही चल रहा है सब कुछ।"

वह कुछ देर मुझे देखता रहा। मुझे पता था उसे मेरे भीतर एक ख़ालीपन दिख रहा होगा, पर मैं अपने ख़ालीपन में बहुत सहज था। जब मैं उससे विदा ले रहा था तो मैंने उसे कसकर गले लगा लिया, उसे मेरे कसकर

गले लगाने पर शक होने लगा। मैं तुरंत उससे दूर हो गया और ऐसा बर्ताव किया मानो वह कोई और था जो अभी-अभी उसके गले लगा था। धीरू ने भी चाय के ख़ाली कप उठाए और किचन में चला गया। मैंने भी बिना कुछ कहे उसका दरवाज़ा पार किया, दरवाज़ा पार करते मुझे मेरी सारी परेशानियों ने ऐसे घेरा मानो वो उसके दरवाज़े के बाहर ही में बाट जोह रही थीं। मैं अपनी परेशानियों को बटोरते हुए वहाँ से निकल गया।

10.

क़रीब पौने नौ बज रहे थे, मैं रेणु के घर की बिल्डिंग के नीचे पहुँच चुका था। मैं बिल्डिंग के भीतर घुसा, पर उसके घर जाने के बजाय मैं लिफ़्ट के पीछे लगी एक बेंच पर बैठ गया। मैं उस बूढ़े आदमी के बारे में सोचने लगा जिसकी शक्ल मेरे पिता से मिलती थी। मैंने जब उन्हें अपना नाम बताया था तो रुक गए थे, उन्हें कुछ याद आया था। मुझे उनसे सीधा पूछ लेना था, पर क्या पूछता! मेरे पिता की तस्वीरें मैंने अपने घर में टँगी हुई देखी थीं, अधिकतर तस्वीरों में वह स्टेज पर बड़े लोगों के साथ बैठे हुए थे, एक सबसे बड़ी तस्वीर जो घर में लगी हुई थी वह उनकी नेहरू के साथ की थी। मैंने कभी अपनी माँ से नहीं पूछा था कि मेरे पिता नेहरू से क्यों मिले थे, पर तस्वीर हमेशा हमारे छोटे-से घर पर हावी रहती थी। मैंने कभी माँ से ये भी नहीं पूछा था कि पिता और आपकी कोई तस्वीर साथ क्यों नहीं है, या आपकी एक भी तस्वीर घर की दीवारों पर क्यों नहीं है! मुझे सादिया आंटी की याद हो आई, जो मेरे पिता के रहते हुए पास के गाँव से आती थीं और कभी-कभी माँ के साथ उनके कमरे में ही रुक जाती थीं। पिता के जाने के बाद सादिया आंटी कभी-कभी अपने गाँव जाती थीं, वह अधिकतर माँ के साथ ही रहती थीं। मैं बाहर के कमरे में पड़ा रहता और वे दोनों भीतर के कमरे में माँ के छोटे-से बिस्तर पर एक साथ सोती थीं।

बड़े होने पर गणित के बहुत से सवाल एकदम सरलता से आँखों के

सामने हल होते दिखते हैं, पर तब उनके हल हो जाने का कोई फ़ायदा नहीं होता। एक वक़्त के बाद अतीत के सवालों को हल करने पर कोई शाबाशी नहीं मिलती, कोई आकर नहीं कहता कि कितने तेज़ हो तुम! मैं कभी भी तेज़ नहीं था, मैं हमेशा से बुद्धिजीवी पिता का मूढ़ बच्चा था।

चौथे फ़्लोर पर मैं रेणु के दरवाज़े के सामने खड़ा था। मैंने घड़ी देखी नौ बजकर पाँच मिनट हुए थे। दरवाज़ा गहरे कत्थई रंग का था। भीतर से धीमी गति का अँग्रेज़ी संगीत सुनाई दे रहा था। मैंने बेल बजाई और रेणु ने कुछ देर में दरवाज़ा खोला। वह बीच बहस में थी किसी के साथ। उसने इशारे से मुझे अंदर आने को कहा। मैंने पास में रखे सोफ़े के पास अपनी चप्पल उतारी और अपना बैग सोफ़े पर रखकर वहीं बैठ गया। बीच हॉल में एक चौकोर बड़ा-सा टेबल रखा था, उसके तीन तरफ़ कुर्सियाँ और एक तरफ़ बेंच थी। उसके सामने की दीवार पर एक बहुत बड़ी श्वेत-श्याम तस्वीर लगी हुई थी, जिसमें दो महिलाओं के पैर आपस में गुत्थमगुत्था थे।

"अच्छा तुम बताओ कि क्या कभी ट्रंप अमेरिका से जा सकता है?" रेणु ने अचानक बहस के बीच मुझसे सवाल कर लिया।

"वो तो जा चुका है।" मैंने कहा।

"मतलब वो नहीं, ट्रंप की मानसिकता जा सकती है कभी अमेरिका से?"

मैंने सोचा, काश यहाँ मेरी जगह धीरू होता! रेणु मेरे सामने आकर खड़ी हो गई थी।

"जा सकती है।" मैंने कहा।

तभी रेणु जिससे बहस कर रही थी, वो लड़की रेणु के बग़ल में आकर खड़ी हो गई। वह साँवली थी, उसके घुँघराले बाल थे। उसने छोटी काली टी-शर्ट पहन रखी थी और सफ़ेद पाजामा। मुझे उसकी गर्दन पर एक कछुआ दिखा जिसकी पीठ पर लाल निशान थे।

"हे, मैं रागिनी।" उस लड़की ने अपना हाथ मेरी तरफ़ बढ़ाया और मैं खड़ा हो गया।

"तो ये हैं वो ?" रागिनी ने रेणु की तरफ़ मुस्कुराते हुए देखा और कहा।

तभी रेणु ने मेरा हाथ पकड़ा और मुझे खींचकर बीच टेबल पर ले गई। अब हम तीनों एक-दूसरे के आमने-सामने बैठे थे।

"तुम्हें ऐसा क्यों लगता है वो मानसिकता जा सकती है ?" रेणु ने फिर पूछा।

"जैसे पहले बेलबॉटम पैंट थे, जब वो फ़ैशन में थे तो लगता था कि ये कभी नहीं जाएँगे–पर वो ख़त्म हो गए। बैगी पैंट पहनते वक़्त सारे पुरुष ये सोचते थे कि हम बेलबॉटम पहनते ही क्यों थे! और देखना फिर एक दिन ये सारे फ़ैशन वापस आएँगे।" मैंने कहा।

"तुम्हारे पास सिर्फ़ पुरुषों के उदाहरण हैं ?" रेणु ने पूछा।

"अरे वो पुरुष हैं तो अपने ही उदाहरण देंगे, और वैसे भी ये अभी यहाँ मायनॉरिटी में हैं, हम अभी मेजॉरिटी हैं।" रागिनी ने अपनी बात रखी।

"तुम्हारा ये समानता का सिद्धांत कभी मेरी समझ नहीं आया।" रेणु उठकर खड़ी हो गई। वह किचन में गई, वहाँ से तीन वाइन गिलास और एक वाइन की बोतल उठा लाई।

"वाइन पीते हैं न आप मायनॉरिटी के लोग ?" रेणु ने गिलास में वाइन डालते हुए कहा।

गिलास टकराने के पहले ही रागिनी और रेणु के बीच बहस मेजॉरिटी और मायनॉरिटी पर होने लगी। मैं याद करने लगा कि धीरू ने इस बारे में कभी कुछ कहा था क्या! पर जब तक मैं धीरू की कोई बात याद कर पाता तब तक बात बदल चुकी थी। अचानक बात गाँधी के बारे में होने लगी।

"तुम्हें पता है हम अपनी आँखों के सामने गाँधी को इस देश के खलनायक के रूप में देखेंगे!" रागिनी ने कहा।

मैं तुरंत नहीं चिल्लाना चाहता था, मैं कहना चाहता था कि मैं ऐसे देश का हिस्सा नहीं होना चाहता हूँ। लेकिन तभी मैं बापू के बजाय अपने पिता के बारे में सोचने लगा। और जब तक मैं कुछ कहता, बात किर्केगार्द (Kierkegaard) पर पहुँच गई। वे दोनों मुझे देखते हुए बात कर रहे

थे मानो उनकी बातों का जज मैं ही हूँ। जब बात किर्केगार्द से पुतिन पर पहुँची तो मैंने समर्पण कर दिया, उनकी बातों के तार मेरे हाथों से छूट चुके थे। मुझे वाइन बहुत स्वादिष्ट लग रही थी। तभी मुझे याद आया कि आज मैंने कुछ खाया नहीं था, एक गिलास वाइन से मेरा पूरा शरीर नशे में झूमने लगा था। मेरी निगाह बार-बार रागिनी की गर्दन पर बने कछुए के टैटू पर चली जाती, बीच-बीच में मुझे लगता कि वो कछुआ हिल रहा है। मैं उनकी चल रही बहस के बीच में रागिनी से कहना चाहता था कि मुझे कछुए बहुत सुंदर लगते हैं, पर उनकी बातों में मुझे कुछ भी कहने की जगह नहीं मिली। मैंने देखा मेरे गिलास में वाइन फिर से भरी हुई है। क्या ये मेरा दूसरा गिलास है या तीसरा, मैं ठीक से याद नहीं कर पा रहा था। भूख की वजह से मैं वाइन के लंबे घूँट मार रहा था। मेरा गिलास ख़त्म होता तो रेणु तुरंत उसे भर देती। अब वे क्या बात कर रही थीं मेरी कुछ समझ में नहीं आ रहा था, उनके शब्द मेरे लिए शोर हो चुके थे। पर हर कुछ देर में मेरी तरफ़ एक सवाल आता और मैं एक भंगिमा बनाता कि मैं जवाब सोच रहा हूँ, वाइन के दो-तीन बड़े घूँट लेता और तब तक बात कहीं और निकल जाती। तभी मैंने देखा कि मैं खड़ा हो गया हूँ। खड़े होते ही मैंने पाया कि मैं लड़खड़ा रहा हूँ, पर लड़खड़ाकर सँभलने का अभ्यास मुझे बचपन से था। सो मैं सँभला और मैंने इशारे से पूछा कि बाथरूम कहाँ है। रागिनी ने इशारा किया कि सीधे से बाईं तरफ़ जाओ। मैं सीधा आगे बढ़ा और बाईं तरफ़ मुड़ते ही देखा, एक दीवार थी। मैं दीवार को टटोलने लगा, पर वहाँ कोई दरवाज़ा नहीं था। मैंने पलटकर उन दोनों की तरफ़ देखा तो वे दोनों मुझे ऐसे देख रहे थे मानो बीच बहस में वे मुझसे जवाब की अपेक्षा रखते हों। उन दोनों के सामने वाइन की तीन ख़ाली बोतलें रखी हुई थीं, क्या हम तीन बोतल वाइन गटक गए थे! मैं उनसे पूछना चाहता था, पर वे अभी भी मुझे ऐसे देख रही थीं मानो जवाब की प्रतीक्षा कर रही हों। दो कमरे के छोटे-से फ़्लैट में मैं बाथरूम का दरवाज़ा नहीं खोज पा रहा था तो बहस क्या करूँगा! मैं शर्म से वापस दरवाज़ा खोजने लगा, तभी दीवार में लगा

मुझे एक हैंडल दिखा। मैंने उसे घुमाया तो दीवार के बीच से एक दरवाज़ा खुल गया। मैंने बाथरूम में घुसने के पहले एक खिसियानी हँसी से दोनों को देखा और अंदर जाकर बाथरूम का दरवाज़ा लगा दिया। जैसे ही मैंने ख़ुद को अकेला पाया तो एहसास हुआ कि मैं बहुत ज़्यादा नशे में हूँ। मैंने बाथरूम की लाइट जलाई, सामने छोटा-सा एक कमोड दिखा जिसके ऊपर एक बड़ा-सा शीशा लगा हुआ था। मैंने कमोड का लिड उठाया और पेशाब करने लगा। तभी मुझे सामने काँच में एक आकृति दिखी, एक औरत मेरे पीछे किताबों की अलमारी साफ़ कर रही थी। सफ़ाई करते हुए वह रुक गई, उसने एक किताब उठाई और पलटकर मुझे देखने लगी। वो किताब 'After Sappho' थी। मैं ठीक से उस औरत का चेहरा नहीं देख पा रहा था। उसने उस किताब के पन्नों को पलटाया। उसके बीच में उसे एक तस्वीर पड़ी दिखी। उस औरत ने उस तस्वीर को मुझे दिखाया। वो तस्वीर मेरे माता-पिता की थी। पर पिता की जगह वह अंधा बूढ़ा अपनी छड़ी लिए हुए बैठा था और माँ की जगह एक औरत घूँघट में थी, पर घूँघट में कोई चेहरा नहीं था, चेहरे के बजाय एक अक्षर लिखा हुआ था 'माँ'। घूँघट के भीतर से 'माँ' अक्षर चमक रहा था। मेरे घुटनों में अचानक दर्द होने लगा। मैंने पेशाब करना बंद किया और जहाँ खड़ा था वहीं घुटनों के बल बैठ गया।

मैंने देखा माँ शब्द धुँधला पड़ता जा रहा था और वो हिलने लगा था, हिलते हुए मैंने देखा कि वो माँ शब्द नहीं है वो तो एक कछुआ है जो घूँघट से बाहर निकलना चाह रहा है।

तभी बाथरूम का दरवाज़ा किसी ने खटकाया।

"You okay ?"

ये रेणु की आवाज़ थी।

"हाँ, मैं ठीक हूँ।" मैंने दबी हुई आवाज़ में कहा।

मैंने चेहरे पर बहुत पानी मारा। तौलिये से अपना चेहरा पोंछा। मैं ख़ुद को आईने में देख नहीं पा रहा था। मुझे यहाँ से निकल जाना चाहिए। मैं

लड़खड़ाता हुआ बाहर निकला। मैंने देखा, रेणु सिर्फ़ पैंटी पहने हुए थी। मेरी निगाह उसके नग्न शरीर पर गई, पर कोई आश्चर्य नहीं हुआ। उसको देखकर ऐसा लगता था कि बिना कपड़ों के रहना सामान्य स्थिति है। फिर मुझे लगा शायद मैं इतने नशे में हूँ कि वो मुझे नग्न दिखाई दे रही है। मैंने सोचा, मुझे तुरंत यहाँ से निकल जाना चाहिए। मैंने अपना फ़ोन देखा, रात के साढ़े ग्यारह बज रहे थे। फिर मैंने पाया कि पैंटी और ब्रा के इश्तहार मेरे फ़ोन की सर्च में दिख रहे हैं। मैं वापस टेबल पर आकर बैठ गया। बैठते ही लगा कि मुझे लेट जाना चाहिए। मैंने वापस ख़ुद को समेटा और रेंगते हुए सोफ़े पर जाने लगा।

"कहाँ जा रहे हो?" रागिनी ने पूछा।

मैंने सोफ़े की तरफ़ इशारा किया, पर मुँह से कुछ भी नहीं निकला। तभी मेरी निगाह रागिनी की गर्दन पर गई, वहाँ कछुआ नहीं था। सोफ़े पर लेटते ही मैंने अपना हाथ बढ़ाया और उसकी गर्दन की तरफ़ मैंने इशारा किया। रागिनी को कुछ समझ नहीं आया। मैंने देखा, रागिनी ने केवल ब्रा पहनी है। मैं रागिनी को बिना कपड़ों के देखना चाहता था, उसके साँवले शरीर को, उसके उभारों को, उसकी नाभि को, उसकी जाँघों के बीच के हिस्से को। मैंने देखा, मेरा हाथ अभी भी रागिनी की तरफ़ उठा हुआ है और वह चलते हुए मेरे पास आ रही है। मैंने अपना हाथ हटाने की कोशिश की, पर तब तक उसने मेरे हाथों को पकड़ लिया। वह मेरा हाथ थामे मेरे बहुत पास खड़ी थी। मैंने सोफ़े पर लेटे हुए उसकी जाँघों के बीच में दिख रहे उसके बालों को अपनी नाक से छूने की कोशिश की। मैं सूँघना चाहता था, मैं उसकी जाँघों के बीच गुम जाना चाहता था। उसके बाल मेरे चेहरे से टकराए और मैंने एक गहरी साँस भीतर ली। मैं सोफ़े से उठने की कोशिश करने लगा, पर फिर लड़खड़ा गया। रागिनी और रेणु दोनों हँस रही थीं। उन्होंने मुझे सोफ़े से उठाया और हम भीतर के कमरे की तरफ़ जाने लगे। मेरे घुटनों का दर्द ग़ायब हो चुका था।

"तुम्हारी गर्दन से कछुआ कूदकर बाथरूम में चला गया है।" मैंने रागिनी से कहा।

जब मैं बाथरूम के दरवाज़े के पास से गुज़र रहा था तो मैंने देखा कि दरवाज़े के हैंडल पर कछुआ बैठा हुआ है। तभी वो उछलकर मेरे कंधे पर आकर बैठ गया। मैं जब बिस्तर पर गिरा तो मैं उस कछुए को देखना चाहता था। वो रेंगते हुए मेरी छाती तक पहुँच गया था। मेरे कपड़े उतर रहे थे, और जैसे-जैसे वो उतर रहे थे मैं कछुए को नीचे की तरफ़ रेंगता हुए देख सकता था, मानो वही मेरे कपड़े उतार रहा हो। मुझे गुदगुदी महसूस हो रही थी। मैं हँसने लगा, मेरी हँसी में रेणु और रागिनी दोनों की हँसी शामिल थी, पर मुझे वो दिखाई नहीं दे रही थीं।

"रोशनी नहीं है।" मैं बुदबुदाया।

"रोशनी कौन है?" रागिनी ने हँसते हुए पूछा।

हम तीनों हँसने लगे। मैंने देखा कि कछुए ने मेरे लिंग को अपने मुँह में रख लिया है। मुझे इतना गर्म और हल्का लगा कि मैंने अपनी आँखें बंद कर लीं।

11.

मुझे लगा मेरी गर्दन के पीछे की तरफ़ कुछ रेंग रहा है। मैं हाथ बढ़ाकर उसे छिटकता, लेकिन कुछ भी छिटक नहीं रहा था। सुबह रेणु और रागिनी दोनों बिस्तर पर गहरी नींद में सो रही थीं। मैं देर तक बिस्तर पर बैठे हुए उन दोनों के पैरों को आपस में गुत्थमगुत्था हुए देख रहा था। मुझे लगा ये वही श्वेत-श्याम तस्वीर है जो रेणु के बाहर के कमरे में लगी हुई है, पर इस वक़्त वो मुझे किसी पेंटिंग के जैसी लग रही थी। फिर मैंने धीरे से उठकर अपने कपड़े खोजे, सब मिल गए थे, पर मेरी चड्ढी मुझे नहीं मिल रही थी। अंत में मैंने बिना चड्ढी के ही जींस पहनी और बाहर निकल आया। मैं घर नहीं जा सकता था इस वक़्त, मेरी गर्दन के पीछे की तरफ़ कुछ रेंग रहा था। मैं धीरू के घर की तरफ़ चलने लगा। हर कुछ देर में मेरे हाथ मेरी पीठ खुजाने की कोशिश करते, जिससे मेरी चाल बिगड़ती, पर खुजली वहीं-की-वहीं बनी रहती। मुझे लगा सड़क पर चलने वाले लोग भी मेरी तरफ़ देख रहे हैं। तभी मुझे ध्यान आया कि मेरी जींस सामने की तरफ़ से थोड़ी उभरी हुई है। मैंने देखा, लोग मुझे नहीं वे मेरे कमर के नीचे के हिस्से को देख रहे थे जहाँ मेरा लिंग जींस फाड़कर बाहर आने की कोशिश कर रहा था। मैंने अपनी शर्ट से उसे ढकने की कोशिश की, पर उस कोशिश में मैं ज़्यादा लोगों को अपनी तरफ़ आकर्षित होता देख सकता था। मुझे रिक्शा ले लेना था, पर अब देर हो चुकी थी। मैंने अपने चलने की गति

बढ़ाई। मैं अदृश्य जीवन जीना चाहता था और ठीक इस वक़्त, पीठ को खुजाने और अपने जींस को ढकने में मैं एक ऐसा नृत्य प्रस्तुत कर रहा था कि हर चलते आदमी की निगाह मुझ पर थी।

जब धीरू ने दरवाज़ा खोला तो मैंने देखा कि वह मास्क लगाए हुए था। उसकी आँखें सीधा मेरी जींस पर गईं और वह मुझे आश्चर्य से देखने लगा।

"ये क्या हो रहा है?" उसने पूछा।

मैंने उसके कमरे में घुसते ही शर्ट उतार दी।

"वो सब बाद में बताऊँगा, पहले देखो पीछे कुछ है क्या?" मैंने पूछा।

"पीठ है, पीछे और क्या!" उसने कहा।

"नहीं, ध्यान से देखो गर्दन के नीचे की तरफ़ कुछ रेंग रहा है क्या?" मैं धीरू को अपने क़रीब आता महसूस कर सकता था। उसने अपनी उँगली मेरी गर्दन के ठीक नीचे कहीं रखी।

"यहाँ?" उसने ख़ुफ़िया आवाज़ में पूछा।

"थोड़ा नीचे।"

"यहाँ?"

"और नीचे।"

"यहाँ?"

"नहीं ऊपर।"

"यहाँ?"

"थोड़ा और ऊपर।"

"हम फिर वहीं आ गए जहाँ से शुरू किया था।" धीरू ने पूरी दिलचस्पी के साथ कहा।

"वो रेंग रहा है।"

"कीड़ा?"

"नहीं कीड़े जैसा नहीं है।"

"फिर?"

"कछुआ।"

"कछुआ!"

"हाँ, छोटा कछुआ।"

मैंने अपनी उँगलियों से बताने की कोशिश की कि कछुआ कितना बड़ा है।

"मुझे लगता है जो तुम्हारे आगे की तरफ़ घट रहा है, कछुए का संबंध उससे है।"

मैंने नीचे झाँककर देखा, जींस का उभार मैं अभी भी देख सकता था।

तभी धीरू सीधा किचन में गया और उसने एक छोटी-सी लकड़ी का टुकड़ा, जिसका आकार धूपबत्ती जितना था, जलाया। पूरे कमरे में अजीब-सी ख़ुशबू महकने लगी। वह उसे बुझाकर मेरे पास लाया, उस लकड़ी के टुकड़े से बहुत धुआँ निकल रहा था। उसने उसे मेरे पूरे शरीर के आस-पास घुमाया, फिर उसने अपने शरीर के आस-पास घुमाया, फिर वह पूरे घर के चक्कर काटने लगा। फिर वह मेरी पीठ की तरफ़ आया और उसने ज़ोर से चार-पाँच चाँटे मेरी पीठ पर मारे। ये इतना अचानक हुआ कि मैं इसके लिए तैयार नहीं था। दर्द के मारे मेरी चीख़ निकल आई। मैं ग़ुस्से में धीरू की तरफ़ पलटा।

"बस हो गया देखो।" उसने कहा, और वह मेरे कमर के नीचे के हिस्से को देखने लगा।

मैंने देखा मेरे जींस का उभार धीरे-धीरे ख़त्म हो रहा था और पीठ पर कछुए का रेंगना भी शांत हो चला था। मैंने शर्ट वापस पहन ली।

"तुम्हारी पीठ पर नाख़ून के निशान हैं, कैसे लगे?"

"कल रात शायद।"

"दो अलग लोगों के नाख़ून हैं, कहीं भिड़ंत हो गई थी क्या?"

मैंने कोई जवाब नहीं दिया।

"तुम्हें पता है इस वक़्त तुम मुझे पूरी तरह समझ नहीं पा रहे हो।"

"क्यों?" मैंने पूछा।

"क्योंकि हम शब्द देखते हैं, हम सुनते कम हैं... हमारे कानों की शक्ति

ख़त्म होती जा रही है। अभी मैंने मास्क पहना हुआ है और मास्क में तुम मेरे शब्द नहीं देख सकते, तो तुम कभी पता नहीं कर सकते कि मैं असल में क्या कह रहा हूँ।"

मुझे वैसे भी नहीं समझ आता था कि धीरू असल में कह क्या रहा है। लेकिन मैं ये बात बहुत पहले समझ गया था कि धीरू की दोस्ती में धीरू को समझने जैसी ग़लती नहीं करनी है।

"तुम सही कह रहे हो, आज तो मेरी कुछ भी समझ नहीं आ रहा है। सुनो, मुझे बहुत भूख लगी है, कुछ खाने को है तुम्हारे पास?"

"मेरे पास नहीं है, पर हम बाहर जा सकते हैं, आज मेरा डोसा खाने का बहुत मन है।"

हम दोनों रिक्शा पकड़कर एक साउथ इंडियन रेस्टोरेंट में गए। हमने डोसा ऑर्डर किया। मैंने रेणु की कहानी का पहला हिस्सा अपने बैग से निकाला और उसे धीरू के सामने रख दिया।

"ये क्या है?" उसने पूछा।

"पढ़ो।"

धीरू ने अपना मास्क अपने चेहरे से उतारा और कहानी पढ़ने लगा। डोसा ख़त्म होते-होते वह कहानी पढ़ चुका था। उसने अपने लिए इडली भी पैक करवा ली थी।

"ये तो बहुत दिलचस्प है!" धीरू ने कहा।

मैंने उससे कहानी का हिस्सा वापस लिया और अपने बैग में रख दिया।

"बाक़ी हिस्से मेल पर हैं, मैं घर पहुँचकर तुम्हें मेल करूँगा।"

"इस पर तुम्हारी कंपनी फ़िल्म बनाना चाहती है?"

"नहीं।"

"तो ये क्या है?"

"ये रेणु ने एक कहानी लिखी है।"

"ये रेणु कौन है?"

"अभी-अभी मैं उससे मिला हूँ।"

"तुम रेणु के बारे में ज़्यादा बात नहीं करना चाहते हो?" धीरू ने कहा।

"अभी नहीं।"

"तुम क्यों चाहते हो कि मैं पढ़ूँ इस कहानी को, इससे पहले तो तुमने कभी मुझे कुछ ऐसा पढ़ने को नहीं दिया!"

"पता नहीं, मैं इस कहानी के बारे में रेणु से बात करने के पहले किसी और से भी बात कर लेना चाहता हूँ।"

"क्यों तुम्हें रेणु से डर लगता है?"

मैं धीरू की आँखों में देखता रहा। मैं धीरू से झूठ नहीं बोल सकता था।

"हाँ, पर वो डर नहीं है, वो कुछ और है, जिसे मैं भी नहीं जानता।"

"तुम्हारे पास फ़ोन है न, अभी मेल कर दो।"

मैंने फ़ोन खोला और कहानी के बाक़ी हिस्से उसे मेल कर दिए। धीरू ने वापस मास्क पहना और सामने खड़े रिक्शे में बैठ गया। उसने रिक्शे से मुँह निकालकर कहा, "रेणु की बात करते ही तुम्हारा सामने का हिस्सा फिर हरकत करने लगा है।"

मैंने देखा, मेरी पैंट का उभार वापस आ गया था। मैं झेंप गया। तब तक धीरू मुस्कुराते हुए मेरे सामने से निकल गया।

मैं कुछ देर चलना चाहता था। इस हालत में मैं चल नहीं सकता था सो मैं वहीं फुटपाथ पर बैठ गया। धूप तेज़ थी। मुझे कुछ ही देर में पसीना आने लगा था। कुछ देर में मैं वापस खड़ा हुआ और देखा, मेरी पैंट का उभार ख़त्म हो चुका है। मैं उसी फ़ुटपाथ पर अपने घर की तरफ़ चलने लगा। मेरा घर यहाँ से दूर था, पर मैं जितना उस तरह चलकर पहुँच सकता था उतनी देर मैं चलना चाहता था। मैंने देखा, मैं वापस अदृश्य हो चुका था। आस-पास चल रहे लोग मेरी ओर एक नज़र भी नहीं देख रहे थे। मैं बहुत धीमी गति से चल रहा था अगर मैं कहूँ कि मैं रेंग रहा था तो कोई अतिशयोक्ति नहीं होगी। मैं फिर से अदृश्य हो गया था, और अदृश्य होते ही मेरे भीतर जैसे जीवन वापस चला आया था। कुछ देर में मैंने रिक्शा रुकवाया और अपने घर की तरफ़ निकल गया।

12.

रेणु राजुला के कमरे की सजावट देख रही थी। किताबों की अलमारी को देखने के बाद वह उस बोर्ड पर आई जिस पर राजुला चीज़ों को चुंबक से टाँक दिया करती थी। वह एक-एक करके चीज़ों को निहार रही थी। राजुला पीछे से आई और उसने रेणु की कमर में हाथ डाला, उसके बालों को हटाकर वह उसकी गर्दन को चूमने लगी। इस वक्त पीछे से हल्की आवाज़ में Daniela Andrade का गीत River Of Gold चल रहा था, उस गीत को राजुला गुनगुना भी रही थी। तभी रेणु की निगाह डायरी के एक फटे हुए पन्ने पर पड़ी जो बोर्ड पर टँगा था, उसे रेणु तेज़ आवाज़ में पढ़ने लगी, उसकी आवाज़ आते ही राजुला ने गुनगुनाना बंद कर दिया।

'हमें सालों से कुचला जा रहा है। हर ख़ूबसूरत कोमल चीज़ को अपना बनाकर मसल देने की इच्छा ही शायद वो इंसानी इच्छा है जिसने औरतों का ये हाल बनाया है। पहले मुझे लगता था कि ये इच्छा सिर्फ़ पुरुषों में वास करती है पर मैं इस इच्छा की हरकत अपने भीतर भी महसूस कर सकती थी। मैं ख़ुद अपने भीतर,

एक ख़ूबसूरत चीज़ को मसल देने की, उस आदिम इच्छा को दबा नहीं पा रही थी। किसी भी चीज़ को पूरी तरह पा सकने की असफलताएँ ही हैं जो हमें कला और क्रूरता की तरफ़ धकेलती हैं। जो बहुत सुंदर और कोमल हैं, क्यों हम उनसे मिलने वाले क्षणिक सुख से ख़ुश नहीं होते? क्यों हमें लगता है कि ये बूँद भर सुख हमारी प्यास नहीं बुझा सकता है? हम उस बूँद भर सुख के मूल तक जाना चाहते हैं। हमें लगता है कि उस बूँद के पीछे कोई सागर है जिसमें हम अगर छलांग लगा दें तो हम पूरा जीवन तृप्त रहेंगे। पर हम भूल जाते हैं कि सागर का पानी कभी प्यास नहीं बुझा सकता।'

रेणु ने राजुला को अपने से अलग किया और वह राजुला की आँखों में देखने लगी। राजुला ने अपनी नज़रें नहीं चुराई। वह भी रेणु को देखती रही।

"किसे मसलना चाहती हो?" रेणु ने पूछा।

"तुम्हें।" राजुला ने तपाक से जवाब दिया।

"क्यों?"

"पता नहीं।"

"तुम्हें पता है।"

"इसके बहुत-से जवाब हैं।"

"मेरे पास वक़्त है।"

"तुम मुझे चाहती हो?"

"हाँ, बहुत।"

"धीरज से भी ज़्यादा?"

"वो प्यार अलग है।"

"क्यों?"

"धीरज से प्रेम सामान्य है, ये... अलग है।" रेणु बोलते-बोलते रुक गई।

"असामान्य!"

"मैंने ये नहीं कहा।"

राजुला मुड़कर कुर्सी की तरफ़ जाने लगी पर रेणु ने रोक लिया।

"मैं बैठना चाहती हूँ।" राजुला ने कहा।

राजुला से खड़े रहते नहीं बन रहा था। उसे सहारा चाहिए था। वह बग़ल में रखी कुर्सी पर बैठ गई। रेणु टेबल से सटकर खड़ी हो गई।

"तुम्हारा कमरा मेरे कमरे के ठीक नीचे है। मैं कई रातों में ज़मीन पर कान लगाकर तुम्हारा नीचे होना सुनती हूँ। तुम्हारे होने में बार-बार धीरज का ख़याल हो आता है। पहले धीरज के ख़याल से मैं तुरंत ज़मीन छोड़ अपने बिस्तर पर आकर लेट जाती थी। पर आजकल रात में मैं 'धीरज का तुम्हारे साथ होना' का इंतज़ार करती हूँ।" राजुला ने कहा।

रेणु कुछ देर इंतज़ार करती रही, पर राजुला ने आगे कुछ भी नहीं कहा।

राजुला खड़ी हुई, उसने पूरे कमरे का चक्कर काटा। कुछ देर वह उस बोर्ड के पास जाकर खड़ी हो गई और अपना ही लिखा हुआ देखती रही। फिर वापस आकर कुर्सी पर बैठ गई।

"तुमने 'The Well of Loneliness' पढ़ ली है न?" राजुला ने पूछा।

"हाँ, कल रात ही ख़त्म की है।" रेणु ने तपाक से जवाब दिया।

"तुम्हें बारबरा और जेमी, वो दोनों लड़कियाँ याद हैं?"

"हाँ।"

"और उनका प्रेम याद है?"

"हाँ।"

"और याद है जब बारबरा बहुत बीमार होती है और उसकी प्रेमिका जेमी डॉक्टर के साथ उसके बग़ल में खड़ी रहती है, तब डॉक्टर पूछता है कि बारबरा को डबल निमोनिया है कोई इनका सगा-संबंधी है यहाँ? तुम्हें याद है इस सवाल पर सब चुप हो जाते हैं। जेमी असहाय-सी बग़ल में खड़ी रहती है और डॉक्टर के सामने अपने मुँह से एक शब्द भी नहीं निकाल पाती। तुमने कभी जेमी के असहाय होने को महसूस किया है? बारबरा की मृत्यु पर जेमी ख़ुद को गोली मार लेती है। मैंने अपने हर संबंध में ख़ुद को मरता हुआ देखा है।"

रेणु को समझ नहीं आया कि राजुला का सुर अचानक कैसे बदल गया। वह फिर खड़ी हुई और इस बार वह कुर्सी से दूर चली गई। कुछ देर में वह पलटी और उसने कहा, "मेरे जाने कितने संबंध शादीशुदा महिलाओं से हुए हैं! हमारे यहाँ शादी हो

जाने के बाद कई लोगों को पता चलता है कि असल में उनका प्रेम किसकी तरफ़ है। पर हर बार वो जाती वापस अपने पति के पास ही हैं। मैं हर बार बाहर का एक रहस्य ही रह जाती हूँ। जब मैं कॉलेज में थी तब मैं भी ऐसी ही थी, मैंने अपने माँ-बाप को ख़ुश करने के लिए एक लड़के से भी गहरी दोस्ती कर ली थी। उनको लगा कि मैं ठीक हो गई हूँ, पर मैं कभी ठीक नहीं थी। अब जब मैं किसी की चिंता नहीं करती हूँ तो लगता है कि मैं हमेशा इंतज़ार ही करती हूँ और लोग मेरी भावनाओं से खेलकर चले जाते हैं। मैं तो ठीक ही हूँ ये समाज ही गड़बड़ है। इस गड़बड़ समाज में अब मैं जो चाहती हूँ वो करती हूँ। अगर कुछ साल पहले मैं यहाँ आई होती तो ये जानते हुए कि तुम Sappho हो, मैं तुम्हें छूती नहीं। पर अब मुझे पता है कि मेरा संबंध हमेशा क्षणिक ही रहेगा और उस क्षणिक में जैसा मैं चाहती हूँ वैसा जिऊँगी।"

राजुला का सुर अंत तक आते-आते सामान्य हो चला था। रेणु उसके क़रीब गई और उसके कंधों को पकड़कर पूछा, "तुम किस बात की सज़ा दे रही हो ख़ुद को?" रेणु ने बहुत सँभलते हुए पूछा।

राजुला को हँसी आ गई।

"मैं सज़ा दे रही हूँ? तुम्हें मेरे जीवन के बारे में क्या पता है?"

रेणु कहना चाहती थी कि मैं जाह्नवी मैडम नहीं हूँ, पर वह चुप रही।

"मैं तुम्हारे साथ रहना चाहती हूँ, तुम्हारे साथ सुबह उठना चाहती हूँ, मैं चाहती हूँ कि सुबह मैं काली कॉफ़ी पीते हुए तुम्हारे चेहरे

का विकृत होना देखूँ, क्या मैं ऐसा कर सकती हूँ?"

रेणु, राजुला के एकदम क़रीब थी, वह उसकी बढ़ती साँसें सूँघ सकती थी। उसके पास इसके कोई जवाब नहीं थे। वह जाह्नवी मैडम नहीं थी, पर वह राजुला को समझ सकती थी क्योंकि उसने 'The Well of Loneliness' किताब पढ़ी थी। उसे लगा कि वह उस किताब का वो अध्याय पढ़ रही है जिसमें स्टीफ़न शिद्दत से प्रेम की गुहार लगा रही है, पर उसकी प्रेमिका पर इस बात का कोई असर नहीं है क्योंकि वह जानती है कि उसकी प्रेमिका को अंत में अपने पति के पास ही वापस जाना है। ये सोचते ही रेणु की आँखों गीली हो गईं। वह राजुला को चूम लेना चाहती थी, वह उसे प्रेम देना चाहती थी, उससे जी-भरकर माफ़ी माँगना चाहती थी।

"तुम जिस तरीक़े से मुझे इस वक़्त देख रही हो मुझे हमेशा से इन आँखों से नफ़रत रही है, मुझे इस दया से, इस चुप्पी से सख़्त नफ़रत है। मैं जाने कितनी बार इस चुप्पी के इस तरफ़ इंतज़ार में खड़ी हूँ। तुम्हें जवाब देने की कोई ज़रूरत नहीं है। मैं बताती हूँ कि मैं क्या चाहती हूँ।"

रेणु और राजुला के बीच एक चुप्पी छा गई। रेणु बिना राजुला की चाहत सुने हाँ कह देना चाहती थी। वह इस वक्त राजुला के लिए कुछ भी कर सकती थी। राजुला रेणु के क़रीब आई और उसने उसे कसकर पकड़ा और कहा, "I want to see you getting fucked."

रेणु उसे देखती रही और उसकी आँखें छलकने लगीं। ये आँसू कमज़ोरी नहीं दर्शाते थे। ये दूसरे के दर्द को महसूस करने के

आँसू थे। वह राजुला के बीते जीवन की खराशें उसके ऊपर देख सकती थी।

"तुम मुझसे दूर जाना चाहती हो, उसी के कारण बटोर रही हो ?" रेणु ने कहा।

"तुम्हें जो समझना हो, समझो।"

रेणु कुछ देर चुप रही फिर उसने अपने आँसुओं को पोछा और कहा, "आज रात साढ़े दस बजे किचन की खिड़की पर आना।"

रेणु ने सीधे कहा और राजुला की पकड़ रेणु पर अचानक ढीली हो गई। उसने अपने हाथ हटाए और उसकी आँखें गीली हो गईं। रेणु ने पहली बार राजुला को कमज़ोर होते देखा था। उसे लगा राजुला को पता चल गया था कि उसे जाह्नवी मैडम के बारे में सब पता है। रेणु चली जाना चाहती थी, पर जाने के बजाय उसने अपने होंठ राजुला के होंठों पर रख दिए और राजुला ने रेणु को झिड़क दिया। वह दया से भरे चुंबन सहन नहीं कर सकती थी। रेणु भागती हुई बरसाती के बाहर चली गई।

13.

मुझे लगा कि मैं किसी बंद अँधेरे कमरे में बहुत देर रहकर आया हूँ जहाँ ऑक्सीजन की कमी थी। मैं देर तक गहरी साँस ले रहा था। बहुत बार इच्छा होती कि रेणु को लिख दूँ कि मैं अब नहीं पढ़ना चाहता हूँ, ये कहानी नहीं है, ये एक मनःस्थित है, नंगी बातें हैं। ऐसी बातें अगर कहनी होती हैं तो उन बातों को कहानी की साज़िशों के कपड़े पहनाना ज़रूरी होता है, जो कहानी के हर नंगे पहलू को ढक सकें। यहाँ कुछ भी ढका-छुपा नहीं था। यहाँ सारा कुछ बस ज्यों-का-त्यों सामने रख दिया गया था। मैंने अपना फ़ोन निकाला और रेणु को एक बड़ा-सा मैसेज टाइप करने लगा, पर लिखने के बीच में ही मुझे वो रात याद हो आई, मैं कुछ भी आगे लिख नहीं पाया। मैंने अपना फ़ोन रखा और उस रात के बारे में सोचने लगा। बहुत सोचने पर भी सिवाय कछुए के मेरे हाथ कुछ भी नहीं लगा।

आजकल कछुए का रेंगना मैं अपनी पीठ पर लगातार महसूस कर सकता था। मैं आजकल अपने कमरे की खिड़की बंद रखता था। मेरे जीवन में आई सारी हलचल की शुरुआत उस खिड़की से ही हुई थी। मैं जीवन जीने की बोरियत पर वापस आ जाना चाहता था इसलिए मैंने अपना जीवन बिस्तर के आस-पास समेट लिया था।

धीरू का मैसेज आया– 'मैंने कहानी पढ़ ली है।'

'कहानी कैसी लगी?' मैंने पूछा।

'मिलकर बात करूँगा।' उसका जवाब तुरंत आया।

फिर मैंने देखा कि वह कुछ टाइप कर रहा है। मैं उसके जवाब का इंतज़ार करने लगा। कुछ देर में उसका जवाब आया– 'अगर इस कहानी पर तुम्हें बात करनी है तो इसे किसी लड़की को पढ़ाना होगा।'

'किस लड़की को?' मैंने लिखा।

इसके बाद उसका कोई जवाब नहीं आया। कुछ देर में मैंने कहानी का नया हिस्सा धीरू को मेल किया।

'कहानी का अगला हिस्सा मेल किया है।' मैंने धीरू को मैसेज किया।

'शुक्रिया!' उसका मैसेज तुरंत आया।

धीरू को जिन बातों के जवाब नहीं देने होते वह उन्हें सुनता भी नहीं था। काश मैं भी ऐसा ही कर सकता! मैं किस महिला को कहानी पढ़ने दे सकता था? क्या छठे माले वाली महिला इस कहानी को पढ़ सकती थी? मैंने ये सोचकर अपनी खिड़की की तरफ़ कुछ क़दम बढ़ाए और मुझे पीठ पर कछुए का रेंगना सुनाई देने लगा। मैंने तुरंत उस विचार को स्थगित किया।

"कल मिल सकते हैं?" बहुत सोचने के बाद मैंने शिखा को मैसेज किया।

और फिर मैंने 'The Well of Loneliness' किताब उठाई और उसे पढ़ना शुरू किया।

क़रीब साढ़े आठ बज रहे थे जब मैंने किताब ख़त्म की। मैं अपने बिस्तर पर चित्त पड़ा हुआ था। मेरे कमरे की छत पर सीलन के दाग़ थे जिसमें मुझे अजीब-सी आकृतियाँ नज़र आ रही थीं। मुझे लगा कि मैं अपनी माँ के कमरे के बाहर खड़ा हूँ और भीतर से माँ और सादिया आंटी के हँसने की आवाज़ें आ रही हैं। मैं याद करने लगा कि माँ की हँसी कैसी सुनाई देती थी। मुझे याद नहीं था। मुझे ये भी याद नहीं था कि माँ हँसते हुए कैसी दिखती थीं। अगर एक दिन माँ मेरे पास आतीं और कहतीं कि सुनो यश,

मुझे तुमसे कुछ ज़रूरी बात करनी है।

तब हम शायद किचन में होते, क्योंकि मेरी माँ की आवाज़ मैंने ज़्यादातर किचन में ही सुनी थी।

'किस बारे में बात करनी है माँ?' शायद मैं उनसे पूछता।

'सादिया के बारे में।' वह कहतीं।

गाँव में लोगों के बीच हो रही फुसफुसाहटें शायद मेरे शरीर पर रेंगने लगतीं। मैं बात नहीं करना चाहता। मैं किचन से निकलकर बाहर के कमरे में चला आता। शायद मेरी माँ किताबों की अलमारी को साफ़ करने के बहाने से, मेरे पीछे-पीछे बाहर आ जातीं।

'तुमने कभी मुझसे क्यों नहीं पूछा कि सादिया हमारे घर में क्यों रहती है?'

'वह आपकी दोस्त हैं इसलिए।'

'वो दोस्त नहीं है मेरी।' माँ किताबों को साफ़ करते हुए कहतीं।

'तो क्या है?'

मैं जानता हूँ कि मैं ये नहीं पूछता, मैं कभी भी ये नहीं पूछ सकता था।

'सच में जानना चाहते हो?'

मेरे नहीं पूछने पर भी माँ मान लेतीं कि मैंने पूछा है। मैं काँपते हुए उन्हें देखते रहने में रोने लगता।

'हम एक ही कमरे में, एक ही बिस्तर पर साथ सोते हैं।'

माँ आगे कहतीं और मैं उनका मुँह बंद करने की कोशिश करता। पर मेरे उचकने के बावजूद मेरा हाथ उनके मुँह तक नहीं पहुँच पाता।

'सादिया मुझे दोस्तों वाला प्रेम नहीं देती है।'

मैं और सुनने की क्षमता खो चुका होता, और उन्हें चुप करने के लिए कहता– 'क्या आपके और सादिया आंटी की वजह से ही पिता घर से चले गए?'

वह चुप हो जातीं। वह घर के बाहर भी ऐसे संवाद सुन चुकी होतीं। मेरे चेहरे पर शिकारियों वाली मुस्कुराहट आ जाती मानो उसने किसी जंगली

जानवर को अपने क़ाबू में कर लिया हो। फिर मैं वो सारे संवाद उनसे चिल्ला-चिल्लाकर कहता जिन संवादों की फुसफुसाहट गाँव की गलियों में हो रही होती। माँ अचानक गिर पड़तीं और मैं उनके ऊपर चढ़कर अपनी विजय का जश्न मनाने लगता।

मैं बाहर निकल आया, मुझसे और अपने कमरे में रहते नहीं बना। मेरे घर के बाहर ही वेस्टर्न एक्सप्रेस हाईवे था, पर उसकी सर्विस रोड पर आराम से टहला जा सकता था। कॉलोनी की रोशनियों को पार करने के बाद सर्विस रोड पर अँधेरा रहता था। मैं उस अँधेरे में प्रवेश कर चुका था। सेक्स क्या है ? मेरा सेक्स से कैसा संबंध है ? इसके बारे में बात करते हुए मेरी आवाज़ इतनी धीमी क्यों हो जाती है ? क्यों एक उम्र तक मैं इसे बीमारी की तरह देखता था ? क्यों आज भी मेरा सेक्स से संबंध घर की दीवारों में लगी सीलन जैसा है, जिसमें पड़े-पड़े चेहरे देखने में मुझे सुख मिलता है, पर किसी के आते ही मैं उस सीलन को छुपाना चाहता हूँ। क्यों मैं सेक्स को सीलन मानता हूँ ?

फिर चलते-चलते मैं 'The Well of Loneliness' के बारे में सोचने लगा, मेरे चेहरे पर मुस्कुराहट आ गई। जब किताब में Valeri Seymour नाम का पात्र प्रवेश करता है तो मैं उसे पहचान लेता हूँ, ये Natalie Barney हैं, जिनका पेरिस में Literary Salon था। Valeri का जब भी ज़िक्र होता मुझे लगता कि मैं इन्हें ज्यादा जानता हूँ, ये मेरी पुरानी दोस्त हैं। जबकि मैंने उन्हें 'After Sappho' किताब में पहली बार पढ़ा था। 'The Well of Loneliness' का अंत इन वाक्यों से होता है– 'Rise up and defend us. Acknowledge us, oh God, before the whole world. Give us also the right to our existence !'

वह अपने भगवान से अंत में गुहार लगाती हैं। क्या मेरी माँ ने भी कभी ऐसी कोई प्रार्थना अपने भगवान से की होंगी ?

मैं रेणु और रागिनी के बारे में सोचने लगा। क्या रागिनी को पता है कि रेणु ने एक कहानी लिखी है जिसमें रागिनी का कछुए वाला टैटू नहीं है? या ये कहानी रेणु की है और रागिनी इसमें रेणु है? क्या ये मेरी माँ की कहानी हो सकती है? मैंने ये सोचते ही अपना सिर झटक दिया। आज भी मैं माँ के बंद कमरे के बाहर ही खड़ा था।

मैं वापस अपने घर की तरफ़ आ रहा था कि तभी फ़ोन में मैसेज की घंटी बजी। मैंने देखा, शिखा का मैसेज आया हुआ था– 'कल सुबह ब्रेकफास्ट?'

'ठीक है।' मैंने जवाब लिख दिया।

'तुम्हारे ऑफ़िस के सामने वाला रेस्टोरेंट?' उसने पूछा।

'सही रहेगा।'

'See you!'

'See you!'

मैं अपनी बिल्डिंग में प्रवेश कर रहा था तभी लिफ़्ट से नीचे आती हुई मुझे छठे माले वाली महिला, धुन दिखीं।

"मैं आपसे ही मिलने आई थी।" उन्होंने हिचकिचाते हुए कहा।

"आइए।"

हम दोनों वापस लिफ़्ट में घुसे और तीसरे फ़्लोर की तरफ़ जाने लगे। मेरे कमरे के दरवाज़े तक न तो उन्होंने कुछ कहा और न ही मैंने। जब धुन भीतर आईं तो उन्होंने मुझसे पानी माँगा। मैं पानी देकर किचन के पास ही खड़ा हो गया और उन्हें अपने बिस्तर पर बैठने की जगह दी।

"आजकल आपकी खिड़की बंद रहती है।" उन्होंने कहा।

"मच्छर बहुत हो गए हैं इसलिए बंद रखनी पड़ रही है।" मैंने कहा।

उन्होंने मेरा झूठ सूँघ लिया और वह कुछ देर चुप बैठी रहीं। फिर उन्होंने मुझे देखा और मुस्कुराने लगीं।

"ठीक, मैं चलती हूँ।"

वह उठकर जाने लगीं। मुझे नहीं चाहिए था ये सब। मैं उन्हें अपने कमरे से जाता हुआ देखता रहा। तभी मुझे मेरे पिता जैसा दिखने वाला वह बूढ़ा आदमी याद हो आया। मेरी पीठ पर मैं कछुए का रेंगना अचानक महसूस कर सकता था। मुझे लगा कि ये एक दलदल है जिसमें मैं जितना निकलने की कोशिश करता हूँ उतना ही ख़ुद को इसके भीतर धँसता हुआ पाता हूँ। वह लिफ़्ट तक पहुँच चुकी थीं। मैंने अपने दरवाज़े पर खड़े होकर उनसे कहा, "मच्छर नहीं हैं, मैंने जान-बूझकर खिड़की बंद करके रखी है।"

धुन लिफ़्ट का दरवाज़ा खोलने वाली थीं कि रुक गईं। वह इंतज़ार करती रहीं कि मैं कुछ और बोलूँगा।

"मुझे आपसे बात करनी है।" मैंने कहा।

कुछ देर धुन मुझे लिफ़्ट के पास खड़े हुए देखती रहीं। उनका चेहरा लिफ़्ट की लाइट से चमक रहा था। वह वापस आईं और बिस्तर पर वहीं बैठ गईं जहाँ से वह उठकर गई थीं। मैं इस बार किचन के पास नहीं खड़ा हुआ, मैं बिस्तर में उनके बग़ल में जाकर बैठ गया था।

"मैं आपसे मिलने आया था, पर आप थीं नहीं।"

"जी, पता है मुझे।"

मैं इंतज़ार करने लगा कि वह यहाँ क्यों आई थीं वो ये बताएँगी और वह इंतज़ार करने लगीं कि मैं अपनी बात कहूँगा।

"आप कुछ पीएँगी?" मैंने पूछा।

"जी नहीं, शुक्रिया!"

"तो आप क्यों आई थीं मुझसे मिलने?" मैंने पूछा।

"जीवन ने कुछ देर पहले ही बताया था कि आप आए थे सो मैं आपसे मिलने चली आई।"

"आपके साथ जो रहते हैं वो जीवन हैं?"

"जी, मैं उनके साथ नहीं रहती हूँ, यूँ समझ लीजिए कि वह मेरे मकान मालिक हैं, मैं उनके ठीक सामने वाले कमरे में रहती हूँ। सालों का संबंध है। जब उनकी आँखें जाने लगी थीं तो मैं उन्हें सँभालने लगी थी। जीवन

के आगे-पीछे कोई है नहीं।"

"पर उनकी हिंदी बहुत साफ़ है, लगता नहीं कि वह बंबई के हैं!" मैंने बहुत सोचने के बाद पूछा।

"हाँ, वह बहुत पहले यहाँ चले आए थे।"

"कब?"

"देखिए, वह अपने अतीत के बारे में ज़्यादा बात नहीं करते हैं, कभी-कभी मैंने उनके दोस्तों का ज़िक्र उनके मुँह से सुना था। वह भवानी प्रसाद मिश्र के कारण शायद बंबई आए थे।"

"भवानी जी... वह कोई बड़े कवि हैं।"

"हाँ, वह फ़िल्मों में गाने लिखने लगे थे।"

"तो क्या जीवन बुद्धिजीवी हैं?"

"क्या?"

मैं चुप हो गया। मैं अपना एक हाथ अपनी पीठ पर ले गया और उसे खुजाने की कोशिश करने लगा। धुन मुझे देखती रहीं। मैंने अपने घुटनों को थोड़ा सहलाया। फिर अचानक मैं खड़ा हो गया।

"आपको अगर कोई दिक़्क़त न हो तो क्या मैं अपने लिए एक पेग बना सकता हूँ?" मैंने पूछा।

"जी, बेशक!"

मुझे याद आया मेरे पास व्हिस्की नहीं थी। मैंने फ्रिज़ खोला और पुरानी छूटी हुई वाइन की बोतल मुझे दिख गई। मैंने उसे निकाला और सादे पानी के गिलास में सारी वाइन को उड़ेल दिया। दो बड़े घूँट लेकर मैं वापस अपनी वाइन के साथ उनके सामने आकर बैठ गया।

"वह राजुला फिर नहीं आई?" धुन ने पूछा।

मैं चौंक गया कि क्या इन्होंने भी कहानी पढ़ रखी है, फिर अचानक मुझे याद आया जब वह पिछली बार आई थीं तो मैंने रेणु का नाम राजुला बताया था।

"हाँ, वह नहीं आई।"

"उस रात आप खिड़की पर किसी दूसरी लड़की के साथ थे?" धुन ने कहा और मुझे लगा कि ये सवाल है।

"हाँ, वो शिखा थी।"

"मैं बस कहना चाहती थी कि आपको मेरे लिए वो करने की ज़रूरत नहीं है।"

"मैं असल में वैसा आदमी नहीं हूँ।" मैंने कहा।

"कैसा आदमी?"

मुझे अचानक अपने कमरे की सीलन दिखने लगी। मैं फिर अपने कमरे की सीलन छुपाना चाहता था।

"मैं ऐसे सेक्स नहीं करता-फिरता हूँ।"

मैंने कह दिया था सेक्स, मेरे मुँह से निकलते ही मैंने धुन की आँखों से अपनी आँखें हटा लीं।

"राजुला से आप कैसे मिले?" धुन ने हिचकिचाते हुए पूछा।

"अचानक, एक कैफ़े में।" मैंने वाइन का सिप लेते हुए जवाब दिया।

"वह दोस्त हैं आपकी?"

"दोस्त तो नहीं कह सकते।"

"फिर?"

बीच रास्ते की ठोकरों को आप क्या कह सकते हैं? रेणु से संबंध बीच रास्ते में सुस्त चाल की ठोकर ही थी। इस ठोकर को कैसे बयान कर सकते हैं। पर मैं धुन से ईमानदार रहना चाहता था।

"मैं अभी तक राजुला से सिर्फ़ दो बार मिला हूँ।"

"तो उस रात उससे दूसरी मुलाक़ात थी?" धुन ने पूछा।

"नहीं, पहली।"

"पहली!"

धुन के चेहरे पर आश्चर्य था। मैं समझ सकता था। उस रात के बारे में जब मैं भी सोचता हूँ तो मेरे चेहरे पर यही भाव आते हैं जो इस वक़्त मैं धुन के चेहरे पर देख सकता था।

"और दूसरी?" धुन ने पूछा।

"दूसरी मुलाक़ात के बारे में मैं आपको ज़्यादा नहीं बता पाऊँगा, क्योंकि मैं बहुत नशे में था।"

धुन के चेहरे पर आश्चर्य का भाव बदल रहा था। अब मुझे उनके चेहरे पर जिज्ञासा दिखाई दे रही थी। मैं समझता हूँ कि ये जिज्ञासा किस बात की थी। मुझ जैसे अति साधारण दिखने वाले आदमी के साथ रेणु का होना किसी भी व्यक्ति के भीतर जिज्ञासा पैदा कर सकता था।

"असल में राजुला एक कहानी लिख रही है।" मैंने कहा।

"तुम्हारे बारे में?" उन्होंने तपाक से पूछा।

"नहीं, शायद अपने बारे में, वह बस चाहती है कि मैं उस कहानी को पढ़ूँ।"

"मुझे लगा था कि बात कुछ और है।"

धुन शायद ये वाक्य मन में कहना चाहती थीं, पर ये वाक्य उनके मुँह से निकल गया।

"क्या मैं वो कहानी पढ़ सकती हूँ?" उन्होंने पूछा।

मैं उन्हें देखता रहा। मुझे नहीं पता था कि मैं ये कर सकता था कि नहीं।

"आप मुझ पर विश्वास कर सकते हैं।" धुन ने कहा।

मैंने अपने बैग से कहानी का पहला हिस्सा निकाला और उनके हाथों में पकड़ा दिया।

"बस इतनी ही है?" धुन ने उन काग़ज़ों को पलटते हुए कहा।

"बाक़ी के हिस्से मेल पर हैं, पहले आप ये पढ़ लें।"

वह बिस्तर पर टिककर बैठ गईं और कहानी पढ़ने लगीं। मैं उन्हें जगह देने में उनसे दूर जाना चाहता था, पर इस कमरे में बहुत दूर जाया नहीं जा सकता था। मैं खिड़की पर गया और बहुत दिनों से बंद पड़ी खिड़की खोल दी। खिड़की खोलते ही मैंने धुन को देखा, मुझे लगा उन्हें अच्छा लगेगा कि मैंने खिड़की खोल दी है, पर उनका सिर कहानी के पन्नों में घुसा हुआ था। मैंने एक सिगरेट जलाई और गहरे कश लेते हुए छठे माले की खिड़की

को देखने लगा। जीवन अभी क्या कर रहे होंगे, अगर वह मेरे पिता हैं तो क्या उन्हें पता है कि जिस अतीत से वह भागकर यहाँ चले आए थे, वह उनके बहुत क़रीब आ गया है? क्या वह मुझे पहचान गए थे? जब उन्होंने मेरा नाम बुदबुदाया था तो मैंने उनके चेहरे की रेखाएँ देखी थीं, सारी रेखाएँ अपनी जगह छोड़कर ऊपर-नीचे हो गई थीं। यश नाम उन्होंने ही रखा था मेरा। और पूरी ज़िंदगी मैं अपने इस नाम के अर्थ के विरुद्ध भागता रहा। ठीक इस वक़्त मेरी कितनी गहरी इच्छा थी कि मैं उनके पास जाऊँ और सीधा उनसे पूछूँ कि क्या आप ही वह हैं जो हमें छोड़कर भाग गए थे! और अगर वह मुझे पहचान लेते हैं तो सबसे पहले मैं उन्हें बताऊँगा कि असल में माँ और सादिया आंटी के बीच क्या संबंध था। मैं उन्हें झँझोड़ देना चाहता था। कहानी में राजुला सही कहती है कि इंसान की हर ख़ूबसूरत कोमल चीज़ को अपना बनाकर मसलने की इच्छा एक आदिम इच्छा है। मैं अपनी माँ को भी हर वो बात कहने से चूकता नहीं था जिसमें वह बहुत देर चुप हो जाया करती थीं। किसी भी किताब को उठाकर जब मैं कोई मनगढ़ंत कहानी बुनता तो उसमें एक माँ जैसा किरदार ज़रूर रखता, फिर उस किरदार की वजह से आई विपदाओं को विस्तार से तब तक बयान करता रहता जब तक कि मैं अपनी माँ की आँखों में आँसू न देख लूँ। फिर मुझे गिल्ट होता और मैं उस कहानी में कुछ अच्छे पल जोड़ने लगता।

रेणु की कहानी के पिछले हिस्से ने मुझे झकझोर दिया था। शायद मेरे आज तक अकेले रहने का भी यही कारण था कि मैं डरता था अपने भीतर पड़े उस इंसान से जो अपने सबसे क़रीबी व्यक्ति को पीड़ा में देखना चाहता है।

"यश!" पीछे से आवाज़ आई।

धुन कहानी पढ़ चुकी थीं और उनकी आँखों से मुस्कुराहट छलक रही थी। मेरी सिगरेट ख़त्म हो चुकी थी। मैं जाकर धुन के बग़ल में बैठ गया। वह अभी भी कहानी के पन्नों को देख रही थीं।

"वो राजुला नहीं रेणु है।" धुन ने कहा।

मैं हतप्रभ रह गया। ये उन्हें कैसे पता चला!

"हाँ वह राजुला नहीं है, वह रेणु है।"

"तो फिर राजुला कौन है?"

धुन ने पूछा और मैं चौकन्ना होकर उन्हें देखे जा रहा था।

"मैं राजुला से मिलना चाहती हूँ।" धुन ने कहा।

मैं उन्हें देखकर मुस्कुरा दिया। शायद रागिनी राजुला है, पर मैं इस वक़्त कुछ भी नहीं कहना चाहता था।

"मैं जो सोच रही थी, वो सही था।" धुन ने कहा।

"क्या? किसके बारे में?" मैंने पूछा।

"राजुला के बारे में। मैंने जब उस रात उसे देखा था। इतनी दूर से भी मैं उसकी आँखें पहचान गई थी।"

मेरी कुछ समझ नहीं आ रहा था, पर मैं देख सकता था कि धुन ख़ुश थीं।

"मैं आगे के हिस्से पढ़ना चाहती हूँ।"

"वो मेरे मेल पर हैं। आप कहें तो मैं उसके प्रिंटआउट लेकर आपको दे दूँगा।"

"नहीं, अभी पढ़ना चाहती हूँ।"

उनकी आवाज़ में हक़ जैसी ज़िद्द थी। मैंने अपना लैपटॉप खोला और उनके सामने रख दिया। वह बिस्तर से उतरकर, पलंग से टिककर नीचे बैठ गईं। लैपटॉप उन्होंने अपनी गोद में रख लिया और वह सीधा कहानी के आगे का हिस्सा पढ़ने लगीं। तभी मुझे लगा कि उन्हें अभी भी लगता है कि रेणु का नाम असल में राजुला है। वह कहानी की राजुला को रेणु कह रही हैं।

"असल में मैंने आपसे झूठ कहा था कि उसका नाम राजुला है, वो मेरे मुँह से निकल गया था। उसका असल नाम रेणु ही है।"

"मैंने कहानी के अंत में रेणु नाम पढ़ लिया था।" धुन ने मुस्कुराते हुए कहा।

"वैसे आपको मेरा नाम कैसे पता है?" मैंने पूछा।

"जब मैं पिछली बार आई थी तो बिस्तर पर आपका बिजली का बिल पड़ा हुआ था।" उन्होंने बिना मुझे देखे जवाब दिया।

धुन कहानी पढ़ने में व्यस्त हो गईं और मैं अपने बिस्तर पर लेटकर घर की सीलन को ताकने लगा। सीलन के कारण दीवार पर जो आकृतियाँ पैदा होती थीं उनमें हमेशा कुछ नया दिख जाने की आशा बँधी रहती है। इस वक़्त मुझे उसमें कभी राजुला दिखती तो कभी रागिनी। क्या सच में रागिनी ही राजुला है या राजुला असल ज़िंदगी में रेणु है? रेणु ने अपनी कहानी में कछुए का ज़िक्र नहीं किया था। मैं देर तक रागिनी की गर्दन पर दिखे कछुए के बारे में सोचता रहा। मेरे बुद्धिजीवी पिता कहा करते थे कि हम जिन किताबों को पसंद करते हैं उनका कुछ हिस्सा हमारे साथ रहने लगता है। मैं ये बात कभी नहीं मानता था। शायद इसलिए भी कि मुझे कभी कोई किताब पसंद नहीं आई। पर अभी कछुए ने मेरी पीठ पर अपना घर बना लिया था। तो क्या मैं इस कहानी की हरकत अपनी पीठ पर लादे घूम रहा हूँ! इस वक़्त उस कछुए का रेंगना बहुत हल्का था। मैं पीठ खुजाने की भी कोशिश नहीं कर रहा था।

स्क्रिप्ट डॉक्टर वाला काम जब मुझे मिला था तो उस काम के पहले ही दिन मुझसे कहा गया कि इस्मत चुग़ताई की कहानी 'लिहाफ़' पर फ़िल्म बनानी है। कहानी को एक फ़िल्म की स्क्रिप्ट के रूप में तब्दील करने का काम मेरा था। अपने बॉस को ख़ुश करने के चक्कर में मैं उस काम में पूरी मेहनत से घुस गया। पर 'लिहाफ़' कहानी पढ़ते ही मैं डर गया। मैंने अपने सारे पैंतरे इस्तेमाल कर लिए थे कि वो प्रोजेक्ट बंद हो जाए और वो प्रोजेक्ट अंत में मैंने बंद करवा ही दिया। मुझे लगा कि 'लिहाफ़' कहानी मेरी माँ की कहानी है। मैं भीतर तक उद्वेलित हो गया था। अब लगता है कि काश मुझे ये कहानी तब पता होती जब मेरी माँ ज़िंदा थीं! तब मैं उन्हें ये कहानी पढ़कर ज़रूर सुनाता।

ये कितना ज़रूरी है कि हमारे पास हर क़िस्म की कहानियाँ हों, ख़ासकर उन बातों की जिनका ज़िक्र हम कभी हमारे अपनों से नहीं कर पाते। ये सारी असहज और उद्धेलित करने वाली स्थितियों को ये कहानियाँ ही तो सामान्य बना सकती हैं।

मैंने न जाने कितनी कहानियाँ अपनी माँ को पढ़कर सुनाई थीं, पर उनमें से एक भी कहानी उनकी नहीं थी। ये वैसा ही है कि मेरी माँ को मेरे पिता ने किताबों से भरे घर में रखा था, पर उन्हें कभी पढ़ना नहीं सिखाया।

मैं देर तक सीलन में अपनी माँ के चेहरे को खोजता रहा।

14.

मैं अपने ऑफ़िस के सामने वाले रेस्टोरेंट में बैठा शिखा का इंतज़ार कर रहा था। इस बार मैं अपने साथ रेणु की कहानी का प्रिंटआउट भी ले आया था।

अपनी दीवारों की सीलन देखते हुए कब मैं रात में सो गया मुझे पता नहीं चला था। सुबह देखा मेरा लैपटॉप मेरे बग़ल में रखा हुआ था और धुन जा चुकी थीं। तभी मुझे धीरू का मैसेज आया कि मुझे तुमसे मिलना है, आ जाओ। मैं उसे जवाब लिखने ही वाला था कि शिखा सामने से आती हुई दिखी। मैंने अपना फ़ोन किनारे रखा और उठकर शिखा से हाथ मिलाया।

"अच्छा बाहर मिलोगे तो हाथ मिलाओगे बस?"

उसने कहा और हम गले लग गए। बैठते ही मैंने अपने लिए कॉफ़ी मँगाई और उसने ख़ुद के लिए नींबू पानी।

"कुछ खाओगी नहीं?" मैंने पूछा।

उसने कुछ जवाब नहीं दिया और मुझे देखती रही।

"क्या हुआ?" मैंने पूछा।

"अजीब लगता है तुमसे बाहर मिलना। लगता है कि तुम्हारा चेहरा लगाकर कोई और आया है।"

शिखा की आँखों में इतना स्नेह था कि मुझे लगा ये वह शिखा नहीं है जिससे मैं अपने घर में मिलता हूँ। पर मैंने उससे ये बात नहीं कही। मैंने उसके

सामने रेणु की कहानी रखी और कहा कि क्या तुम इसे पढ़ सकती हो, मुझे इस बारे में तुमसे बात करनी है। उसने कहानी उठाई और पन्ने पलटने लगी।

"हे भगवान, हिंदी में लिखा है। रोमन नहीं है?"

"मुझे कभी समझ नहीं आया कि रोमन में हिंदी क्यों पढ़ी जाती है!"

"मेरे जैसे लोगों की आदत छूट गई है हिंदी पढ़ने की तो क्या करें!"

"ठीक है, जाने दो, मत पढ़ो।"

"अरे इतना टची मत हो। तुम्हारे लिए पढ़ लूँगी।"

"अभी तुम्हें किसी काम से जाना है?" मैंने पूछा।

"नहीं।" शिखा ने जवाब दिया।

"तो अभी पढ़ लो न!"

"यहाँ बैठकर?"

"हाँ, मैं ये प्रिंटआउट तुम्हें दे नहीं सकता हूँ, तब तक मैं ऑफ़िस के कुछ काम निपटाता हूँ, तुम जैसे ही इसे पढ़ लो मुझे मैसेज कर देना मैं आ जाऊँगा।"

उसने अपनी आँखें घुमाई। तब तक मेरी कॉफ़ी और उसका नींबू पानी आ गया। उसने देखा मेरी कॉफ़ी टेक-अवे वाले कप में थी।

"अरे, कम-से-कम मेरे साथ एक कॉफ़ी तो पीकर जाओ।"

मैंने अपनी कॉफ़ी के कप का ढक्कन खोला और कॉफ़ी पीने लगा।

"ये रेणु कौन है?" पन्ने पलटते हुए उसने पूछा।

मैंने एक गहरी साँस भीतर ली। धुन से सारा कुछ ईमानदारी से कह देने पर मेरा आत्मविश्वास सच कह देने पर बढ़ गया था। और अगर मुझे शिखा से उस कहानी के बारे में खुलकर बात करनी है तो मुझे उसे रेणु के बारे में सारा कुछ बताना होगा, वरना रेणु का ज़िक्र बार-बार आता रहेगा और मुझे एक सच छुपाने के लिए सोलह झूठ बोलने पड़ेंगे। यूँ भी मेरा जिस तरीक़े का संबंध शिखा से था, मैं जानता था कि मैं इससे कुछ भी कह सकता हूँ और वह कभी मुझे जज नहीं करेगी। मैंने रेणु से मेरी मुलाक़ात के बारे में बहुत विस्तार से उसे बता दिया। पर दूसरी मुलाक़ात की मुख्य बातों को

छुपा गया। बस यही कहा कि मैं दूसरी बार उसके घर पर उससे मिला था।

"वहाँ क्या हुआ था?"

"मैं बहुत नशे में था इसलिए ज़्यादा कुछ याद नहीं है।"

"कोई भी कभी इतने नशे में नहीं होता कि उसे कुछ याद न रहे।" शिखा ने कहा।

"कुछ-कुछ याद है, पर वो बहुत महत्त्वपूर्ण नहीं है।"

"तुम सीधे क्यों नहीं कहते कि तुम बताना नहीं चाहते हो!"

मैं चुप हो गया। क्या कहता कि उस रात के बाद से मेरी पीठ पर एक कछुआ रहने लगा है और मेरे घुटनों में बेवजह कभी-कभी दर्द उठता है और दर्द उठते ही मेरी इच्छा होती है कि मैं अपने घुटनों के बल बैठ जाऊँ! तभी धीरू का फ़ोन आया। मेरी कॉफ़ी भी ख़त्म हो चुकी थी। मैंने शिखा से कहा कि कहानी पढ़ते ही मुझे मैसेज करना और उस रेस्टोरेंट से बाहर निकल आया।

"हाँ धीरू!" मैंने कहा।

"तुम्हें मैसेज किया, फिर देखा कि तुमने कुछ टाइप किया पर कुछ आया नहीं।"

"मैं व्यस्त हो गया था। क्या बात है?"

"तुम आ जाओ अभी मुझसे मिलने, तुमसे बात करनी है कहानी पर।"

"मैं तो अभी ऑफ़िस में हूँ। यहाँ से मैं सीधा तुम्हारे पास ही आता हूँ।"

धीरू चुप हो गया। मुझे उसकी साँसों की आवाज़ आ रही थी। वह इन बातों का कुछ भी मतलब निकाल सकता था। सो मैंने कहा, "सुनो, ऐसा करो कि तुम ही मेरे ऑफ़िस आ जाओ। हम साथ लंच कर लेंगे।"

"मुझे कपड़े पहनने पड़ेंगे।"

"तो?"

"तो, ठीक है, देखता हूँ।"

उसने फ़ोन काट दिया और मैं भागता हुआ सड़क पार करके अपने ऑफ़िस चला गया।

15.

राजुला रात में बरसाती से निकली और दबे क़दमों से किचन में पहुँची। उसने वक़्त देखा। दस बीस हो रहे थे। वो फ्रिज़ की तरफ़ गई और एक पानी की बोतल निकालकर उसे अपने हाथ में रख लिया। उसे प्यास नहीं लगी थी, उसे डर था धीरज की माँ का, अगर वह आ गईं तो उसके हाथ में एक बहाना होगा कि वो ठंडा पानी पीने नीचे किचन में आई थी। किचन के पास वाली खिड़की, जो असल में किचन के पीछे की वॉशिंग मशीन वाली छोटी-सी जगह पर खुलती थी, हमेशा बंद रहती थी। पर आज राजुला ने उसे हल्का खोलकर रखा था। रेणु के कमरे की रोशनी की एक लंबी धार खिड़की से बाहर आ रही थी। राजुला धीरे से खिसकती हुई वॉशिंग मशीन वाली जगह पर गई, पर उसकी भीतर झाँकने की हिम्मत नहीं हुई। उसने वक़्त देखा, दस पच्चीस हो रहा था। उसे गोदरेज की अलमारी खोलने और बंद करने की आवाज़ रेणु के कमरे से आ रही थी। फिर धीरज के कमरे में चलने की। रेणु की आवाज़ गुम थी।

"राजुला, कितनी देर से बाथरूम में हो, सब ठीक है?" धीरज की आवाज़ आई।

राजुला ने एक क़दम खिड़की की तरफ़ बढ़ाया। उसने खिड़की से झाँका और देखा, धीरज पलंग की तरफ़ जा रहा था। जैसे ही वह पलंग पर लेटा बाथरूम का दरवाज़ा खुला। राजुला को दरवाज़े के खुलने की आवाज़ आई, पर खिड़की से झाँकने पर भी उसे बाथरूम का दरवाज़ा नहीं दिखा। तभी अचानक खिड़की के ठीक सामने रेणु आकर खड़ी हो गई। वह अपने शरीर पर तौलिया लपेटे हुई थी। राजुला थोड़ी डर गई। वे दोनों एक-दूसरे को देख सकते थे। राजुला, रेणु की आँखें देखना चाहती थी, वह जानना चाहती थी कि इस वक़्त रेणु के भीतर क्या चल रहा है, पर रेणु की आँखों के आस-पास अँधेरा था। तभी रेणु ने अपना तौलिया अपने शरीर से गिरा दिया। राजुला ने पहली बार रेणु को इस तरह बिन कपड़ों के देखा था। राजुला के हाथ में रखी ठंडी बोतल को उसने अपने सीने से चिपका लिया। रेणु की आँखों में राजुला को हल्की मुस्कुराहट दिखी। रेणु ने एक गहरी साँस ली और पलटकर बिस्तर की तरफ़ जाने लगी। धीरज खिसककर बिस्तर के कोने में गया और हाथ बढ़ाकर उसने लाइट बंद कर दी। राजुला को अब कुछ भी दिखाई नहीं दे रहा था। वह खिड़की के और पास खिसक आई।

"नहीं, आज लाइट बंद मत करो।" उसे रेणु की आवाज़ आई।

"कभी तो लड़ती हो कि लाइट बंद कर दो तो कभी कहती हो कि लाइट बंद मत करो!" धीरज बड़बड़ाया।

"प्लीज़, आज चालू रहने दो, मैं तुम्हें देखना चाहती हूँ।" रेणु ने कहा।

धीरज ने लाइट वापस जला दी। राजुला वापस खिड़की से थोड़ा-सा पीछे हट गई। रेणु धीरज के क़रीब गई और उसे चूमते हुए उसके कपड़े उतारने लगी। राजुला ने अपना चेहरा खिड़की पर से हटा लिया। उसे इस वक़्त बिस्तर की चर्रमर्र सुनाई दे रही थी। जो औरत सिर्फ़ दूसरी औरत को प्रेम करना चाहती है उसके लिए एक पुरुष और महिला का आपसी प्रेम देखना बहुत मुश्किल है। पर ये मुश्किल काम राजुला करना चाहती थी। वह चाहती थी कि वह रेणु को ऐसी स्थिति में देख ले, और उन दृश्यों को वह अपने भीतर समेटकर रख ले, जिससे जब भी वह बरसाती में बैठे, उसके बारे में सोचे तो उसकी आँखों के सामने तुरंत ये दृश्य आ जाए। कुछ देर बाद राजुला ने वापस झाँका तो देखा धीरज ने रेणु को अपनी बाँहों में कसकर पकड़ रखा है और वह उसे चूम रहा है। राजुला ने फिर अपना चेहरा हटा लिया। ठंडे पानी की बोतल की वजह से उसकी टी-शर्ट गीली हो गई थी। उसने पानी की बोतल को अपने शरीर से दूर किया। तभी उसे रेणु की हल्की आवाज़ सुनाई दी। उसने झाँका तो देखा धीरज रेणु के ऊपर चढ़ा हुआ है और उसका शरीर रेणु के ऊपर झटके खा रहा है। रेणु की टाँगें फैली हुई थीं। रेणु ने धीरज के सिर को अपनी गर्दन की तरफ़ मोड़ा और वह उसके कंधे के ऊपर से खिड़की की तरफ़ देखने लगी। बल्ब की रोशनी रेणु के चेहरे पर पड़ रही थी, राजुला रेणु की आँखें देख सकती थी। कुछ देर में रेणु ने धीरज को बिठाया और वह उसके ऊपर बैठ गई। इस वक़्त धीरज की पीठ खिड़की की तरफ़ थी और रेणु का

शरीर उसके शरीर से चिपका हुआ था और हिल रहा था। धीरज रेणु को चूमने की कोशिश करने लगा, पर रेणु ने उसके चेहरे को वापस अपनी गर्दन की तरफ़ मोड़ दिया। राजुला खिड़की के बहुत पास खिसक आई थी। कमरे की रोशनी की एक धार राजुला के चेहरे पर पड़ रही थी जिसे रेणु देख सकती थी। तभी राजुला ने देखा कि रेणु की आँखों से आँसू छलक रहे हैं। उसका हाथ अपने चेहरे पर गया तो उसने पाया कि उसकी आँखों से भी पानी टपक रहा था। राजुला खिड़की से थोड़ा पीछे हो गई। तभी राजुला को पीछे से दरवाज़ा बंद करने की आवाज़ आई। उसने पलटकर देखा तो धीरज की माँ के कमरे का दरवाज़ा अभी-अभी बंद हुआ था। वह खिड़की से अलग होकर किचन में चली आई। उसने कुछ घूँट पानी पिया और बोतल को वापस फ्रिज़ में रख दिया। धीरज की माँ के कमरे से रोशनी दरवाज़े के निचले हिस्से से बाहर आती हुई दिख रही थी। वह थीं उस दरवाज़े के उस तरफ़। राजुला के घुटनों में अचानक दर्द होने लगा। उसकी इच्छा हुई कि वह यहीं किचन में घुटने के बल बैठ जाए। तभी धीरज की माँ के कमरे की लाइट बंद हुई। राजुला दबे क़दमों से सीढ़ियाँ चढ़ती हुई अपनी बरसाती में चली गई।

16.

ऑफ़िस के सारे काम को किनारे रखकर मैंने कहानी का आगे का हिस्सा पढ़कर ख़त्म किया था। मैंने पढ़ते ही रेणु को वापस मेल किया कि बहुत अच्छा है। मैं रेणु को असल में लिखना चाहता था कि तो रागिनी राजुला है, मतलब वो राजुला जो असल में रेणु है। पर मैं रेणु को ऐसा कुछ नहीं लिख सकता था, मुझे उससे डर लगता था। वह मेरे ऑफ़िस की बॉस नहीं थी जो घुमाने-फिराने वाली बातों में आ जाए। मुझे रेणु को देखकर लगता था कि वह मुझसे वो सारे सवाल कर देगी जिन सवालों से मैं भागता रहा हूँ। अगर रेणु सामान्य लेखक होती, जिनसे मैं मिलता रहता हूँ अपने ऑफ़िस में, तो मैं उससे कहता कि या तो मुझे इस कहानी का अंत बता दो, या एक बार में लिखकर पूरी कहानी भेज दो, मैं इस तरह टुकड़ों में कहानी नहीं पढ़ना चाहता हूँ। अगर मैं रेणु से ये कह दूँ तो मेरी क्या फ़ज़ीहत होगी मैं इसकी कल्पना भी नहीं कर सकता, ये सोचकर मुझे हँसी आने लगी। तभी सामने से मेरे बॉस निकले।

"क्या यश जी, कोई अच्छी स्क्रिप्ट आई है क्या? आप हँस रहे हैं।"

"नहीं सर, बस ऐसे ही।"

"हमें भी पढ़ा देना, अच्छी स्क्रिप्ट पढ़े ज़माना हुआ है।"

"जी सर।"

बॉस के जाते ही मैंने कहानी का अगला अंश धीरू को मेल किया और

उसके दो प्रिंटआउट निकाल लिए। एक शिखा के लिए और एक धुन के लिए। तभी रेणु का फ़ोन आया और मेरे हाथों से फ़ोन छूटते-छूटते बचा, "जी रेणु?" मैंने अपनी हड़बड़ाहट को समेटते हुए कहा।

"अच्छा है? ये क्या बात है। मैं हर बार कहानी भेजने के बाद उत्साहित हो जाती हूँ और तुम्हारा जवाब है– अच्छा है। बस?"

मुझे नहीं पता था कि रेणु को फ़र्क़ भी पड़ता है कि मैं क्या सोचता हूँ। मुझे उसकी आवाज़ में पहली बार अपनापन दिखा। या शायद मैं उसकी लिखी कहानी के इतने भीतर था कि रेणु मुझे अपनी सुनाई देने लगी थी।

"मैं बहुत कुछ कहना चाहता हूँ, हम अगर मिलकर बात करें तो शायद मैं कह पाऊँ।" मैंने कहा।

"मैं अभी नहीं मिल सकती हूँ तुम्हें, मैं पहाड़ों में हूँ, मुझे लगा कि इस कहानी को पूरा करने के लिए मुझे दूर जाना होगा।"

'किससे दूर?' मेरे मुँह पर था ये सवाल पर रेणु इतनी भी अपनी नहीं सुनाई दे रही थी कि मैं उससे ये पूछता। मैंने हिम्मत जुटाई और उससे पूछा, "रेणु, क्या मैं ये कहानी अपने किसी दोस्त को पढ़ा सकता हूँ?"

"बिल्कुल नहीं।"

अचानक रेणु की आवाज़ सख़्त हो गई।

"वह किसी को कुछ नहीं बताएगा।"

"मैंने कहा न कि नहीं, सिवाय रागिनी के मेरे किसी भी दोस्त को नहीं पता है कि मैं इस तरह की कोई कहानी लिख रही हूँ। और मैंने तुम्हें क्यों चुना पढ़ने के लिए? क्योंकि तुम न तो मुझे जानते हो और न ही मेरे दोस्तों को, अगर तुमने ग़लती से भी इसे किसी को पढ़ाया तो मुझसे बुरा कोई नहीं होगा।"

"नहीं दूँगा किसी को।"

"खाओ अपनी माँ की क़सम।"

"ये क्या है? क्या हम बच्चे हैं? और मेरी माँ नहीं हैं तो उनकी क़सम खाने से कोई फ़ायदा नहीं है।"

"बाप?"

"तुमने कभी सुना है किसी ने बाप की क़सम खाई है?"

"क्यों? बाप की क़सम क्यों नहीं खा सकते! गाली भी माँ की देते हो तुम लोग, और क़सम भी माँ की ही खाते हो। माँ को मार देना आसान है, पर बाप पर किसी क़िस्म की आँच नहीं आनी चाहिए?" रेणु ने झल्लाते हुए कहा।

"क्योंकि माँ बाप से कहीं ज़्यादा महत्त्वपूर्ण होती है।"

मैंने थोड़ी आवाज़ ऊँची कर दी थी। रेणु चुप हो गई। मैं चाहता था कि फ़ोन काट दूँ, पर मैं उस चुप्पी में अपनी भागीदारी लिए बना रहा।

"मैं समझ गई हूँ तुम क्या चाहते हो। मैं रागिनी से बात करूँगी। तुम उससे मिल लेना, वह इस कहानी में पागलपन की हद तक शामिल है।"

"रागिनी?"

मेरे मुँह से रागिनी निकला और मुझे रागिनी के चेहरे के बजाय उसकी गर्दन दिखी और दिखा उसकी गर्दन पर सरकता हुआ कछुआ। मैंने अपने बाएँ हाथ को अपनी पीठ की तरफ़ ले जाने की कोशिश की ताकि थोड़ी खुजली कर सकूँ।

"रागिनी, जिससे तुम उस रात मिले थे।" रेणु की आवाज़ में वापस परायेपन की चिढ़ झलकने लगी थी।

"हाँ, याद है।" मैंने तुरंत कहा।

"ठीक है।" उसने कहा।

मैं कुछ देर सोचता रहा कि क्या कहूँ, पर कुछ भी कहने पर पकड़ा जाऊँगा इस डर से चुप ही रहा। फिर मैंने अपना गला साफ़ करते हुए पूछा, "तो कब वापस आ रही हो?"

रेणु ने फ़ोन काट दिया। मैं फिर अपने पकड़े जाने के डर को लिए कुर्सी से खड़ा हो गया। एक तरीक़े से अच्छा ही था कि रेणु यहाँ नहीं है। क्योंकि अगर मैं उससे मिल लेता तो तुरंत पकड़ा जाता। उसे मेरे चेहरे को देखते ही पता चल जाता कि मैंने उसकी कहानी किसी और को पढ़ने दे दी

है। इस वक़्त मेरे सामने उसकी कहानी के आख़िरी अंश के दो प्रिंटआउट पड़े हुए हैं, उसे कैसा लगेगा कि एक नहीं बल्कि तीन लोग और हैं जो इस वक़्त उसकी कहानी पढ़ रहे थे। मैं इस विचार से ही काँपने लगा। लेकिन अब बात मेरे हाथों से निकल चुकी थी। क्या मैं इन तीनों में से किसी से भी नहीं कह सकता था कि भूल जाओ कि मैंने तुम्हें कोई कहानी पढ़ने को दी थी? शायद शिखा, मैं शिखा को सँभाल सकता था, धुन भी शायद मेरी परेशानी समझ जाएँ, पर धीरू को सँभालना मुश्किल काम था। मैं तुरंत उठा और रेस्टोरेंट के लिए निकला। मैं शिखा को अभी रोक सकता था। जैसे ही मैं रोड क्रॉस करके रेस्टोरेंट पहुँचा तो देखा शिखा वहाँ नहीं है। मैंने तुरंत उसे फ़ोन किया, पर उसने फ़ोन नहीं उठाया। फिर मैंने उसे मैसेज किया– 'कॉल करो प्लीज़!'

शिखा का कोई जवाब नहीं आया। मैं थककर रेस्टोरेंट के बाहर आ गया।

'ये कहाँ फँस गया मैं!'

बाहर सड़क पर खड़े होकर मैं देर तक सामने आते-जाते ट्रैफ़िक को देखता रहा।

मैं जीवन को अपने वश में रखना चाहता था, पर जीवन वश में नहीं था। वो कभी नहीं रहा। हमें हमेशा लगता है कि हम ही हैं जो अपने जीवन के मालिक हैं। क्या सच में ऐसा है? क्या हम अपने जीवन का कोई भी अंश ख़ुद तय करके वैसा-का-वैसा जी रहे होते हैं जैसा सोचा था? मैं गिरा-पड़ा, रेंगता हुआ-सा जीवन गुज़ारना चाहता था, जो गुज़र रहा था इसकी भनक किसी को न लगे। पर क्या मैं गिरा-पड़ा, रेंगता हुआ रह सकता था? क्यों बिना किसी हिस्सेदारी के पूरा जीवन काटा नहीं जा सकता!

मुझे अपने कमरे से बाहर निकलते ही मुंबई शहर का हाईवे नज़र आता। जब भी लोगों का आना-जाना देखता तो लगता कि ये कोई बचपन का एक खेल चल रहा है जिसे हम, बड़े होते ही बहुत ज़्यादा गंभीरता से

खेलने लगे हैं। ऑफ़िस आने के पहले मैं हाईवे के किनारे देर तक खड़ा रहता, मुझे लगता कि ये एक क़िस्म की नदी है जिसमें बस कूदने भर से आप उस खेल का हिस्सा हो जाते हैं जिसे सारे लोग बहुत संजीदगी से खेल रहे हैं। मैं कभी भी खेलना नहीं चाहता था। मैं हर खेल में जीत जाने जैसे भ्रम से दूर रहना चाहता था। मुझे हमेशा लगता था कि मैं हाईवे पर खड़े रहकर अचानक एक दिन ये खेल रोक दूँगा और इनके बीच से चलता हुआ इन्हें पार करके दूसरी तरफ़ चला जाऊँगा। बिना खेले, बिना कहीं भागे-दौड़े। मैं हमेशा हाईवे पर अपना कदम रखता और ख़ुद को सीधा ऑफ़िस की चहल-पहल में व्यस्त पाता। हमने जिस दिन से इस खेल को अपनी पूरी संजीदगी से खेलना शुरू किया था उसी दिन से हम इसमें फँस गए थे। इसके भीतर रहकर रुक जाना नामुमकिन था। इसे रोकने के सारे तार बचपन में हमारे आस-पास थे, पर तब हम जल्दी से बड़े हो जाना चाहते थे। मैंने बड़े होते-होते भी बहुत कोशिश की थी कि मैं सादा-सा सुस्त जीवन जीकर चुपचाप इस दुनिया से निकल जाऊँ। किसी को भनक भी न लगे कि कोई यश नाम का आदमी कभी इस धरती पर रेंगा करता था। पर अभी स्थिति ये थी कि मैं जितना अपना पल्ला झाड़ने की कोशिश करता उतना ही मैं ख़ुद को इस खेल के भीतर फँसा हुआ पाता। क्या इसी को जीना कहते हैं? मेरी हालत इस वक़्त उस चूहे की तरह थी जो माउस-ट्रैप में अपना एक पैर डालता है ये सोचकर कि वो इस खेल को खेलेगा नहीं बस दुनिया को एक भ्रम देता रहेगा कि वो भी इसी खेल का हिस्सा है। पर एक पैर डालते ही उसे महसूस होने लगता है कि वो शायद खेलने लगा है। वो अपने पैर को तुरंत निकालना चाहता है, पर उसका एक पैर खेल में फँस चुका होता है। अब वो जितनी भी कोशिश करेगा उस पैर को निकालने की वो उतना ही उस खेल का हिस्सा होता चला जाएगा।

मैंने धीरू को फ़ोन किया।

"तुम कितने बजे आ रहे हो? मुझे भूख लगी है।" मैंने उसके हेलो

बोलते ही कहा।

“मैं नहीं आ रहा हूँ।” उसने हिचकते हुए कहा।

“अरे! क्या हुआ?”

“बस समझो कि मैं नहीं आ सकता हूँ।”

“पर क्यों?”

“मैं एक प्रयोग में फँसा हुआ हूँ।”

“क्या मैं घर आ सकता हूँ?”

मेरी आवाज़ मुझे रिरियाती हुई सुनाई दे रही थी।

“नहीं।” धीरू ने तुरंत जवाब दिया।

कुछ देर वह भी चुप रहा और मैं भी। मैंने एक नज़र भीतर रेस्टोरेंट में डाली कि कहीं शिखा वापस तो नहीं आई। पर उसकी टेबल पर मुझे एक परिवार बैठा दिखा। मैं फ़ोन काटने ही वाला था तभी धीरू ने कहा, “आ जाओ।”

और उसने फ़ोन काट दिया। मैंने तुरंत रिक्शा रोका और उसके घर की तरफ़ चल दिया।

17.

मैं इस वक़्त घर नहीं जा सकता था और मैं धीरू के साथ ये कर सकता था मैं जानता था। मैं रिक्शे में बैठे हुए देर तक रेणु की कहानी के बारे में सोचता रहा। ये जिया हुआ सत्य था? या रेणु असल में अपनी कल्पना से ये कहानी लिख रही थी? ये जिया हुआ सत्य नहीं हो सकता है, अगर होता तो वह कब की कहानी लिखकर ख़त्म कर देती। जिया हुआ यूँ भी इतना दिलचस्प कहाँ होता है! अगर जिया हुआ ही मनोरंजन से भरा हुआ होता तो हम अपनी कला से कल्पना का इतना बड़ा संसार क्यों रचते! इतनी फ़िल्में, पेंटिंग्स, किताबें क्यों गढ़ी जातीं! मैं धीरू के दरवाज़े पर खड़ा था तभी मेरा फ़ोन बजा। नया नंबर दिख रहा था।

"जी?" मैंने फ़ोन उठा लिया।

"जी, मैं रागिनी हूँ, रेणु ने कहा था कि आपको फ़ोन कर लूँ। कब मिलना चाहते हैं?"

रागिनी नाम सुनते ही मेरी पीठ पर मुझे किसी का सरकना महसूस हुआ। मेरी आँखों के सामने मुझे कछुआ दिखा।

"हाँ, मिलना है।"

मैंने तुरंत कहा। मुझे लगा कि अगर मैं रागिनी से मिलूँगा तो शायद मेरी पीठ पर रेंग रहा कछुआ वापस उछलकर उसकी गर्दन पर चला जाए और मुझे इस पीठ की खुजली से छुटकारा मिले। तभी धीरू के कमरे का

दरवाज़ा हल्का-सा खुला, पर मुझे धीरू नहीं दिखा।

"आज शाम को उसी कैफ़े में मिलते हैं जहाँ रेणु आपसे मिली थी।"

मैंने अपने हाथ से दरवाज़ा थोड़ा और खोला पर वो आधे में अटक गया।

"जी।" मैंने फ़ोन पर कहा।

"छह बजे?"

"ठीक है।"

मैं उस आधे खुले दरवाज़े से जैसे-तैसे भीतर प्रवेश कर गया तो देखा दरवाज़े के पीछे धीरू खड़ा हुआ है दरवाज़े को पकड़े हुए और उसने अपने शरीर पर एक भी कपड़ा नहीं पहना हुआ है। मेरे भीतर घुसते ही उसने दरवाज़ा बंद कर दिया।

"ये क्या है धीरू?" मैं उसे देखकर चीख़ पड़ा।

"क्या है!" उसने जवाब दिया।

मैंने अपनी आँखें तुरंत हटा लीं और किचन की तरफ़ जाकर खड़ा हो गया।

"धीरू यार, तुमने कपड़े क्यों नहीं पहने हैं?" मैंने खीजते हुए पूछा।

"मैंने कहा था तुमसे कि मैं एक प्रयोग कर रहा हूँ। इसलिए मैं तुमसे मिलने नहीं आ सका।"

"ये क्या प्रयोग है!"

"ये बाज़ार के ख़िलाफ़ प्रयोग है।"

"क्या बाज़ार तुम्हारे घर आ रहा है?" मेरी चिढ़ थोड़ी बढ़ गई थी।

"बाज़ार कभी घर नहीं आता है। हम बाज़ार को घर ले आते हैं। तुम्हें क्या लगता है कि जो सामान मेरे घर में पड़ा हुआ है, वो कहाँ से आया है? अगर मैं हर सामान को उठाकर ये पूछूँ कि क्या मैं इसके बिना ज़िंदा नहीं रह सकता हूँ तो तुम्हें यक़ीन नहीं होगा मेरे घर में एक भी सामान की ज़रूरत नहीं है। तो फिर ये क्या है? ये सारा सामान मैं सालों क्यों जमा करता आया हूँ? ये सारी ज़रूरतें मुझे बताई हैं बाज़ार ने और मैं उन्हें पूरा

करता चला आ रहा हूँ। इस घर में रखे अस्सी प्रतिशत सामान को मैं छूता भी नहीं हूँ, और शायद अपनी मृत्यु तक उन्हें छू भी न पाऊँ, पर मैं उन्हें फेंक नहीं सकता क्योंकि बाज़ार ये डर हमेशा बनाए रखता है कि तुम्हें इनकी ज़रूरत कभी भी पड़ सकती है। तो मैंने सोचा कि क्यों न मैं पहले अपने शरीर से शुरुआत करूँ।"

"तो तुम नंगे हो गए?"

"हम कपड़े क्यों पहनते हैं, तुम बताओ? क्या वजह है? हम क्या ढक लेंगे? ऐसा क्या है हमारे पास जिसे हम छुपाकर रखना चाहते हैं? पलटो, देखो मुझे, अरे देखो न!"

वह मेरे ठीक पीछे खड़े होकर ऐसे बोल रहा था मानो किसी भीड़ को संबोधित कर रहा हो। मैंने उससे कहा, "यहाँ दोस्त मैं अकेला ही हूँ तो तुम आराम से मुझसे बात कर सकते हो।"

धीरू ज़िद्द पर अड़ा रहा। आख़िरकार मुझे पलटकर उसे देखना ही पड़ा। मैं तब तक उसके नग्न शरीर को देखता रहा जब तक उसे तसल्ली नहीं हो गई कि उसका प्रयोग सही दिशा में जा रहा है। मैं थक चुका था। उसके सोफ़े पर पसरते ही मैंने बहुत झेंपते हुए उससे कहा, "कृपया अपने निजी अंगों को ढाक लो वरना मैं बात नहीं कर पाऊँगा।"

धीरू ने टेबल पर से एक रूमाल उठाया और अपने निजी अंग को ढाँककर मेरे सामने बैठ गया।

"मैं थोड़ा फँस गया हूँ धीरू।" मैंने समर्पण के सुर में कहा।

"इस बाज़ार में हम सब फँसे हुए हैं।" धीरू ने तुरंत जवाब दिया।

मैं चुप हो गया और अपनी आँखें बंद कर लीं। मुझे समझ नहीं आया कि मैं बात कहाँ से शुरू करूँ। धीरू का सुर और मेरा सुर एकदम अलग था।

"तुमने जो आख़िरी हिस्सा भेजा था मैंने वो पढ़ लिया है।"

मैंने अपनी आँखें खोल दीं। धीरू किसी सोच में डूबा हुआ था। मुझे लगा कि वह शब्द टटोल रहा है। जब उसने आगे कुछ नहीं कहा तो मैंने

ही उससे पूछा।

“तो ?”

“तो क्या ?”

“अरे तुम ही तो कहानी पर बात करना चाहते थे न ? तो अब बोलो।”

“हाँ, पर जैसे ही मैंने ये आख़िरी हिस्सा पढ़ा तो मुझे लगा कि इस पर बात करना आसान नहीं है।”

“क्यों ?”

मेरी उत्सुकता बढ़ती जा रही थी। मुझे लगा कि धीरू और मैं एक ही सुर पर आ रहे हैं और मैं उससे सब कुछ कह सकता हूँ।

“ये बहुत ही ईमानदार कहानी है, हम ख़ुद का जीवन और जीवन में हमारी भागीदारी पर सोचने लगते हैं। मैंने आख़िरी हिस्से को पढ़ते हुए हस्तमैथुन (Masturbation) किया था।”

मैंने अपना सिर पकड़ लिया। धीरू हमेशा से ही ऐसा था। वह कब ब्रह्मांड की बात कर रहा होता था और कब वह उस बात को अपने भीतर की एक छोटी-सी जगह से जोड़ लेता था, कभी पता नहीं चलता था। मैं उसके सामने हमेशा सचेत रहता था वरना उसकी बात के सिरे मेरे हाथों से छूटते जाते थे।

“क्या तुमने किया था हस्तमैथुन इसे पढ़कर ?” धीरू ने अचानक पूछ लिया।

मैं इसके लिए तैयार नहीं था। मैंने तुरंत मना कर दिया। मैं झूठ बोल रहा था। मेरे मना करने पर वह मुस्कुराकर खड़ा हो गया और किचन में जाकर काम करने लगा। उसने रूमाल वापस टेबल पर रख दिया था। कुछ देर में उसने कहना चालू किया, “Charles Darwin की किताब ‘On the Origin of Species’, साल 1859 में प्रकाशित हुई थी। आज भी वो मेरी पसंदीदा किताबों में से एक है। पर एक बात तुम्हें पता है, उस किताब को संपादित Darwin की बड़ी बेटी Henrietta ने किया था जिसे लोग Etty के नाम से जानते थे। वह अजीब महिला थी। उसे एक

क़िस्म के मशरूमों से नफ़रत थी, जो डारविन की जागीर में ही उगा करते थे, उन्हें फल्लस रैवेनिली कहते हैं। Etty को नफ़रत इसलिए थी कि उसे उन मशरूमों का आकार लिंग के समान नज़र आता था। वह उन सारे मशरूमों को उखाड़कर घर के ड्रॉइंग रूम में, दरवाज़ा बंद करके जला दिया करती थी। उसका संबंध सेक्स से अजीब था। यहाँ तक कि उसने डारविन के दादा के कई क़िस्सों को उस किताब से निकलवा दिया था, क्योंकि डारविन के दादा के कई महिलाओं से संबंध थे और उन्होंने ग्रुप सेक्स को बड़े उत्सवी रूप से अपनी कविताओं में लिखा था।"

मैं धीरू की बातों के सिरे पकड़ने की कोशिश कर रहा था, पर मेरे हाथ कुछ नहीं लग रहा था। मैं उठकर किचन में उसके पास गया।

"मैं कुछ समझा नहीं।" मैंने हिचकिचाते हुए कहा।

"हमारी कामुकता से हमारा बड़ा ही जटिल संबंध है, यश। उस जटिलता के कारण बहुत गहरे में है कहीं, ये कहानी उस जटिलता के सामने हमें नंगा लाकर खड़ा कर देती है।"

मैं ठीक इस वक़्त धीरू से कहना चाहता था कि मैं ख़ुद अपनी कामुकता से अपने संबंध के बारे में सोच रहा था। मैं अपनी कामुकता का अपने कमरे की सीलन से और उस सीलन का अपने सेक्स से संबंध के बारे में बात करना चाहता था। लेकिन मैं उससे कुछ कह नहीं पाया। सेक्स पर सीधे संवाद करने की मेरी आदत नहीं थी। मैं कम-से-कम उससे ये तो कह ही सकता था कि इस कहानी को पढ़ते हुए मैंने भी हस्तमैथुन किया था।

"मैं भी जब इस कहानी को पढ़ रहा था तो मेरा भी मन हुआ था वो करने का।" मैंने कहा।

मैं अपनी पूरी कोशिशों के बाद भी 'हस्तमैथुन' शब्द अपने मुँह से नहीं निकाल पाया।

धीरू ने हम दोनों के लिए खाना लगाया। वह अभी भी बिना कपड़ों के मेरे सामने बैठा था, पर मुझे अब उसकी नग्नता दिख नहीं रही थी। और

मुझे लगा कि नग्नता कितनी सामान्य बात होनी चाहिए। काश मुझमें धीरू के जितना साहस होता! पर मैं कायर था, मैं कमज़ोर था, मैं वह था जो हमेशा बस छुपे रहना चाहता था। मेरी इच्छा हुई चीख़ देने की। मैं चीख़ते हुए कहना चाहता था कि मेरी माँ Sappho थीं।

"हाथ धो लो।" धीरू ने कहा।

मैं चौंक गया। मैं बहुत भीतर कहीं गुम चुका था। मैं उठा और धीरू के छोटे से बाथरूम में चला गया। आईने के सामने देर तक अपने चेहरे को देखता रहा और उसमें ईमानदार शब्द खोजता रहा। कुछ ही देर में मेरे घुटनों में दर्द होने लगा और मेरी इच्छा हुई कि यहीं घुटनों के बल कुछ देर बैठा रहूँ।

कुछ देर बाद जब मैं बाथरूम से बाहर आया तो मैं नंगा था। मैंने अपने सारे कपड़े बाहर सोफ़े पर रखे और धीरू के सामने खाना खाने बैठ गया।

18.

धीरू और मैंने चुप्पी में खाना खाया था। मैं उसके बाद बहुत देर वहाँ रुक नहीं पाया। मैं समय से पहले उस कॉफ़ी हाउस में आकर बैठ गया था। मैंने शिखा को मैसेज भेजा– 'क्या तुमने कहानी पढ़ ली है? सब ठीक है? फ़ोन करो प्लीज़!'

मैंने शिखा से ऐसे बर्ताव की अपेक्षा नहीं की थी। पर फिर अपेक्षा शब्द का मेरे साथ यूँ भी बहुत अच्छा संबंध नहीं रहा है कभी। मैं बस ये मना रहा था कि काश शिखा ने कहानी न पढ़ी हो। या उसे कहानी इतनी बोरियत से भरी लगी हो कि वह चाहती नहीं हो कि इसे आगे पढ़े। वेटर के आने पर मैंने एक कॉफ़ी ऑर्डर की। वह मुझे मुस्कुराता हुआ देखने लगा। मैं बहुत दिनों बाद इस कैफ़े में आया था। ये अपने पुराने ग्राहक के पहचान लेने वाली मुस्कुराहट थी। मैंने उसे मुस्कुराकर देखा और वह ऑर्डर लेकर चला गया। जब वह कॉफ़ी लेकर आया तो मैंने उसे टिप दी। उसकी मुस्कुराहट उसके चेहरे से ग़ायब हो गई। पर उसने पैसे रख लिए। मुझे लगा कि अभी-अभी मुझे एक अपनेपन की मुस्कुराहट मिली थी और मैंने उसका मोल तय कर लिया। ये भी शायद उस ईमानदारी की बात का ही एक अंश है जिसके बारे में धीरू बात कर रहा था। मुझे लगता था कि मुझे देखकर कोई बेवजह क्यों मुस्कुराएगा, ज़रूर इसके पीछे कोई वजह होगी। ज़रूर वह मुझसे किसी बात की अपेक्षा रखता होगा। अगर हम ईमानदारी

से अपनी दैनिक हरकतों को देखें तो हर हरकत के तार कितने पीछे जाते हैं! हमारे हर किए के पैर हमारे बचपन के घर में कहीं गड़े होते हैं।

"लाइटर है आपके पास?"

मैंने देखा रागिनी मेरे सामने खड़ी हुई थी। मेरे मुँह से निकला, "नहीं।"

उसकी निगाह सामने पड़ी माचिस पर पड़ी और वह मुस्कुरा दी।

"आपने लाइटर पूछा था।"

मैंने कहते हुए उसे माचिस दे दी। वह मेरे सामने बैठ गई और उसने सिगरेट जला ली। कई बार मुझे ये भ्रम होता था कि जो अभी घट रहा है वो पहले कभी घटित हो चुका है। मैं इसके घटने में आगे आने वाले वाक्यों को अपनी तरफ़ आता देख सकता था और मुझे ये भी पता होता था कि वह किस गति से आकर मुझसे टकराएँगे। वे टकराते और मैं उनकी दिशा को वही मोड़ देता, जैसा वे बहुत पहले घटित होते वक़्त मुड़े थे। मैं हर ऐसे वक़्त ख़ुद को ही थोड़ा दूर से देखने लगता। मैं पुराने घटित होने को जितनी हद तक हो सके वापस से घटित होता देखना चाहता। तो क्या इसके बाद मैं और रागिनी मेरे घर जाकर सस्ती दारू पिएँगे? क्या वो छठे माले वाली घटना फिर से वैसी-की-वैसी घटित होगी?

रागिनी ने बंद गले की टी-शर्ट पहने हुई थी। मुझे उसकी गर्दन दिखाई नहीं दे रही थी। शायद वहाँ कछुआ नहीं होगा, शायद वह अपने कछुए के ग़ायब हो जाने की घटना से शर्मिंदा हो और अपने गले को ढककर रखना चाहती हो?

"तो कैसी लगी कहानी आपको?" रागिनी ने सिगरेट का बड़ा कश लेते हुए कहा।

"बहुत ईमानदार है।"

"मतलब अच्छी नहीं है!" उसे अचरज हुआ।

"वो अच्छी और बुरी से बाहर की बात है। मैंने ऐसा कभी कुछ पढ़ा नहीं था और मेरा तो काम है कि मुझे बहुत पढ़ना पड़ता है। ये कहानी की ईमानदारी आपको अपने जीवन की ईमानदारी के बारे में सोचने पर मजबूर

कर देती है।"

मैं ऐसा नहीं सोचता था। हाँ, ये बात सही है कि मैंने भी सेक्स की अपने जीवन में उपस्थिति के बारे में सोचा था पर मैं कहानी पर ये बात नहीं करना चाहता था, ये धीरू की बातें थीं। तभी वेटर आया और रागिनी ने अपने लिए एक कॉफ़ी ऑर्डर की। उसके जाते ही वह मुझे देखने लगी मानो मैं और भी कुछ कहना चाहता था, पर मेरे पास कहने के लिए ज़्यादा कुछ नहीं था। तभी मुझे मेरी पीठ पर कुछ रेंगता हुआ-सा महसूस हुआ। मेरी इच्छा हुई कि रागिनी से कह दूँ कि आपका कछुआ मेरे पास है।

"नाम क्यों बदले गए?" मैंने पूछा।

"आपको खटक रहे हैं?"

"नहीं, पर रेणु का राजुला हो जाना और राजुला का रेणु, इसके पीछे कारण क्या है?"

"रेणु के बदले मैं तो जवाब नहीं दे सकती हूँ। जो मुझे लगा वो आपसे साझा कर सकती हूँ। मेरा मानना है कि जब दो लोगों के बीच बहुत गहरा संबंध होता है तो वो कुछ वक़्त बाद एक-दूसरे के जैसे दिखने लगते हैं। और अगर कोई उनकी कहानी लिखने बैठे तो उन दो चरित्रों को अलग करने में बहुत कठिनाई होती है, ये बताना बहुत कठिन होता है कि असल में कौन-सी बात किसकी थी!"

"और राजुला का डेढ़ इंच ऊपर उठ जाना? वो मुझे समझ नहीं आया।"

"ये जीवन आपको समझ में आता है?" उसने पूछा।

मैं उसके सवाल पर थोड़ा असहज हो गया। पर उसके चेहरे पर मुस्कुराहट थी सो मेरी असहजता बहुत देर मेरे पास रुक नहीं पाई।

"नहीं।" मैंने मुस्कुराते हुए जवाब दिया।

"मुझे भी ये जीवन समझ नहीं आता है। जब रेणु मुझसे कहती है कि वो एक दिन उड़ जाना चाहती है तो उसके मतलब क्या होते हैं मुझे नहीं पता। लेकिन मैं उसकी बातों पर विश्वास करना चाहती हूँ। उस पर विश्वास

करते ही मुझे ये जीवन जीने लायक़ लगने लगता है। और मेरे विश्वास पर वह अपनी कहानी में उड़ रही होती है। वरना पुरुषों के इस समाज ने तो लड़कियों के पंखों को तोड़कर उनके कानों में लटका ही दिया है।"

"मतलब ?" मैं थोड़ा चौंक गया।

"मतलब जब हम अपनी माँओं की खाना बनाने और घर साफ़ रखने की कला की तारीफ़ करते हैं तो हम उनके पंखों को उनके कान में ही तो लटका देखना चाहते हैं। इन सबमें जब हम ये वाक्य पढ़ते हैं कि वह ज़मीन से डेढ़ इंच ऊपर उठ गई थी तो हमें ये वाक्य अखरने लगता है। क्योंकि ऐसा होने की किसी ने हम लड़कियों को जगह नहीं दी है।"

रागिनी की बातों में रेणु के कहे का तीखापन नहीं था। उसकी कही बहुत कड़वी बात भी बहुत कड़वी नहीं सुनाई दे रही थी। उसके कहे में उसकी आँखों में घट रही मुस्कुराहट कभी कम नहीं होती थी। तभी वेटर कॉफ़ी लेकर आया। रागिनी ने उस कॉफ़ी को ऐसे देखा जैसे कोई बच्चा अपने बहुत पसंदीदा खिलौने को देखता है। कॉफ़ी के कुछ घूँट पीते हुए मुझे लगा कि वह भूल चुकी थी कि मैं उसके सामने बैठा हूँ।

"मेरी माँ Sappho थीं।"

मैंने कहा और उसका कॉफ़ी पीना रुक गया।

"आप कहीं ये इसलिए तो नहीं कह रहे हैं कि आप चाहते हैं मैं मानूँ कि आप समझते हैं हमें?"

"नहीं, मैं ऐसा क्यों करूँगा!"

"अधिकतर लोग करते हैं, वे एक कहानी बनाते हैं जिसमें वे कह सकें कि वे भी जानते हैं हमारे संघर्ष को।"

"ये मैंने ख़ुद से भी पहली बार कहा है। मैं कभी इसे नहीं कहना चाहता था। मैं अभी भी नहीं कहना चाहता था।"

रागिनी मुझे देखती रही। मुझे लगा मेरे घुटनों में दर्द हो रहा है। मैं अपने हाथों से उन्हें सहलाने लगा। फिर उसे शायद कुछ मेरी आँखों में दिखा और वह वापस अपनी कॉफ़ी पीने लगी। मैं कहानी के बारे में जो बातें करना

चाहता था वो मेरे भीतर थीं, अधकचरी, मेरे बचपन के डरों में कहीं फँसी हुई। मुझे नहीं लगता था कि मैं इस वक़्त उसके बारे में बात कर सकता हूँ।

"मैं तुम्हारा वो कमरा देखना चाहती हूँ जिसमें अगर अँगड़ाई लो तो दोनों हाथ दीवार पर टकराते हैं।"

वह ये कहते ही हँसने लगी।

"मुझे ये बात रेणु ने बताई थी और मुझे बहुत हँसी आई थी। मैं हमेशा से आपके कमरे को देखना चाहती थी जिसमें रेणु आपसे मिली थी।"

"तो तुम्हें पता है कि रेणु मेरे घर पर आई थी!"

"हाँ, जब वह घर वापस आई थी तो उसने मुझे सब बताया था। तुम्हें क्या लगता है कि उस रात तुम हमारे घर क्यों आए थे?"

"मुझे नहीं पता।"

"मैंने ही रेणु से कहा था। रेणु बायसेक्शुअल है और वह मुझसे बहुत प्रेम करती है। मैंने ही उससे कहा था कि वह इस तरीक़े की कहानी लिखे। वह कहानी में कब रेणु हो जाती है और कब राजुला उसे सिर्फ़ मैं ही देख पाती हूँ। तुमने रेणु का पुराना लिखा पढ़ा है?"

"नहीं।"

"तभी। वह अपने लिखे में नग्न है। वह कुछ भी छुपा नहीं पाती। और ये बात मुझे उसकी तरफ़ बेहद आकर्षित करती है। हमारे बीच ये क़रार है कि हम एक-दूसरे से कुछ भी नहीं छुपाएँगे, कोई भी काम छुपकर नहीं करेंगे। क्योंकि छुपते-छुपते मैं भी थक चुकी हूँ और वह भी।"

"मैं आपसे एक बात ईमानदारी से पूछूँ?"

"जी।" रागिनी ने कहा।

"इन सबमें मैं कहाँ से आ गया? मेरा तो कोई लेना-देना नहीं है। मैं एकदम साधारण-सा आदमी हूँ जिसके आस-पास उसने कभी कुछ घटने ही नहीं दिया।"

"रेणु को एक साधारण आदमी की ही ज़रूरत थी। तुम्हें पता है कितना कठिन है ऐसी कहानी को लिखना! ऐसी कहानियाँ हमेशा आपसी बातों

की बलि चढ़ जाती हैं। वह चाहती थी कि ये कहानी छपे, इसलिए उसका सुझाव था कि मेरे अलावा कोई तीसरा पक्ष भी हो जिससे इस कहानी के बारे में बात की जा सके।"

मुझे नहीं पता कि तीसरा पक्ष होना ख़राब बात है या बेहतर। मैंने कभी बेहतर या ख़राब कुछ भी नहीं चाहा था, मैं इन दोनों बिंदुओं के बीच में अदृश्य रहना चाहता था। पर ये अदृश्य वाली बात मैं रागिनी से नहीं कह पाया। कैफ़े के वेटर को पैसे देकर हम रिक्शे में बैठ चुके थे। कुछ वक़्त पहले मैं ऐसे ही रेणु के साथ अपने घर आया था और उस दिन से जीवन पूरी तरह पलट गया था। मैं इस बार सचेत रहना चाहता था। मुझे पता था कि रागिनी अलग है, पर फिर भी मैं अपने जीवन में और कोई नाटकीयता नहीं चाहता था।

19.

"मैंने जैसा सोचा था, ये कमरा तो उससे भी छोटा है।"

ये कहते ही रागिनी हँसने लगी। मैंने कमरे में घुसते ही सभी लाइटें जला दी थीं। इतने उजाले में कमरा कुछ ज़्यादा ही छोटा लग रहा था।

"अकेले आदमी के लिए ठीक है।" मैंने उसकी हँसी में मुस्कुराहट की शिरकत देते हुए कहा।

"जब हम बचपन में घर-घर, ऑफ़िस-ऑफ़िस जैसे खेल खेलते थे न, ये कमरा उसी खेल का हिस्सा लग रहा है।"

वह कमरे के बीच में खड़ी हो गई और उसने अपने दोनों हाथ फैला दिए। सच में शायद एक संबंध में ज़्यादा रहते हुए दो लोग एक-दूसरे जैसे हो जाते हैं। मैंने रागिनी को पानी पिलाया। वह बैठी नहीं, वह खड़े हुए कमरे को ही देख रही थी। उसकी निगाह कमरे की सीलन पर पड़ी और मैं झेंप गया। मैंने उसके हाथ से पानी का गिलास लिया और उसे किचन के सिंक में रख दिया। फिर वह खिड़की पर आई और वहाँ से झाँककर बग़ल वाली बिल्डिंग को देखने लगी। उसके चेहरे की मुस्कुराहट जा चुकी थी। तभी दरवाज़े पर आहट हुई। झिझकती हुई खट्ट। रागिनी भी पलटी और मैं भी। फिर घंटी बजी। मैं दरवाज़े पर गया तो देखा धुन खड़ी थीं।

"मैं देर से आपका इंतज़ार कर रही थी। जैसे ही आपके घर की रोशनी दिखी तुरंत आ गई।"

वह भीतर आना चाहती थीं, पर मैं जान-बूझकर दरवाज़े पर इस तरह खड़ा था कि वह भीतर झाँक भी न पाएँ।

"कुछ काम था?" मुझे कुछ समझ नहीं आया तो मैंने हिचकते हुए पूछा।

वह थोड़ी झिझकीं। उनकी आँखों में कमरे में झाँकने की बेचैनी झलकने लगी।

"कहानी का अगला हिस्सा आया?" उन्होंने पूछा।

"कौन-सी कहानी?" मैंने अपनी घबराहट में बड़ी आँखें करते हुए उनसे पूछा।

"राजुला और रेणु की कहानी?"

"नहीं, मैं आपको बता दूँगा, अभी मैं थोड़ा व्यस्त हूँ।"

मैं दरवाज़ा बंद करने ही वाला था कि उन्होंने पूछा, "क्या रेणु है?"

मैं दरवाज़ा बंद नहीं कर पाया। मैंने उनकी आँखों में एक बच्चे-सी उत्सुकता देखी।

"नहीं।" मैंने कहा।

"सुनिए, क्या ये ख़त आप रेणु तक पहुँचा देंगे?"

मैंने वो ख़त लिया और दरवाज़ा बंद कर दिया। जब मैं पलटा तो देखा रागिनी दीवार से सटकर खड़ी है और मुझे घूर रही है। मेरे छोटे कमरे की यही दिक़्क़त है कि आप कुछ भी छुपा नहीं सकते हैं यहाँ। आवाज़ें हवा पर सवार होकर ऐसे यात्रा करती हैं जैसे आपसे कही गई बात सिर्फ़ आपसे नहीं इस पूरे कमरे से कही गई है। रागिनी को मेरे हाथों में ख़त दिखा। उसने तुरंत उसे ले लिया।

"रेणु को पता है कि आपने किसी और को भी कहानी दी है पढ़ने को?"

रागिनी ने सख़्ती से पूछा।

"नहीं।"

"उसने आपको मना किया था न?"

"हाँ, और वो भी बहुत सख़्ती से।"

"उसे पता चलेगा तो वो बहुत नाराज़ होगी।"

"मैं जानता हूँ।"

"फिर भी आपने कहानी पढ़ने के लिए दे दी!"

"मना करने के बाद नहीं दी, वो मैं पहले ही दे चुका था।"

"मतलब बिना पूछे!"

"हाँ।"

"ये बहुत ग़लत किया आपने।"

"मैं बहुत असहज था कहानी पढ़ते हुए, मुझे किसी की ज़रूरत थी जिससे मैं इस बारे में बात कर सकूँ। रेणु से बात करना बहुत मुश्किल है। मतलब अगर वह मिलती तब भी मैं ठीक से उससे इस कहानी के बारे में बात नहीं कर सकता था। मैं उसके सामने बहुत अजीब हो जाता हूँ, वह मुझे बहुत असहज करती है।"

मैं बड़बड़ाने लगा था। मैं स्थिति को सँभालने में स्थिति को बिगाड़े जा रहा था। अंत में मैं बिस्तर पर बैठ गया। बात मेरे हाथ से छूट चुकी थी। रागिनी ने खुले हुए लिफ़ाफ़े से ख़त निकाला और वह मेरे बग़ल में बैठ गई।

"ये तो राजुला के नाम लिखा है?" रागिनी ने कहा।

"हाँ, वो मैंने ग़लती से उन्हें रेणु का नाम राजुला बताया था, फिर बाद में उन्हें बता दिया कि वो रेणु है जिसने इस कहानी को लिखा है, पर शायद उन्होंने ये ख़त राजुला के नाम लिखा है। वो क्यों लिखा है ये मुझे भी नहीं पता।"

वह मुझे आश्चर्य से देखती रही। फिर उसने हल्की आवाज़ में ख़त पढ़ना शुरू किया।

प्रिय राजुला,

तुम मुझे जानती हो, ठीक वैसे ही जैसे मैं तुम्हें जानती हूँ। जिस तरीक़े

से हम एक-दूसरे से मिले थे उसमें जानने जैसा शब्द नहीं आ सकता है। मैं अपनी छठे माले की खिड़की पर थी और तुम अपने दोस्त के साथ तीसरे माले की खिड़की पर। जब मैं तुम्हें देख रही थी तो मुझे पता था कि मैं तुम्हें जानती हूँ। मैं यूँ कहूँ कि हम एक-दूसरे को जानते हैं। मैंने जब तुम्हारी (अधूरी) कहानी पढ़ी तो मुझे लगा मैं तुमसे बात कर सकती हूँ। मैं तुम्हें थोड़ा ज़्यादा जानती हूँ। क्या मैं तुमसे कह सकती हूँ कि मैं सिर्फ़ एक क्लीनिक में काम करने वाली लड़की नहीं हूँ, मैं Sappho हूँ?

मैं तुम्हें इस ख़त में रेणु नहीं राजुला ही कहूँगी। क्योंकि यश ने शुरू में तुम्हारा यही नाम बताया था और मुझे लगा कि इसके अलावा तुम्हारा कोई दूसरा नाम हो ही नहीं सकता है।

मुझे हमेशा से सुंदर दिखने वाले लोगों से अजीब-सी नफ़रत रहती थी। वैसे नफ़रत बहुत बड़ा शब्द है आप इसे खीज और चिढ़ के रूप में भी पढ़ सकती हैं। ख़ासकर सुंदर लड़कियों से। जिस तरह सब ग़रीब ये समझते हैं कि अमीर लोग खोखला जीवन जीते हैं ठीक वैसे ही मैं भी अपने मन में एक कहानी गढ़ने लगी थी कि असल में सारे अच्छे दिखने वाले लोग या तो बहुत दुखी रहते हैं, और जो दुखी नहीं हैं वे मूर्ख हैं। मैं रास्तों में दिख रहे सुंदर लोगों को मूर्ख और दुखी– इन दो भागों में बाँट दिया करती थी। मैंने स्कूल के वक़्त सारी वाद-विवाद प्रतियोगिताएँ जीती थीं। मैं जितना जीतती जाती उतना मेरा इस बात पर यक़ीन बढ़ता जाता कि मेरे जैसे साधारण दिखने वाले लोग सबसे क़ाबिल लोग हैं। मैं तो यहाँ तक मानने लगी थी कि ये सुंदर दिखने वाले लोगों की वजह से ही देश की तरक़्क़ी नहीं हो रही है।

फिर कॉलेज तक आते-आते मेरे शरीर में अजीब-से परिवर्तन होने लगे। मैंने देखा रास्तों पर लोग मुझे देख रहे हैं जो पहले कभी नहीं होता था। इससे पहले तो लोग मुझे नहीं बल्कि मैं लोगों को देखा करती थी और उन्हें मूर्ख और दुखी श्रेणी में डालती थी। पर ये क्या हो रहा था? उनके मुझे देखने की वजह से मैं उन्हें किसी श्रेणी में नहीं डाल पा रही थी। लोगों की मुझसे आँखें मिलतीं और मैं झेंप जाती।

मुझे यक़ीन नहीं हो रहा था, पर मैं धीरे-धीरे सुंदर लोगों की श्रेणी में प्रवेश करने लगी थी। मेरे पैरों तले धरती खिसकने लगी थी। ये वैसा ही था कि आप किसी एक धर्म से नफ़रत करते थे, आपने अपना पूरा जीवन उस धर्म के लोगों की धज्जियाँ उड़ाने में बिता दिया था और अचानक आपको पता चले कि आपका असल धर्म वही था।

मैं बहुत ज़्यादा वक़्त आईने के सामने बिताने लगी थी। ऐसा क्या बदल गया था मुझमें मेरी समझ नहीं आ रहा था। मुझे लड़के देखने लगे थे। वे मुझे अकेला देखकर बहाने-बहाने से बात करने लगे थे। वे मुझे कहते कि चलो कहीं चलते हैं। मैं हकबकाने लगती और खिसियाकर उनके सामने से निकल जाती। फिर मैं दोपहर में सुंदर लड़कियों के पीछे-पीछे शहर के पार्क में जाने लगी। ये देखने कि एक लड़का और लड़की अकेले जब मिलते हैं तो करते क्या हैं। मेरे भीतर अचानक वो इच्छाएँ कुलबुलाने लगीं जिन इच्छाओं के चित्रों से मैं आज तक घृणा करती आई थी। मैं उन इच्छाओं को छूना चाहती थी। मैं इन इच्छाओं को अभी भी एक रेखा मान रही थी जिसके दूसरी तरफ़ वो है जैसा मुझे कभी नहीं जीना था, मैं कभी भी दुखी और मूर्खों की श्रेणी में नहीं आना चाहती थी। मैं वो पाप करना नहीं चाहती थी, मैं उस पाप की रेखा को बस छूना चाहती थी, महज़ छूने से मैं पापी नहीं हो जाऊँगी, इसका मुझे यक़ीन था।

मैंने कई प्रेमी जोड़ों को पार्क में पेड़ों के नीचे और चट्टानों के पीछे बैठे देखा। बाद में मुझे आश्चर्य हुआ ये जानकर कि मैं हमेशा उन्हें देखने के लिए ऐसी जगह चुनती थी जहाँ से मुझे लड़की साफ़-साफ़ दिखे न कि लड़का। हमेशा लड़कों की पीठ मेरी तरफ़ होती थी। और फिर मैंने पाया कि असल में मैं लड़कियों को ही देखती आ रही हूँ। मुझे लड़कों का मुझसे बात करना पसंद आने लगा था, पर मैं चाहती थी कि मुझे लड़कों से बात करते हुए कोई लड़की देख ले। जैसे मैं देर तक उन लड़कियों को देखती थी जो लड़कों को चूमती थीं।

ये सारे परिवर्तन एक साल में ही मेरे भीतर दिखाई देने लगे थे। मैं इस

बारे में किसी से बात नहीं कर सकती थी। एक पिता थे जो हमेशा नशे में डूबे रहते थे। वह मुझे कुरूप मानते थे, कभी-कभी तो वह जान-बूझकर मुझे घर में काम करने वाली रज्जो के नाम से बुलाते थे। मैं इस बारे में किताबें तलाशने लगी, दिन-दिन भर इंटरनेट पर बैठी रहती। पर हमारी भाषा में, हमारी बातें मुझे कहीं नहीं मिलीं। फिर मैंने इन बातों के इलाज को भी ढूँढ़ना शुरू किया जो एक बहुत ही पीड़ादायक अँधेरी गली थी जिसका मैं ज़िक्र करने से भी सिहर जाती हूँ।

और फिर एक दिन वह दिखी, जो उठती-बैठती सिर्फ़ लड़कों के साथ थी, पर देखती मुझे थी। मैंने पहली बार उन आँखों को देखा जो समझती थीं। जैसे तुम्हारी आँखें जिन्हें मैंने अँधेरे में भी देख लिया था। मैं अकेली नहीं हूँ, मुझे सबसे पहले ख़ुशी इस बात की हुई थी।

उसी के कारण मुझे मेरा गाँव, घर सब छोड़ना पड़ा था।

मुझे नहीं पता कि मैं ये सब तुम्हें क्यों लिख देना चाहती थी! तुम्हारी कहानी पढ़कर कुछ फूट पड़ा था मेरे भीतर। मैं कहानी के अगले हिस्से के इंतज़ार में हूँ।

मैं तुमसे बहुत कुछ कहना चाहती हूँ।

क्या हम एक बार मिल सकते हैं?

बताना!

तुम्हारे जैसी एक,
धुन

ख़त ख़त्म होते ही मैं बिस्तर से उठा और खिड़की के पास चला गया। मैंने देखा छठे माले पर खिड़की पर जीवन खड़े हैं, अपनी लकड़ी को हाथ में लिए हुए। मुझे भ्रम हो रहा था कि वह इसी तरफ़ देख रहे हैं। मैं पलट गया। रागिनी अभी भी बिस्तर पर बैठे हुए ख़त को ताक रही थी। मैं अपने हाथ को अपनी पीठ पर ले गया और खुजली करने लगा। मैं खुजा रहा

था, पर खुजली शांत नहीं हो रही थी। मुझे लगा मैं जिस जगह खुजा रहा हूँ खुजली बस उसके एक इंच की दूरी पर है। मैंने अपनी पूरी पीठ मोड़ ली और अपने हाथ को जितना पीछे ले जा सकता था ले गया, पर खुजली एक इंच की दूरी पर ही पड़ी रही। मैं रागिनी के बग़ल में आया पर बिस्तर पर नहीं बैठा, बिस्तर के पास ज़मीन पर घुटनों के बल खड़ा हो गया।

"क्या मैं आपसे एक बात पूछूँ?" मैंने अपने दोनों हाथ पलंग पर रखते हुए कहा।

रागिनी ने कोई जवाब नहीं दिया। वह अभी भी ख़त को ताक रही थी।

"क्या आप किसी पुरुष के साथ सेक्स कर सकती हैं?"

रागिनी मुझे देखने लगी।

"बिल्कुल नहीं।" उसने बहुत सख़्ती से कहा।

"मैं आपके साथ सेक्स नहीं करना चाहता हूँ, और न ही मैं रेणु के साथ ही करना चाहता था।"

"तो क्यों पूछ रहे हो?"

"मैं मेरी माँ के बारे में सोच रहा था। वह कभी भी मेरे पिता के साथ सोना नहीं चाहती थीं, वह हमेशा से सादिया आंटी को चाहती थीं। तो एक क़िस्म से मेरे पिता ने उनके साथ ज़बरदस्ती की होगी हर बार। रेप! तभी मेरा जन्म हुआ है। मेरी माँ ज़बरदस्ती अपना मन मारकर उनके साथ सोती होंगी ये सोचकर ही अभी मेरी रूह काँप जाती है। मैं वहीं था उनके ही आस-पास, पर कभी इस बात को नहीं समझा था।"

"एक पेन और पेपर दोगे?" रागिनी ने कहा।

मुझे लगा उसने मेरी बात सुनी ही नहीं। मैं तुरंत उठा और उसे एक नोटपैड और पेन पकड़ा दिया। वह जल्दी-जल्दी कुछ लिखने लगी। फिर उसने नोटपैड से वो पन्ना फाड़ा और उसे उसी लिफ़ाफ़े में रख दिया जिस लिफ़ाफ़े में धुन ने अपना लेटर रखा था। धुन वाला लेटर उसने मोड़कर अपने पर्स में रख लिया और खड़ी हो गई।

"ये ख़त तुम धुन तक पहुँचा देना। और अगर वह कुछ लिखती है तो तुम उसे सीधा मेरे पास लेकर आओगे।"

"और रेणु ?"

"उसे कुछ बताने की ज़रूरत नहीं है। अगर उसे ये पता चला कि तुमने कहानी किसी और को पढ़ने को दी है तो मुझे डर है कि वह इस कहानी को पूरा नहीं कर पाएगी।"

"पर मैं धुन को रोक सकता हूँ। मैं उनसे कह दूँगा कि मैं उन्हें कहानी नहीं दूँगा पढ़ने के लिए।"

मेरी बात सुनकर रागिनी ने अपनी आँखें बंद कर लीं। मैं समझ गया कि वह मेरी बात सुनना नहीं चाहती है। मैं चुप हो गया।

"रेणु ने जो हिस्सा अभी भेजा है वो धुन ने नहीं पढ़ा होगा। तुम उस हिस्से को धुन को देना। और आगे के हिस्से जो रेणु भेजेगी वो भी।"

"ठीक है।"

"बस रेणु को कुछ पता न चले।"

वह लिफ़ाफ़ा मुझे पकड़ाकर जाने लगी, तभी वह दरवाज़े पर रुकी और उसने कहा, "तुम्हारी माँ की कहानी में भी नायक तुम ही हो, है न! जबकि सारी लड़ाई उनकी है!"

मेरी इच्छा हुई कि मैं उसे चिल्लाकर कह दूँ कि मैं नहीं चाहता था ये सब। मैं कुछ भी नहीं चाहता था। शायद ऐसा ही होता है। जब कोई सच बात अपने नंगेपन में सामने कही जाती है तो उसके सामने चिल्लाने के अलावा कोई चारा नहीं होता। झूठ को चिल्लाना पड़ता है जबकि सच को कोमलता से कहा जा सकता है। मैं अपने बिस्तर पर पसर गया। मुझे पता था कि ये ख़त रागिनी ने धुन के लिए लिखा है, मुझे पढ़ने का कोई हक़ नहीं है, पर मैं ख़ुद को रोक नहीं पाया। मैंने लिफ़ाफ़े से ख़त निकाला और पढ़ने लगा।

धुन,

तुम्हारा लिखा पढ़कर लग रहा था मैं ख़ुद से ही फुसफुसाकर बातें कर रही हूँ। हमारी कहानियाँ कितनी एक-जैसी सुनाई देती हैं, फिर भी कितनी अलग हैं!

कहानी का अगला हिस्सा मैं तुम्हें इस ख़त के साथ भेज रही हूँ। ये कहानी एक क़िस्म से तुम्हारे लिए ही लिखी जा रही है।

तुमने सही कहा कि हमारे पास हमारी बातें कहने के लिए हमारी भाषा नहीं है। सामान्य-से सुनाई देने वाले शब्द नहीं हैं। हमारी कहानियाँ नहीं हैं जिन्हें पढ़ा जा सके ताकि जो युवा लड़कियाँ इससे जूझ रही हैं उन्हें पता चले कि वे अकेली नहीं हैं।

तुम अकेली नहीं हो।

तुम्हें गाँव क्यों छोड़ना पड़ा?

मैं तुमसे अभी नहीं मिल पाऊँगी, पर तुम अपनी बात लिखकर मुझे यश के माध्यम से भेज सकती हो।

तुम्हारी दोस्त,
राजुला

20.

'You're neither unnatural, nor abominable, nor mad; you're as much a part of what people call nature as anyone else; only you're unexplained as yet... you've not got your niche in creation. But some day that will come, and meanwhile don't shrink from yourself, but face yourself calmly and bravely. Have courage; do the best you can with your burden. But above all be honourable. Cling to your honour for the sake of those others who share the same burden. For their sakes show the world that people like you and they can be quite as selfless and fine as the rest of mankind. Let your life go to prove this, it would be a really great life-work, Stephen.'

रेणु राजुला को ‘The Well of Loneliness’ किताब का एक अंश पढ़कर सुना रही थी। बरसाती में दोपहर का सूरज उनके साथ उनके बिस्तर पर फैला हुआ था। रेणु अभी-अभी नहाकर ऊपर आई थी, उसके बाल अभी भी गीले थे। राजुला ने अभी तक अपना बिस्तर नहीं छोड़ा था।

“ये मेरी ही दी हुई किताब तुम मुझे क्यों सुना रही हो?” राजुला ने पूछा।

“कभी-कभी हम अपनी ही पढ़ी हुई चीज़ों को भूल जाते हैं। मैं बस तुम्हें याद दिला रही हूँ।”

“मैं कुछ भूलती नहीं हूँ, पर किताबों के सहारे जीवन तो नहीं काटा जा सकता है न!”

“मैं हूँ न तुम्हारे साथ!” रेणु ने राजुला के हाथों को सहलाते हुए कहा।

“कहाँ तक?” राजुला ने अपना हाथ हटाया।

“मतलब?”

“मतलब कहाँ तक साथ हो, इन चोर दोपहरों में, फुसफुसाते शब्दों में, किसी को पता न लगे वाले वाक्यों में?”

रेणु के पास इसका कोई जवाब नहीं था। वह राजुला को देखती रही और राजुला ने अपनी आँखें रेणु पर से हटा लीं। रेणु का सिर राजुला के पैरों के पास था, वह उठकर बैठ गई और राजुला की उँगलियाँ पकड़कर उसे सहलाने लगी।

“तुमसे मिलने के पहले मेरी कहानी सीधी सड़क पर चल रही

थी राजुला, मेरे जीवन में कभी कोई मोड़ नहीं आए। तुम गलियों में भटकी हो, तुमने कठिन जीवन जिया है। अब तुम्हारी गलियाँ और मेरी सड़क आपस में मिले हैं। काश मैं तुम्हारी तरह होती कि जो मोड़ दिखता मुड़ जाती! तुम जानती हो मैं मुड़ नहीं सकती हूँ।"

"जिस सीधी सड़क की तुम बात कर रही हो उसके नीचे एक पगडंडी बहती है, कच्ची सड़क। कच्ची सड़कों पर आज़ादी होती है कहीं भी घूम जाने की।" राजुला ने रेणु को देखते हुए कहा।

"तुम चाहती हो कि मैं अपना सारा कुछ छोड़ दूँ?"

"नहीं, मैं नहीं चाहती हूँ ये।"

"तो तुम क्या चाहती हो?"

"रेणु, मैं थक गईं हूँ। मैं ऐसे जीते-जीते थक चुकी हूँ। मैं कड़वाहट से भर चुकी हूँ जबकि मैं सिर्फ़ उड़ना चाहती हूँ।"

रेणु राजुला के बग़ल में आकर लेट गई। उसने कसकर उसे अपनी बाँहों में भर लिया। राजुला सिसकियाँ ले रही थी। रेणु ने राजुला का चेहरा अपने हाथों में लिया और वह उसके टपक रहे आँसुओं को चूमने लगी।

"आँसुओं का स्वाद खारा नहीं मीठा होता है, ये मुझे नहीं पता था।" रेणु ने मुस्कुराते हुए कहा।

राजुला की सिसकियाँ थोड़ी कम हुईं।

"अरे ये क्या है, थोड़ा और रो लो मुझे इतना मज़ा आ रहा है इन आँसुओं को पीने में।"

राजुला की हँसी फूट पड़ी। वह रेणु को चूमने लगी।

"मुझे लगा कल मैं तुम्हें धीरज के साथ देखूँगी तो तुमसे मिलने की मेरी इच्छाएँ फीकी पड़ जाएँगी, पर ऐसा नहीं हुआ। मैं अभी भी तुम्हारे प्रति उतनी ही आकर्षित हूँ जितनी थी। मुझे माफ़ कर दो, मैं अपनी कड़वाहट तुम पर नहीं थोपना चाहती हूँ, तुम जानती हो न!" राजुला ने रेणु को चूमते हुए कहा।

रेणु ने चूमना बंद किया और वह राजुला को देखने लगी। फिर उसने राजुला का हाथ पकड़ा और उसे वह अपनी नाभि से खिसकाती हुई अपनी जाँघों के बीच ले गई। राजुला के हाथ को वहाँ छोड़कर वह उसे वापस चूमने लगी। राजुला अपनी उँगलियों को उसकी जाँघों के बीच घुमाने लगी। रेणु ने फिर चूमना बंद किया और अपनी आँखें कसकर बंद कर लीं।

"मुझे देखो, मुझे देखो।" राजुला ने कहा।

रेणु ने अपनी आँखें खोलीं और वह राजुला को देखने लगी। राजुला ने रेणु को बिठाकर उसकी कुर्ती उतारी फिर वह अपना हाथ पीछे ले गई और एक चुटकी में उसने उसकी ब्रा के हुक खोल दिए। ब्रा ढीली पड़ गई। धीरे से रेणु ने अपनी ब्रा को अपने शरीर से गिराकर बिस्तर के नीचे पटक दिया। राजुला ने उसके दाएँ स्तन को अपनी जीभ से छुआ और बाएँ स्तन को अपने हाथों से सहलाने लगी। थोड़ी देर बाद रेणु ने राजुला की टी-शर्ट उतारी। उसने उसे लिटाया और उसकी पैंटी उतारकर उसे देखने लगी। वह जाह्नवी के 'जा' को 'न' को और 'वी' को चूमना चाहती थी। उसने उसके शरीर पर जाह्नवी को खोजा और हर जगह देर तक रुककर उसे चूमती रही। तभी उसकी निगाह नाभि

के नीचे की तरफ़ गई और उसने देखा, नाभि के नीचे, कमर की तरफ़ एक कछुए का टैटू बना हुआ था। वह अपनी उँगलियों से उसे सहलाने लगी। उस कछुए की पीठ पर लाल निशान थे। फिर रेणु कछुए को छोड़कर नीचे की तरफ़ खिसक गई। वह राजुला की जाँघों के बीच में थी। उसने अपनी उँगली से उसकी जाँघों के बीच का हिस्सा सहलाया। फिर वह उसे चूमने लगी। तभी रेणु को एक ख़ुशबू आई जिसे वह धीरज की जाँघों के आस-पास खोजती आई थी, धीरज के पास उसे हमेशा उस ख़ुशबू की भनक मिलती थी, ठीक वो ख़ुशबू वो कभी नहीं पा पाती थी। पर आज उसे पता चला वो ख़ुशबू तो यहाँ है। राजुला उस ख़ुशबू से सराबोर है। इसी ख़ुशबू की तलाश तो थी उसे, रेणु ने सोचा। रेणु ने कई गहरी साँस भीतर खींची। वह इस ख़ुशबू की भूखी थी। वह अपनी जीभ से उस ख़ुशबू को जी-भरकर चाटने लगी। कुछ देर में राजुला ने उसे रोका। उसे अपने पास खींचा। उसकी सलवार उतारी, पैंटी उतारी। फिर राजुला ने लेटे हुए उसकी दोनों जाँघों के नीचे अपना हाथ डाला और उसे खिसकाकर अपने चेहरे के ऊपर बिठा दिया। रेणु ने अपनी दोनों टाँगें खोल दीं। राजुला ने उसकी जाँघों के बीच के हिस्से को अपनी जीभ से बहुत हल्के-हल्के छुआ। उसने धीरे से अपनी एक उँगली को रेणु के भीतर डाला। तभी राजुला को दरवाज़े पर आहट हुई और उसकी चीख़ निकल गई। धीरज की माँ दरवाज़े पर खड़ी हुई थीं। वह कितनी देर से वहाँ खड़ी थीं इसका अनुमान लगाना कठिन था। रेणु तुरंत राजुला के ऊपर से हट गई और अपने कपड़े बटोरने लगी। राजुला ने बिस्तर पर पड़ी हुई चादर से ख़ुद को ढका। रेणु जल्दी-जल्दी कपड़े पहनने लगी। धीरज की माँ वहीं खड़ी हुई

राजुला को देखती रही। राजुला ने भी अपनी आँखें उनकी आँखों से नहीं हटाईं। रेणु अपने कपड़े पहनकर भागती हुई उनके सामने से निकलकर नीचे चली गई। अब कमरे में सिर्फ़ राजुला और धीरज की माँ थीं। जब राजुला ने अपनी आँखें उनकी आँखों से नहीं हटाईं तो धीरज की माँ झेंप गईं और वहाँ से जाने को हुईं।

"अगली बार से दरवाज़ा खटखटा के भीतर आइएगा।" राजुला ने कहा।

धीरज की माँ कुछ देर रुकीं, फिर तेज़ कदमों से बरसाती की सीढ़ियाँ उतरने लगीं।

धीरज की माँ के रहते जितनी सख़्ती राजुला ने ओढ़ रखी थी वो उनके जाते ही बिखर गई। वह सच में बहुत थका हुआ महसूस कर रही थी। उसे लगने लगा था कि वह सालों से एक युद्ध का हिस्सा है जो ख़त्म होने का नाम ही नहीं ले रहा है। वह सुबह आँखें खोलती है और युद्ध शुरू हो जाता है, वह जब तक अपने बिस्तर पर जाकर समर्पण नहीं कर देती तब तक उसे लड़ते रहना पड़ता है। राजुला अक्सर ये सवाल ख़ुद से करती थी कि क्या अपने जीते-जी वह कभी भी किसी एक शाम, पूरे गर्व से, बिना कुछ छुपाए, अपने प्रेमी के साथ हाथ-में-हाथ डाले खुले में घूम सकती है? सुनने में कितनी छोटी इच्छा लगती है, पर क्या ये कभी पूरी हो सकती थी? वह अपने बिस्तर पर औंधी पड़ी रही। वह इस वक़्त बिल्कुल रोना नहीं चाहती थी, पर वह रो रही थी। वह उड़ जाना चाहती थी, पर वह लेटी पड़ी थी। वह प्रेम चाहती थी, पर दुख बटोर रही थी।

21.

सुबह उठते ही मैंने रेणु की कहानी का अगला हिस्सा पढ़ा। मैंने सोचा, जब मैं और रागिनी बात कर रहे थे तब वह कहानी का अगला हिस्सा लिख रही होगी। रात सोते वक़्त, सुबह उठते ही, कहानी पढ़ने के पहले और ठीक अभी, मेरे दिमाग़ में रागिनी की नायक वाली बात हरकत कर रही थी। मैं अपनी माँ की कहानी में नायक था। मैं कभी भी नायक नहीं होना चाहता था, पर जो अपनी कहानी में नायक थीं मैंने उन्हें भी वो दर्जा नहीं दिया था। मैं फिर से माँ का चेहरा याद करने लगा। मैं उन्हें मुस्कुराता हुआ याद करना चाहता था, पर मैंने उन्हें बहुत मुस्कुराने का कभी मौक़ा नहीं दिया था। काश माँ इस वक़्त मेरे साथ होतीं तो मैं कितना अलग व्यवहार करता उनसे, मैं कितनी सारी बातें करता, कितना कुछ उन्हें कहने की जगह देता! अगर माँ इस वक़्त मेरे साथ होतीं तो शायद सबसे पहले मैं उनसे पूछता– 'सादिया आंटी कैसी हैं?'

शायद वह मुझे देर तक आश्चर्य से देखतीं। उन्हें यक़ीन नहीं होता कि मैंने सादिया के बारे में पूछा है। मैं उन्हें विश्वास दिलाने के लिए फिर कहता– 'आपकी सादिया जी कैसी हैं?'

ये सुनकर शायद उनके चेहरे पर मुस्कुराहट आ जाती। या शायद ख़ुशी के आँसू छलकने लगते। मैं ऐसे वक़्त उन्हें गले से लगा लेता।

'तू सच में जानना चाहता है?' शायद वह पूछतीं।

'हाँ माँ!' मैं उनसे कहता।

'वह बहुत अच्छी है। तुझे पता है उसे भी कहानियाँ सुनना बहुत पसंद है! काश मैं पढ़ी-लिखी होती तो उसे रोज़ रात एक कहानी पढ़कर सुनाती!' माँ कहतीं।

'मेरे पास एक कहानी है माँ, मैं आप दोनों को वो कहानी सुनाना चाहता हूँ।' मैं कहता।

'कौन-सी? लिहाफ़?' माँ अपनी आँखें बड़ी करके पूछतीं।

'नहीं, 'टूटी हुई बिखरी हुई-सी' एक कहानी है।'

उनका चेहरा खिल उठता। वह भागकर सादिया को ये बात बताने जातीं। फिर रात में वे दोनों बिस्तर पर लेटी होतीं और मैं उनके पैरों के पास बैठा उन्हें 'टूटी हुई बिखरी हुई-सी' कहानी सुनाता।

काश दो औरतों के प्रेम की सादी-सी कहानी प्रेमचंद ने लिखी होती, फणीश्वरनाथ रेणु, अज्ञेय ने लिखी होती तो मुझे इतने साल नहीं लगते मेरी माँ को स्वीकार करने में! मुझे मेरी माँ को समझने में रेणु की कहानी के साथ-साथ 'The Well of Loneliness', 'After Sappho', 'Orlando' से भी होकर गुज़रना पड़ा। मेरी माँ किताबों की उसी अलमारी के नीचे दबकर मरी थीं जिन किताबों में उनकी एक भी कहानी नहीं थी।

मंदा जी किचन में काम कर रही थीं। खिड़की से आती सूरज की रोशनी में उनकी काली आकृति मुझे दिख रही थी, उनका चेहरा नहीं। मैंने शिखा को फ़ोन लगाया, इस बार उसका फ़ोन बंद आ रहा था। मैंने फिर भी एक मैसेज लिख दिया कि– 'Please call me back.'

"जीवन आपके बारे में पूछ रहा था।" मंदा जी की आवाज़ आई।

"जीवन?"

मुझे लगा मंदा जी मेरे जीवन की बात कर रही हैं। मैं चौंक गया।

"वो बग़ल की बिल्डिंग में है न छठे माले वाले अंधे आदमी!"

"हाँ, क्या पूछ रहे थे?"

"ऐसे ही, क्या काम करता है? कैसे गुज़ारा होता है?"

"आपने क्या कहा?"

"मैंने कहा मुझे पता नहीं, मैं तो जब जाती हूँ वह सोता रहता है।"

"क्योंकि रात भर काम करता हूँ।"

मैं अचानक मंदा जी से नाराज़ हो गया। मुझे लगा मानो उन्होंने मेरे घरवालों से मेरी शिकायत कर दी है। ये सोचते ही मुझे हँसी आने लगी।

"अभी मैंने वही बोला जो मुझे दिखता है।"

"क्या उन्होंने मेरी बात करते हुए मेरा नाम लिया था?"

"वो यश, यश बोल रहे थे, तुम्हारा नाम यश है?" मंदा जी ने काम करते हुए पूछा।

"अरे, आपको मेरा नाम नहीं पता!"

"क्या करना नाम का मुझे?"

मंदा जी वैसे सही कह रही थीं। उनके लिए असल में मैं वह हूँ जैसा मैं इस दुनिया में बने रहना चाहता हूँ, एक आदमी जो सोता रहता है। मंदा जी का काम ख़त्म हो गया था। उन्होंने जाते-जाते मुझसे कहा, "वह पूछ रहे थे क्या वह ख़ुश रहता है– मुझे हँसी आ गई। ऐसा कौन पूछता है! मैंने कहा इतना सोता है तो ख़ुश ही होगा।"

वह जाते-जाते अपनी हँसी दबा रही थीं। मुझे हँसी नहीं आ रही थी। उनके जाते ही मैं नहा-धोकर तैयार हुआ, लिफ़ाफ़े में रागिनी का लिखा ख़त और जो कहानी का प्रिंटआउट निकाला था उसे रखा और मैं बग़ल वाली बिल्डिंग के छठे माले की तरफ़ चलने लगा। तभी शिखा का मैसेज आया।

'रेस्टोरेंट आ जाओ, एक घंटे में वहीं मिलते हैं।'

मैंने मैसेज पढ़ते ही उसे तुरंत फ़ोन लगाया, पर उसने फ़ोन नहीं उठाया। फिर मैंने जवाब में 'ओके' लिखा और लिफ़्ट में चढ़ गया।

जीवन के सफ़ेद दरवाज़े के सामने वाले दरवाज़े पर ताला लगा हुआ था। धुन अपने कमरे पर नहीं थीं। मैंने सफ़ेद दरवाज़े के सामने एक गहरी साँस ली और हल्के से खटखटाया।

"कौन?" अंदर से जीवन की आवाज़ आई।

"जी मैं, यश।"

इस बार उन्होंने दरवाज़ा ख़ुद खोला। वह मेरे सामने ऐसे खड़े थे मानो उन्हें सब दिख रहा हो।

"नमस्ते!"

"आओ, अंदर आओ।"

वह सफ़ेद कुर्ते-पाजामे में बहुत तैयार लग रहे थे मानो उन्हें कहीं जाना हो। सिर पर बचे हुए बालों को भी बहुत क़रीने से उन्होंने जमाया था। मेरे अंदर घुसते ही वह अपने हाथों से कमरे को टटोलते हुए सीधा फ्रिज़ की तरफ़ बढ़े और उसमें से मिठाई निकालकर मेरे सामने रख दी।

"ये धुन लाई थी। मैं तो खा नहीं सकता ज़्यादा मिठाई।"

मैंने एक मिठाई का टुकड़ा उठाया और मुँह में रख लिया।

"बैठो।" उन्होंने कहा।

मैं खड़ा था, उन्हें पता चल गया था। मैं सोचने लगा कि एक अंधे आदमी को कितना दिख सकता है! या वो कितना सूँघ सकता है कि उसके आस-पास क्या हरकतें हो रही हैं! मैं बैठा नहीं, मैं चलते हुए उनकी खिड़की पर चला गया। मैं वहाँ से अपने तीसरे माले की खिड़की को देखने लगा। यहाँ से मुझे मेरा कमरा एक कबूतरख़ाने जैसा दिखाई दे रहा था। इतनी सारी बिल्डिंगों में ये मेरा कमरा ही था जहाँ मैं सुरक्षित महसूस करता था, उस कमरे में पहुँचकर मैं जब दरवाज़ा बंद कर लेता तो इस जीवन से मैं समर्पण कर देता, पड़ा रहता, छुपा रहता। एक कमरा घर की शक्ल कब लेने लगता है? क्या मैं कभी भी अपने कमरे को घर कह पाऊँगा?

"कैसी है?" जीवन ने पूछा।

"क्या?"

"मिठाई!"

"अच्छी है।"

वह बहुत ख़ुश लग रहे थे। इतने ख़ुश कि मुस्कुरा रहे थे। उन्हें पता

था कि मैं बैठा नहीं हूँ, मैं उनके कमरे में खिड़की की तरफ़ खड़ा हूँ। क्या जीवन के दिमाग़ में उनके कमरे की संरचना का नक़्शा गुदा होगा? क्या वह अपने कमरे को अपने दिमाग़ में जस-का-तस देखते होंगे? मेरा उसमें चलना उनके दिमाग़ में चलने जैसा होगा।

"बैठ जाओ।" उन्होंने फिर कहा।

अगर मैं अभी कमरे में कूदने लगूँगा तो क्या जीवन अपना सिर पकड़कर बैठ जाएँगे? मैं सोफ़े पर बैठ गया।

"आप क्या करते हैं दिन भर?" मैंने पूछा।

"जब तक धुन अपने कमरे में रहती है तब तक लगता है कि कोई संगीत चल रहा है, कोई है जिसे मैं सुन सकता हूँ। उसकी अपने कमरे की उपस्थिति में मैं कभी अकेला महसूस नहीं करता। फिर अधिकतर, जैसे ही वह काम पर चली जाती है तब मैं उसके साथ बाहर निकल जाता हूँ। जैसे अभी मैं उसके साथ बस उसके क्लिनिक पहुँचने ही वाला हूँ। मैं कल्पना करता हूँ कि अभी उसे बस मिली होगी, फिर वह, शहर के ईस्ट से शहर के वेस्ट इलाक़े को जोड़ने वाला पुल पार करके दूसरी बस ले रही होगी। या आज उसने सोचा होगा कि रिक्शा से ही जाती हूँ। मैंने रिक्शे में कई बार उसके साथ बैठकर उसे उसके क्लीनिक छोड़ा है। उसे छोड़ने के बाद मैं शहर के किसी पार्क में चला जाता हूँ। वहाँ बैठकर योगा करता हूँ। फिर टहलते हुए मैं वापस अपने कमरे पर चला आता हूँ। आते हुए कई बार मैं समुद्र देखने जाना चाहता हूँ, पर अब समुद्र की कल्पना धुँधली पड़ती जा रही है। सो मैं उसे देख नहीं पाता हूँ। मैं हमेशा नए रास्तों से घर आने की कल्पना करता हूँ, नए रास्तों पर बात करने के लिए मुझे पुराने लोग मिलते हैं। जब रात में धुन वापस आती है तो पूछती है कि आज कहाँ-कहाँ गए, तो मैं उसे तफ़सील से सारा कुछ बताता हूँ। आज जब मैं उसे बताऊँगा कि तुम आए थे तो उसे लगेगा कि तुम शायद मेरी कल्पना में आए हो इसलिए मैंने तुम्हें मिठाई दी खाने को कि उसे दिखा सकूँगा कि तुम आए थे और तुमने मिठाई भी खाई थी।"

मैंने एक मिठाई का टुकड़ा डिब्बे से और निकाल लिया। जीवन मेरे बग़ल में आकर बैठ गए। उनके हाथों में छड़ी नहीं थी।

"वापस आते वक़्त अधिकतर कौन मिलता है?" मैंने पूछा।

"भवानी भाई, भवानी प्रसाद मिश्र, तुम्हें अजीब लग रहा होगा!"

"बिल्कुल नहीं।" मैंने कहा।

"वह यहाँ आकाशवाणी में काम करते थे। उनकी पत्नी मुझे पसंद नहीं करती थीं तो हम हमेशा बाहर ही मिल लिया करते थे। गीत फ़रोश कविता उन्होंने मेरे सामने ही लिखी थी। जैसे वह आजकल मुझसे टकरा जाते हैं वैसे ही गाँधीजी उनसे टकराते रहते थे। शायद ये बीमारी भी मुझे उन्हीं से मिली है।"

वह भवानी भाई की कविता बुदबुदाने लगे, "–'जी हाँ हुज़ूर मैं गीत बेचता हूँ/ मैं तरह-तरह के गीत बेचता हूँ/ मैं क़िस्म-क़िस्म के गीत बेचता हूँ...' पढ़ी है तुमने ये कविता?"

मुझे पता नहीं क्या हुआ, मुझे लगा कि मैं मेरे बचपन की चिड़चिड़ाहट को अपने पूरे शरीर पर हरकत करता देख सकता हूँ। मैं जीवन के चेहरे से उनकी मुस्कुराहट, उनकी ख़ुशी छीन लेना चाहता था।

"आपके घरवाले आपसे नहीं टकराते हैं?" मैंने पूछा।

"जी?"

"आपके घरवाले होंगे न, वो नहीं मिलते हैं आपसे कभी?" मैंने 'घरवाले' शब्द पर ज़ोर देते हुए पूछा।

वह अपनी लकड़ी टटोलने लगे। उनकी लकड़ी उनके ढूँढ़ने की हद से कुछ ही दूरी पर थी। मैंने उनकी सहायता नहीं की। मैं बैठा उनका टटोलना देखता रहा। जब उनका हाथ लकड़ी के क़रीब पहुँचने लगा तो मेरी इच्छा हुई कि मैं लकड़ी को थोड़ा और दूर कर दूँ, पर उसके लिए मुझे उठना पड़ता। मैं उठा नहीं, मैं बैठे-बैठे उन्हें लड़खड़ाता हुआ अपनी लकड़ी तक पहुँचता देखता रहा। मुझे लगने लगा कि ये बिल्कुल वैसा ही है जब मेरी पीठ पर खुजली होती है और मेरे खुजाने पर जो असल खुजली है वो

बस एक उँगली की दूरी पर अपनी हरकत कर रही होती है। उन्हें खुजली वाली जगह मिल गई, लकड़ी को हाथ में लिए वह खड़े हो गए। मानो उन्हें अँधेरे कमरे में अचानक रोशनी मिल गई हो। वह खड़े होकर कमरे के बीच में चले गए।

"आप मेरे बारे में मंदा जी से पूछ रहे थे?" मैंने पूछा।

"हाँ, मैंने जब तुम्हारा आना धुन को बताया तो वह मानी नहीं कि तुम आए थे। उसे लगा मैं सोच रहा हूँ तुम्हारे बारे में। मैं कैसे सोच सकता था उसके बारे में जिससे मैं मिला भी नहीं हूँ। फिर मुझे लगने लगा कि इतने वक़्त बाद कोई नया व्यक्ति ख़ुद चलकर इस दरवाज़े से भीतर आया था और मैंने उसे ऐसे ही जाने दिया। धुन तो कुछ ज़्यादा बताती नहीं है इसलिए मैंने मंदा से पूछा था तुम्हारे बारे में।"

"आपने ये क्यों पूछा था कि मैं ख़ुश रहता हूँ कि नहीं?"

"माफ़ी चाहता हूँ अगर मेरा पूछना तुम्हें बुरा लगा हो तो।"

वह कमरे के बीच में खड़े हुए बहुत ही दयनीय दिखाई देने लगे थे। आप अपने पिता से कितनी भी नफ़रत क्यों न करते हों, पर उनका दयनीय होना आप कभी बर्दाश्त नहीं कर सकते।

"नहीं, बुरा नहीं लगा।" मैंने कहा।

"तो?" उन्होंने पूछा।

उनका पूछना कमरे में कहीं अटका रहा।

"तो क्या!" मैंने पूछा।

"तो क्या तुम ख़ुश हो?" उन्होंने फिर पूछा।

मैं खड़ा हुआ और उनके क़रीब चला गया। मैं उनके चेहरे को ध्यान से देखने लगा। उनके अंधेपन को, उनके झुके हुए कंधों को। क्या मेरी नाक उनकी नाक जैसी है? उनकी ठुड्डी मेरी तरह बाहर निकली हुई है, वह मेरी ही तरह अतिसाधारण दिखने वाले व्यक्ति थे। क्या हम सारे साधारण दिखने वाले लोगों का आपस में कोई रिश्ता होता है?

"आप इस वक़्त कहाँ हैं?" मैंने पूछा।

"मतलब?"

"यहाँ हैं या धुन को ऑफ़िस छोड़कर इस शहर में घूम रहे हैं?"

"मैं यहीं हूँ बेटा, तुम्हारे सामने।"

उन्होंने बेटा कहा और मुझे लगा मेरे भीतर कुछ फटा है। कितनी अच्छी बात है कि वह मुझे देख नहीं सकते थे! मैं ठीक इस वक़्त अपनी पूरी कमज़ोरी के साथ उनके सामने खड़ा रह सकता था। मैं उन्हें ठीक इस वक़्त छू लेना चाहता था।

"जब धुन आए तो ये लिफ़ाफ़ा आप उन्हें दे देना। मैं इसे टेबल पर रखकर जा रहा हूँ।"

ये कहते ही मैं वहाँ से निकल गया।

उनका बेटा कहना मेरे कानों में देर तक बजता रहा।

22.

मुझे मेरे पिता सरीखे लोगों को निराश करने में सुख मिलता था। एक वक़्त था जब धीरू बहुत किताबों में घुसा रहता था और हर कुछ वक़्त में किसी किताब से कोई बड़ी बात मुझे पढ़कर सुनाया करता था। उस वक़्त मुझे उसमें भी मेरे पिता दिखने लगते थे। मैं उसे भी निराश करने से नहीं चूकता था। मसलन अगर वो मुझसे कहता कि तुम नहा लो तो मैं कई दिनों तक नहाना त्याग दिया करता था। मैं तब तक नहीं नहाता था जब तक मुझे मेरे साथ रहना न तकलीफ़ देने लगे। किस तरह जीना है, जीवन की समझ, सफल जीवन के उपाय जैसी बातों पर मैं तुरंत बिदक जाता था। मैं हर दिए सुझाव के विपरीत भागना चाहता था। मैं इस बात को कभी नहीं मानता था कि आपके बचपन का असर आपके पूरे जीवन पर होता है, पर समय रहते वो असर मुझे मेरे ऊपर दिखाई देने लगा। अपने पिता से मेरे संबंध का असर मैं आईने में अपने चेहरे पर उभर रही नई रेखाओं में देख सकता था। मैं जब हार की गर्त में नीचे पड़ा होता तो उस वक़्त मैं अपने पिता के बारे में सोचता था। मुझे उस वक़्त अपने बचपन के ज़ख़्मों के आस-पास मीठी खुजली होती थी।

जब मैं रेस्टोरेंट पहुँचा तो शिखा वहाँ पहले से ही बैठी हुई थी। मुझे देखते ही उसके चेहरे पर सांत्वना भरी मुस्कुराहट आ गई। मैं थोड़ा

सँभलकर उसके सामने बैठा।

"कहाँ ग़ायब हो गई थी तुम?" मैंने बैठते ही कहा।

"मैं ठीक से सो नहीं पा रही हूँ।"

"क्यों?"

"उस कहानी के कारण।"

"क्या हुआ?"

"तुम पहले ये बताओ कि कहानी का आगे का हिस्सा लाए हो?"

मैं चुप हो गया। मैं उसे देखता रहा।

"वो आगे का हिस्सा मैं तुम्हें नहीं दे पाऊँगा शिखा।"

"क्यों?"

"रेणु नहीं चाहती है कि ये कहानी कोई और पढ़े।"

"तो तुमने ये कहानी मुझे दी क्यों थी पढ़ने को?" शिखा अचानक नाराज़ हो गई।

"मुझसे बहुत बड़ी ग़लती हो गई थी।"

शिखा का चेहरा खुला रह गया। उसे यक़ीन नहीं हुआ मेरे कहे पर। मैंने सोचा कि बात बदल देता हूँ।

"चलो आज रात मिलते हैं, दारू पिएँगे, थोड़ी मस्ती-वस्ती करेंगे।"

मेरी आवाज़ का छिछलापन मुझे भी सुनाई दे रहा था। मैं ये कहते ही खिसियाने लगा।

"तुम्हें क्या लगता है मैं तुम्हारे साथ सेक्स करने के लिए मरी जा रही हूँ!" उसकी आवाज़ थोड़ी तेज़ हो गई थी।

"अरे धीरे बोलो, यहाँ मेरे ऑफ़िस के लोग आते रहते हैं।"

"सुनो, मुझे कहानी का आगे का हिस्सा चाहिए, मैं रात भर अपनी टीम के साथ इस कहानी पर काम कर रही थी। बहुत दिनों के बाद हमारे हाथ कुछ कमाल की कहानी लगी है।"

"क्या काम कर रही हो?" मैं चौंक गया।

"हम फ़िल्म प्लान कर रहे हैं इस कहानी पर।"

"नहीं!" मैं चीख़ उठा, "ये तुम नहीं कर सकती हो।"

"क्यों?"

"क्योंकि तुम्हारे पास परमिशन नहीं है।"

"मुझे रेणु का नंबर दो, मैं ख़ुद ले लूँगी परमिशन।"

"मैं नहीं दे सकता हूँ।"

"क्यों?"

"क्योंकि ये बहुत पेचीदा मसला है।"

"क्या पेचीदा? क्योंकि तुम उसके साथ सोए हो इसलिए? लड़कियाँ ऐसा नहीं सोचती हैं।"

"ऐसा नहीं है। उसने साफ़ मना किया है।"

"इस कहानी पर फ़िल्म बनाने से?"

"नहीं, किसी और के पढ़ने से।"

"फ़िल्म वाली बात नहीं पूछी न?"

"हाँ वो नहीं पूछी, पर मुझे पता है वो मना कर देगी।"

"इस देश का हर लेखक मरा जाता है कि उसकी कहानी पर कोई फ़िल्म बना दे। वह अपनी कहानी बेचने के लिए किसी भी हद तक गिर जाने को तैयार रहता है।"

"पर रेणु ऐसी नहीं है।"

"तुम्हें कैसे पता?"

"तुम्हें कहानी पढ़कर ये बात समझ नहीं आई?"

"अरे तुम अजीब आदमी हो, हम उसे बाक़ायदा पैसा देंगे। कॉन्ट्रेक्ट करेंगे। उसका नाम आएगा फ़िल्म में। ये कहानी ज़्यादा लोगों तक पहुँचेगी, और लेखक को क्या चाहिए!"

"मुझे नहीं लगता कि उसे ये सब चाहिए।"

"क्यों?"

"क्योंकि वह ऐसी लड़की नहीं है।"

"कैसी?'

"मतलब वैसी।"

"वैसी कैसी? मेरे जैसी?"

"नहीं।"

"तुम कहना चाह रहे हो कि वह मेरे जैसी लड़की नहीं है इसलिए मुझे परमिशन नहीं मिलेगी।"

"मैं ऐसा नहीं कह रहा हूँ।"

"तुम्हें क्या पता कि मैं कैसी लड़की हूँ! तुम मर्दों की यही समस्या है एक बार तुम्हारे साथ सो जाओ तो तुम्हें लगने लगता है कि तुम हमारे बारे में सब कुछ जान गए हो।"

"सुनो शिखा, मैं तुम्हारे बारे में क़तई ऐसा नहीं सोचता हूँ। बस ये मान लो कि मैं तुम्हें कहानी नहीं दे सकता हूँ और तुम इस पर फ़िल्म नहीं बना सकती हो।"

"चलो नहीं बनाऊँगी फ़िल्म। कम-से-कम मुझे आगे की कहानी पढ़ने तो दो।"

"नहीं शिखा, मैं नहीं दे पाऊँगा।"

"फिर तुमने पहले क्यों दी थी कहानी मुझे?"

"मेरी ग़लती थी, मैं माफ़ी चाहता हूँ।"

"सुनो, पिछली बार तुमने मेरी फ़िल्म रुकवा दी थी। इसलिए कि वो किसी फ़िल्म की कॉपी थी। अभी मैं ओरिजिनल काम करना चाहती हूँ अब तुम इस पर भी अड़ंगे लगा रहे हो।"

मैं शिखा से और बात नहीं करना चाहता था। सो मैं चुप रहा। उसने अपना फ़ोन उठाया और वह किसी को मैसेज लिखने लगी। कुछ देर में उसने अपने हाथों से अपना सिर पकड़ लिया और अविश्वास में अपना सिर हिलाने लगी।

"मुझे वो कहानी वापस कर दो जो मैंने तुम्हें दी थी।" मैंने कहा।

"वो मेरी टीम के पास है। मैं नहीं लाई उसे।"

"ठीक है वो मुझे वापस कर देना जितनी जल्दी हो सके।" ये कहकर

मैं उठने लगा।

"चलो मैं भी तुम्हारे ऑफ़िस चलती हूँ।"

अचानक शिखा की आवाज़ में मुझे गहरा आत्मविश्वास सुनाई दिया और मैं डर गया।

"क्यों?" मैं वापस बैठ गया।

"तुम्हारे बॉस से मिलूँगी और उससे कहूँगी कि पिछली फ़िल्म के लिए तुम मेरे साथ सोए थे। मेरे पास तुम्हारे सारे मैसेज हैं।"

"ये क्या कह रही हो तुम शिखा, हम दोस्त हैं।"

"हम दोस्त नहीं हैं। और मैं इतने पर नहीं रुकूँगी, रेणु को खोजना बहुत मुश्किल नहीं होगा मेरे लिए।"

इस बात से मैं बुरी तरह डर गया। रागिनी को पता है कि मैंने धुन को कहानी दी थी पढ़ने को और अगर उसे पता चल गया कि मैंने शिखा को भी कहानी दी थी तो लगेगा मैंने पूरे शहर को उसकी कहानी बाँटी है। मैं जल्दी से इसका कोई हल चाहता था, पर मेरे सोचने-समझने की क्षमता ख़त्म हो चुकी थी। मैं शिखा को सच में नहीं जानता था, मुझे नहीं पता कि वह और क्या कर सकती थी!

"सुनो शिखा, अगर तुम फ़िल्म वाला विचार स्थगित कर दो तो मैं तुम्हें कहानी पढ़ने दे सकता हूँ।"

"तुम कंडीशन लगाने की स्थिति में नहीं हो, यश।"

"मैं मिन्नत करता हूँ तुमसे... प्लीज़!"

"कहानी दो, मैं सोचूँगी इस बारे में।"

मैंने अपने बैग से कहानी का आगे का हिस्सा उसके सामने रख दिया। उसने तुरंत उठाया और सरसरी तौर पर पढ़ने लगी। मुझे इसके अलावा दूसरा कोई चारा नहीं दिखा। मेरे घुटनों में बहुत तेज़ दर्द उठने लगा। मैं उन्हें मसलने लगा।

"ये तो बस यहीं तक है, बाक़ी कहानी कहाँ है?"

"एक और हिस्सा है मेल पर, रेणु कहानी लिख रही है, वह मुझे आगे

के हिस्से भेजती रहती है।"

"वह लिख ही रही है तो क्या तुम रेणु को कह सकते हो कि वह इस कहानी को थोड़ा और चटक बना दे।"

"शिखा!"

मुझे विश्वास नहीं हुआ कि वह क्या कह रही है। उसने मेरे चेहरे पर ग़ुस्सा पढ़ लिया।

"जाने दो, तुम बस मुझे सारे हिस्से भेजते रहना जैसे ही वो तुम्हें मिलेंगे। तुम्हारे पास मेरा ईमेल है न?"

मैंने उसके दोनों हाथ पकड़ लिए और उससे विनती करने लगा।

"सुनो शिखा, मैं तुम्हें अपना दोस्त मानता हूँ, मैं चाहता था कि तुम कहानी पढ़ो और हम इस पर बात कर सकें। मैं सच में तुमसे बात करना चाहता हूँ इस कहानी पर, मगर ये फ़िल्म वाला आइडिया प्लीज़ स्थगित कर दो।"

"मैं समझती हूँ, यश। मैं इस वक़्त बस ये कहानी पूरी पढ़ना चाहती हूँ। और मैं सच में सोचूँगी इस बारे में।"

शिखा ने कहानी का हिस्सा अपने बैग में रखा और उठ खड़ी हुई।

"चलो, चलते हैं।"

"मैं कुछ देर यही बैठूँगा, तुम जाओ।"

"आगे का हिस्सा अभी मेल कर दो।"

"हाँ, करता हूँ।"

वह गई नहीं, वह वहीं खड़े हुए मुझे देखती रही। उसके हाथों में उसका फ़ोन था, उसने फिर इशारे से मुझसे कहा कि प्लीज़ कर दो। मैंने अपना फ़ोन निकाला और उसे आगे का हिस्सा मेल किया। जैसे ही उसने अपने फ़ोन में नोटिफ़िकेशन देखा उसके चेहरे पर मुस्कुराहट आ गई। उसने झुककर मुझे चूमा और रेस्टोरेंट के बाहर चली गई। मेरे घुटने में इतना दर्द बढ़ गया था कि मैं उठ पाने की स्थिति में नहीं था। मैंने अपने पैर फैलाए, घुटनों को दबाया, सहलाया पर दर्द कम नहीं हुआ। मैं बेंच के बग़ल में

अपने घुटनों के बल बैठ गया। तभी पीछे से मुझे आवाज़ आई, "यश क्या कर रहे हो? किसी ने सज़ा दी है क्या?"

मैं पलटा तो देखा मेरे बॉस थे। मैं जैसे-तैसे खड़ा हुआ। उन्होंने वेटर को दो कॉफी लाने को कहा फिर मेरे कंधे पर हाथ रखकर मुझे अपने सामने बिठा दिया।

"कैसे हो यश?" उन्होंने बहुत अपनेपन से पूछा।

मुझे याद नहीं आता कि ये सवाल मुझसे पहले किसी ने कभी पूछा था। मैं अपने भीतर ख़ुद का पिघलना देख सकता था। मेरी इच्छा हुई कि अपने बॉस को सारा कुछ बता दूँ।

"असल में सर, मैं बुरी तरह फँसा हुआ हूँ।"

"किसी नई स्क्रिप्ट में?" उन्होंने पूछा।

"नहीं, मतलब मैं..."

"अरे तो फँसो किसी अच्छी स्क्रिप्ट में, मुझे बहुत प्रेशर आ रहा है।"

"हाँ।"

तभी वेटर कॉफ़ी लेकर आया। वह अपने फ़ोन पर व्यस्त हो गए। मैंने जल्दी-जल्दी अपनी कॉफ़ी ख़त्म करनी चाही। हर सिप पर मेरी जीभ जल जा रही थी।

"सर, बहुत-सी स्क्रिप्ट्स आई हैं, पर मैं आपके पास जान-बूझकर नहीं लाया। हमें सनसनीख़ेज़ विषयों से थोड़ा बचना चाहिए।" मैंने कहा।

उन्होंने तुरंत अपने मोबाइल को किनारे रखा।

"सनसनीख़ेज़, यार तुम्हारी हिंदी सच में बहुत अच्छी है। बिल्कुल सही कहा, कुछ भी religion, politics, caste, army से दूर ही रहना है। बस सीधी-सादी कॉमेडी, लव स्टोरी बनाओ या अगर तुम्हारे पास कोई मुसलमानों के ख़िलाफ़ सब्जेक्ट हो तो मज़ा ही आ जाएगा, आजकल बहुत चल रहा है।"

"बिल्कुल सर, ये समलैंगिक विषयों से भी हमें दूर ही रहना चाहिए।"

"समलैंगिक याने?"

“ये गे, लेस्बियन संबंधों की कहानियाँ।”

“अरे नहीं-नहीं, गे कहानियाँ तो हमारे यहाँ कोई नहीं देखना चाहता है। पर लेस्बियन कहानियाँ छोटे शहरों में बहुत चलेंगी। ख़ासकर ये बी-सी ग्रेड प्लेटफ़ॉर्म्स पर जल्दी बिक भी जाएँगी।”

“पर हमारी कंपनी तो ऐसे काम नहीं करती है!”

“किसने कहा! जहाँ पैसा होगा वहाँ काम करेगी हमारी कंपनी। दो लड़कियों को आपस में गुत्थमगुत्था देखने में बहुत मज़ा है गुरु!”

“सर, लेस्बियन सिर्फ़ ये नहीं होता है, उनकी दिक़्क़तें कहीं बड़ी हैं हमारे समाज में!”

“अबे दिक़्क़तें किसे दिखानी हैं!”

“तो क्या दिखाना है?”

“सेक्स और क्या!”

मैं चुप हो गया। मैं बहुत कुछ बोल देना चाहता था, पर मेरा सारा बोलना वो होगा जो मुझे ऑफ़िस में चर्चा का विषय बनाएगा और मैं क़तई किसी भी चर्चा का विषय नहीं बनना चाहता था। मेरे बॉस का ‘सेक्स और क्या’ बोलना मुझे बेहद अखर रहा था। इच्छा हो रही थी कि उन्हें खींचकर एक थप्पड़ मारूँ और नौकरी को अलविदा कहकर यहाँ से निकल जाऊँ। बॉस ने फिर फ़ोन हाथ में लिया और कॉफ़ी के सिप पीते हुए फ़ोन पर व्यस्त हो गए। मेरी कॉफ़ी ख़त्म हो चुकी थी। मैंने बॉस से इजाज़त ली और उठकर ऑफ़िस जाने लगा।

फिर पता नहीं क्या हुआ मुझे कि मैं पलटा और वापस रेस्टोरेंट में अपने बॉस के पास आकर खड़ा हो गया। बॉस ने अपने फ़ोन से नज़रें उठाकर मुझे देखा।

“क्या हुआ? कुछ भूल गए?”

“सर, आपको पता है हमारे देश में लेस्बियन लड़कियाँ अधिकतर अपनी सबसे क़रीबी दोस्त को भी नहीं बता पातीं कि वे लेस्बियन हैं? उनके सारे विरोध के बावजूद उनकी शादी कर दी जाती है। एक तरीक़े

से उनका रोज़ रेप होता है। और जहाँ तक सेक्स की बात है तो उनका भी सेक्स से वैसा ही संबंध है जैसा हमारा। जब हम लोगों को कभी उसकी सही शिक्षा नहीं मिली तो उनके लिए तो ये नामुमकिन बात है। अगर कहीं आपकी बेटी लेस्बियन निकली तो मैं देखूँगा कि आप उससे बात करेंगे या उसे किसी दूसरी लड़की के साथ गुत्थमगुत्था होता देखना चाहेंगे।"

जब मुझे होश आया तो मैं अपनी डेस्क पर बैठा था। मैं पलटकर वापस अपने बॉस के पास नहीं गया था। मैं चुपचाप रेस्टोरेंट के बाहर निकल गया था। रेस्टोरेंट से अपनी डेस्क तक आते हुए मैं सोच रहा था कि काश मैं अभी पलटकर वापस जाऊँ और अपने बॉस से कह दूँ जो मेरे भीतर उबल रहा है। पर वो काश वाले काम मैं कभी नहीं कर पाया था, मैं कायर था। मैं अपनी पूरी कायरता में अपनी डेस्क पर पहुँचा और अपनी कुर्सी पर बैठते ही भीतर तक धँस गया।

23.

जब मैं थका हुआ अपने कमरे में पहुँचा तो दरवाज़ा खोलते ही दहलीज़ पर एक लिफ़ाफ़ा पड़ा दिखा। ऊपर लिखा था– 'राजुला के लिए'। धुन ने दरवाज़े के नीचे से ये ख़त खिसका दिया होगा, मैंने सोचा। मैं पलंग पर चित्त लेट गया। मुझे ख़ुद से बेहद चिढ़ हो रही थी। मैं चाहता था कि रेणु को मेल करूँ और उसे सारा कुछ सही-सही बता दूँ, पर मुश्किल थी कि इस झूठ में रागिनी भी जुड़ गई थी। और रागिनी के साथ-साथ धुन भी इसमें शामिल थी। रागिनी मुझे कभी माफ़ नहीं करेगी। मैं मन मसोसकर रह गया। मैं आते वक़्त सस्ती दारू ले आया था, उसका एक स्ट्रॉन्ग पेग बनाया और धुन का ख़त लेकर बिस्तर में लेट गया।

प्रिय राजुला,

मुझे पता है इस वक़्त तुम कहानी लिख रही हो, तुम्हें मुझे ख़त लिखने में अपना वक़्त ज़ाया भी नहीं करना चाहिए। अब जबकि मैं तुमसे मिल नहीं सकती हूँ तो मेरे पास ख़त लिखने के अलावा कोई चारा नहीं है।

मुझे तुम्हारी ये बात कितनी अच्छी लगी कि ये कहानी तुम्हारे ही लिए है।

हाँ ये हमारी कहानी है।

मैं तुम्हें अपनी कहानी सुनाकर बोर नहीं करना चाहती हूँ। मैं तुम्हारी

तरह कोई लेखिका नहीं हूँ। लेकिन तुमने पूछा था कि गाँव क्यों छोड़ना पड़ा तो मुझे नहीं लगता है कि ये हमारे जैसे लोगों के लिए कोई बहुत आश्चर्य की बात है। मैं कितनी ही निजता से अपनी कहानी कहूँगी तुम्हें लगेगा कि ये तो सुनी हुई है। सो मैं अपना दुखड़ा नहीं रोना चाहती हूँ यहाँ। बस कुछ शब्द लिख रही हूँ जिसमें किसी भी कहानी को तुम पिरोओगी तो वो मेरी कहानी बन जाएगी। पहला प्रेम, प्रेम में डूबना, हँसना-चिल्लाना, मुक्त नाचना, आज़ादी का भ्रम, भ्रम का टूटना, अपनों का बदलना, हिंसा, टूटना, तिड़कना, धोखा, फिर देर रात रेल के सामने कूदने के बजाय रेल पर चढ़ जाना। बस यही कहानी है।

मैं हमेशा से ये पूछती थी कि ये दोष किसका है?

पहली बार मैंने तुम्हें ख़त लिखा है और इतना खुलकर सब कुछ बताया है जैसे मैं हमेशा से भगवान को ख़त लिखने की सोचा करती थी। मैं नास्तिक हूँ, सो भगवान से मेरा तात्पर्य है हमारे पूर्वजों के भी पूर्वज, वो पहली औरत से है। मैं उससे पूछना चाहती थी कि दोष किसका है? क्या उस पहली औरत ने किसी दूसरी स्त्री की कभी कल्पना की होगी? क्या उसने उस कल्पना को भीतर दबाया होगा कि ये पाप है और उसी का नतीजा है कि हम अभी तक इसे एक बीमारी मानते आए हैं?

मुझे पहली बार प्रेम हुआ था जब मैं कक्षा सातवीं में थी। तब तक हम लोग एक बहुत छोटे गाँव में रहते थे। मुझे यक़ीन था कि मुझे प्रेम किसी लड़के से ही हुआ था और मैंने उसके लिए कविताएँ लिखी थीं। जब हम अपना गाँव छोड़कर एक क़स्बे में रहने आ गए तो डर के मारे मैंने उन सारी कविताओं को, एक डिब्बे में बंद करके, अपने पुराने घर की टूटी हुई दीवार में गाड़ दिया था। मैं अपने घर तो अब जा नहीं सकती हूँ, पर मैं पिछले साल अपने छूटे हुए गाँव के उस पुराने घर में गई थी। वो घर टूटा-फूटा वैसा-का-वैसा वहाँ खड़ा था। मैं अपनी उन प्रेम कविताओं को एक बार देखना चाहती थी। मैं डरते हुए उस टूटी हुई दीवार के पास गई और मुझे आश्चर्य हुआ कि मेरा वो गोपनीय स्थान अभी भी वैसा-का-वैसा

था। मैंने ईंटें हटाईं और मुझे दीवार के गड्ढे में वही टीन का डिब्बा दिखा। मेरी कल्पनाओं में मैंने बहुत सारी कविताएँ लिखी थीं, पर जैसे ही मैंने डिब्बे को खोला तो देखा वहाँ कुल जमा चार-पाँच पन्ने मुड़े हुए रखे हैं, कुछ कंचे हैं, हेयर पिन, एक किसी पक्षी का पंख और एक छोटी बिंदी का मुड़ा हुआ पैकेट। मैंने तुरंत वो पन्ने खोले और मैं उन्हें देखती रह गई। मैंने किसी लड़के के लिए कविताएँ नहीं लिखी थीं, मैंने नग्न लड़कियों के चित्र बनाए थे, बचकाने से चित्र, हर पन्ने पर शरीर के अलग-अलग अंग गुदे हुए थे। मैं सातवीं कक्षा में भी किसी लड़के नहीं बल्कि किसी लड़की के प्रेम में थी, मैं उस वक़्त भी लड़कियों के बारे में ही सोच रही थी। मैं वहाँ खड़े हुए इतना डर गई कि अगर ये चित्र उस वक़्त हमारे मास्साब (टीचर) के हाथ लग जाते तो मेरा क्या हाल होता! मुझे लगता है मेरी माँ ने जुड़वाँ लड़कियों को जन्म दिया था, मैं और भय। हम दोनों साथ ही पले-बढ़े, हम दोनों मेरी माँ की कोख से जुड़े हुए हैं, हमारा जुदा होना नामुमकिन है।

मुझे कहानी का एक हिस्सा ठीक नहीं लगा, अगर तुमको बुरा न लगे तो मैं कह सकती हूँ। जब राजुला (जो असल में रेणु है) कहती है कि I want to see you getting fucked... मुझे नहीं लगता कि राजुला वो देखना चाहती होगी। कोई भी लेस्बियन लड़की ये नहीं देखना चाहती है। यूँ तो मैंने तुम्हें देखा था यश के साथ, वो भी मुझे अजीब लगा था, क्योंकि तुम्हारी आँखें कुछ और कह रही थीं। पर ये कहानी है सो मुझे लगा कि मैं तुम्हें बता दूँ।

बाक़ी कहानी बहुत ही सुंदर जा रही है, मैं आगे के हिस्से पढ़ने के लिए बेक़रार हूँ।

तुम्हारे जैसी

धुन

मैंने ख़त मोड़कर वापस लिफ़ाफ़े में रख दिया। मेरी पीठ पर मैं कछुए की हरकत महसूस कर सकता था। ये ख़त इतना निजी था कि मुझे इसे

पढ़ते हुए लगा कि मैं किसी के घर में उसकी अनुमति के बिना झाँक रहा हूँ। मुझे इस ख़त को नहीं पढ़ना चाहिए था, पर इसे पढ़ें बिना मैं रह भी नहीं सकता था। काश मैं धुन के ख़तों को अपने बॉस को दिखा सकता और फिर पूछता कि क्या इन ख़तों पर आप कोई फ़िल्म बना सकते हैं? जब मेरा बॉस किसी विषय को लेकर उत्साहित होता था और उसकी बात कोई समझ नहीं पाता तो वह आग-बबूला हो जाता था। कैसे नहीं समझे जाने पर हम बिदक जाते हैं! और यहाँ हम किसी को समझने का जब ढोंग कर रहे होते हैं तो असल में हम उनकी कहानियों से अपनी छिछली कामुकता को तृप्त करने की कोशिश कर रहे होते हैं। मैं अपने बॉस से बहुत दूर नहीं था। मैं भी कुछ इसी तरह की हरकत कर रहा था।

मेरे बॉस का नाम अशरफ़ हुसैन था। बाज़ार हम इंसानों को क्या बना देता है!

मैं देर तक अपने कमरे की सीलन को देखता रहा जो मुझे आज कुछ ज़्यादा ही फैली हुई दिखाई दे रही थी। उसमें नमी की मात्रा भी कुछ ज़्यादा ही थी। मैं देर तक उस नमी में करवटें बदलता रहा।

24.

मुझे हमेशा से लगता रहा था कि जीवन में व्यस्त रहना सबसे मूर्खता का काम है। इस जीवन को मैं जितनी चालाकी से जी सकता था, जी रहा था। कम-से-कम काम करके ज़्यादा-से-ज़्यादा वक़्त ख़ाली रहना मेरे जीने का उद्‌देश्य था। मैं कुछ न करते वक़्त सबसे ज़्यादा सम पर रहता था। सुरक्षित जीवन की कल्पना में काम करते-करते एक दिन मैं मर नहीं जाना चाहता था। मैं किसी भी तरह की मक्कारी पर उतर सकता था अगर मुझे पता चले कि मेरे दिन बस काम की व्यस्तता में बीतते चले जा रहे हैं। और अभी ये स्थिति थी कि मैं बुरी तरह व्यस्त हो चुका था और मेरी समझ में नहीं आ रहा था कि इससे कैसे निकला जाए। मेरी कोई भी मक्कारी काम नहीं आ रही थी।

मैं कैफ़े में रागिनी के सामने बैठा हुआ था और वह धुन का ख़त पढ़ रही थी। मैं अपने साथ एक नोटपैड भी ले आया था। आज वह टी-शर्ट पहनकर आई थी और उसकी गर्दन पर बना कछुआ मुझे साफ़ दिखाई दे रहा था। मैं अपने हाथ अपनी पीठ पर ले गया और खुजाने की कोशिश की, पर पीठ पर खुजली नहीं हो रही थी। शायद कछुआ उछलकर वापस उसकी गर्दन पर जाकर बैठ गया था।

धुन का ख़त पढ़ते ही रागिनी उठकर टहलने लगी। मैं उसे देखता रहा। मैं जो नोटपैड लाया था वो उसकी कुर्सी के सामने रखा और बैग से पेन

निकाल लिया। कुछ देर में वह मेरे सामने आई और उसने एक सिगरेट जला ली। आज वह अपना लाइटर स्वयं लेकर आई थी। सिगरेट के कुछ लंबे कश लेकर वह मुझे देखने लगी।

"क्या तुमने पढ़ा है धुन का ख़त?" उसने पूछा।

"नहीं, मैं क्यों पढ़ूँगा, वो आपके लिए है!"

लज्जा का एक पुट भी नहीं था मेरे कहने में। मैं किस हद तक और बिना माथे पर बल लाए झूठ बोल सकता था, इस बात पर मुझे ख़ुद बहुत आश्चर्य होता था! दरअसल, सच पर रहकर ही मैं इस चक्कर में बुरी तरह फँसा था। मैं धुन के साथ सारा कुछ सच कह रहा था, मैंने शिखा को भी सब सच बताया था। इसलिए मैं अपनी सहज स्थिति यानी झूठ पर वापस आ चुका था।

"धुन कैसी दिखती है?"

"मतलब?"

"कैसी शक्ल है, बाल कैसे हैं, क़द?"

"वह अच्छी दिखती हैं बहुत, उनके सीधे-लंबे बाल हैं, चेहरे पर छोटे दाग़ हैं जो बहुत सुंदर लगते हैं, क़द तुमसे थोड़ा ज़्यादा है। और उनकी आँखों में स्नेह है, उदासी है।"

रागिनी ने एक आह भरी। फिर वह वापस ख़त को देखने लगी।

"पढ़ते वक़्त जो शक्ल मेरे दिमाग़ में आती है वो भी कुछ ऐसी ही है। अगर ये परिस्थितियाँ इतनी अजीब नहीं होतीं तो मैं अभी जाकर उससे मिल लेती।"

"तुम चाहो तो मैं मिलवा सकता हूँ तुम्हें।"

"नहीं, मैं कुछ भी छुपा नहीं पाऊँगी रेणु से। काश मैं इन ख़तों को रेणु को दे सकती!" उसने मुँह से धुआँ छोड़ते हुए कहा।

"क्या हम रेणु को सब सच नहीं बता सकते हैं? फिर मुझे भी किसी से झूठ नहीं बोलना पड़ेगा। सारी परिस्थितियाँ बदल जाएँगी।"

"नहीं, रेणु कहानी नहीं लिख पाएगी अगर उसे ये बात पता चल गई। मैं उसे जानती हूँ, वह बहुत सेंसेटिव है, वह एक बार कहानी ख़त्म कर ले फिर मैं ख़ुद बता दूँगी।"

"पर फिर उसे पता तो लग ही जाएगा कि उसके मना करने पर भी मैंने किसी और को कहानी पढ़ने को दी थी।"

"तो?"

"तो, मतलब, वह मुझसे कितनी नाराज़ होगी!"

"तुम इतने महत्त्वपूर्ण नहीं हो इसमें। तुम यहाँ नायक मत बनो।"

ये कहते हुए रागिनी ने सिगरेट बुझा दी। मैं आगे कुछ भी नहीं कह सका। तभी मेरे फ़ोन में मैसेज की घंटी बजी और मैंने देखा शिखा का मैसेज है– 'कहानी बहुत ही मज़ेदार हो रही है, मुझे आगे का हिस्सा भेजो जल्दी।'

मैसेज पढ़ते ही मेरे चेहरे पर एक खिंचाव आया और मेरे मुँह से खीज की एक आवाज़ निकली।

"क्या हुआ? सब ठीक है?" रागिनी ने पूछा।

"हाँ।"

"तुम मुझे बता सकते हो।"

"तुम ख़त का जवाब अभी लिखोगी या बाद में?"

रागिनी चुप हो गई। उसने सामने रखे नोटपैड को खोला और मैंने उसे पेन पकड़ा दिया। मैंने शिखा को मैसेज लिखा– 'रेणु लेखक है, वह जब कहानी का अगला हिस्सा भेजेगी तो मैं तुम्हें भेज दूँगा।'

उसका तुरंत 'ओके' लिखा जवाब आया। मैंने धीरू को फ़ोन किया और उठकर रागिनी से दूर चला गया।

"हेलो!" धीरू की आवाज़ आई।

"हाँ, मैं पंद्रह मिनट में आ रहा हूँ घर।"

"मैं घर पर नहीं हूँ।"

"तो कहाँ हो?"

"अस्पताल।"

"ठीक है मैं वहीं आता हूँ। उसी बेंच पर मिलोगे?"

"हाँ।"

मैंने फ़ोन काट दिया। जब धीरू परेशान हो जाता था तो अस्पताल में जाकर बैठ जाता था। मैं वापस आकर अपनी कुर्सी पर बैठ गया। कुछ देर में रागिनी ने लिखना बंद किया और नोटपैड से पन्ना फाड़कर उसे उसी लिफ़ाफ़े में डाल दिया। धुन का ख़त मोड़कर उसने अपने पास रख लिया।

"I am sorry यश!" रागिनी ने कहा।

मैं तैयार नहीं था उसके सॉरी के लिए, सॉरी तो मुझे कहना चाहिए था। मैं बहुत असहज महसूस करने लगा। मैं उससे कहना चाहता था कि कोई बात नहीं, पर मेरे मुँह से जब तक कोई शब्द निकलते, मैंने देखा मेरी आँखें गीली हो गई हैं। वह अपनी जगह से खड़ी हुई और मेरे मुँह से रोने की हल्की आवाज़ निकलने लगी। जैसे कोई बच्चा रोता है। मुझे याद नहीं कि आख़िरी बार मैं कब इस तरह से रोया था। रागिनी ने अपना एक हाथ मेरे कंधे पर रखा और दूसरे हाथ से कुछ टिशू निकालकर मुझे पकड़ा दिए। मैं अपनी कुर्सी में घुसा जा रहा था। मैं चाहता था कि मैं जितनी जल्दी हो सके यहाँ से ग़ायब हो जाऊँ।

"तुम प्लीज़ चली जाओ, मैं कुछ देर में ठीक हो जाऊँगा।"

बहुत देर बाद मेरे मुँह से निकला। रागिनी ने मेरे कंधों को थपथपाया, लिफ़ाफ़ा मेरे सामने रखा और चली गई। मैंने अपने दोनों हाथ टेबल पर रख दिए और जी-भरकर रोने लगा। कुछ देर में मुझे टेबल के पास किसी के पैर दिखे, मैंने अपना सिर उठाया तो देखा वेटर मेरे बग़ल में खड़ा हुआ था। मेरा रोना तब तक रुक चुका था। मैंने टिशू से अपना चेहरा पोछा।

"कितना पैसा हुआ?" मैंने वेटर से पूछा।

"सर, ये कॉफ़ी आज मेरी तरफ़ से थी।"

वह मुस्कुराकर चला गया। ये वही वेटर था जिसे मुस्कुराने के मैंने उसे पैसे दिए थे और उसकी मुस्कुराहट ग़ायब हो गई थी।

मुझे अस्पताल में घुसते ही कॉरिडोर की आख़िरी बेंच पर धीरू बैठा हुआ दिखा। जब पहली बार मैं धीरू से यहाँ अस्पताल में मिला था तो उसने मुझे पूरी तरह समझा दिया था कि अगर जीवन में कभी तुम्हें भारीपन लगे तो सीधा अस्पताल में जाकर बैठ जाओ। इंसानी तकलीफ़ें जब आँखों के सामने, इतने क़रीब से दिखती हैं तो हमें हमारी ओढ़ी हुई तकलीफ़ें बहुत छोटी नज़र आती हैं। धीरू का तो यहाँ तक कहना था कि इलहाम के लिए हिमालय नहीं अस्पताल जाना चाहिए। मैं उसके बग़ल में जाकर बैठ गया। वह बहुत बारीकी से इस सरकारी अस्पताल के लोगों को देख रहा था।

"जब आपका शरीर आपको धोखा दे दे, उससे बड़ी कोई तकलीफ़ नहीं है।"

धीरू का सुर भारी था। मैं समझ गया कि कुछ ग़लत हुआ है उसके साथ, पर मैं उससे पूछ नहीं सकता था। मैं चुपचाप उसके बग़ल में बैठा रहा। कुछ देर में वह उठा और जनरल वार्ड में चला गया। वह अकेले पड़े मरीज़ों से बात करने गया था, मैं जानता था। मैं बाहर ही बेंच पर बैठा रहा। मैंने रागिनी का ख़त निकाला और उसे देखने लगा, पर उसे पढ़ने की हिम्मत नहीं हुई। मैंने उसे वापस रख दिया। मैं देर तक जीवन के बारे में सोच रहा था। वह इस वक़्त अपने छोटे-से कमरे में क्या कर रहे होंगे? मैं अपने कमरे में और वह अपने कमरे में कितना एक-जैसा जीवन बिता रहे हैं! उनकी आँखें नहीं हैं तो वह दूर तक चले जाते हैं और मैं जितना देख पाता हूँ उतनी जगह में फँसा रहता हूँ। उनके लिए वो छोटा-सा कमरा कितना बड़ा है, मानो पूरा शहर हो!

"चलो, चाय पीते हैं।"

धीरू तेज़ कदमों से चलता हुआ बाहर आया था। मैं उसके साथ अस्पताल के बाहर आ गया। अस्पताल के बाहर नुक्कड़ पर चाय की एक गुमटी थी, हम अपने-अपने चाय के गिलास लेकर वहीं फुटपाथ पर बैठ गए।

"अगर हम अपने पूरे जीवन को एक दिन मान लें तो अभी हम दो से

तीन बजे की चिलचिलाती धूप में बैठे हैं। जीवन के इस पहर में हर चीज़ चुभ रही होती है। इस उम्र में शरीर लगातार लड़ने में पानी बाहर फेंक रहा होता है। हम जितना इस गर्मी के बारे में सोचेंगे उतनी ही हमें तकलीफ़ होगी। फिर शाम आती है और वो एक छोटा-सा वक़्त हमें मिलता है जब हमें हमारा ही जिया हुआ पूरा दिन, अचानक समझ में आने लगता है। पूरे दिन में की गई ग़लतियाँ शाम के छोटे से वक़्त में सुधारी नहीं जा सकती हैं। फिर हम सोचते हैं कि काश धूप और गरमी से बचने के बजाय हम बाहर निकल गए होते। और फिर शाम से रात इतने धीरे से होती है कि हम पकड़ नहीं पाते हैं कि किस क्षण हम बूढ़े हो गए थे।"

धीरू सड़क को ऐसे देख रहा था जैसे वो सारा कुछ सड़क पर ही लिखा पड़ा हो जिसे वह पढ़ रहा हो।

"क्या हुआ धीरू?" मुझसे रहा नहीं गया सो अंत में मैंने पूछ लिया।

"मैं वापस फ़ेसबुक पर गया।"

"क्यों? तुमने तो क़सम खाई थी!"

"मैं महिलाओं के आपसी प्रेम पर कुछ लिखना चाहता था।"

"ये तो ठीक बात है।"

"यश, इतना ज़्यादा ग़ुस्सा है लोगों के बीच और वो भी प्रेम को लेकर! मैं दो रात से सोया नहीं हूँ। मैं सबसे लड़ रहा था। फिर मैंने इस कहानी का ज़िक्र किया और लड़ाई के ग़ुस्से में लिख दिया कि कहानी इतनी अच्छी है कि मैंने हस्तमैथुन किया उसे पढ़ते हुए।"

मैंने अपना सिर पकड़ लिया। मैं अब और बर्दाश्त नहीं कर सकता था। मैं खड़ा हो गया और मैंने ग़ुस्से में उससे पूछा, "क्या ज़िक्र किया तुमने कहानी के बारे में?"

"मैं तो पूरी कहानी डालना चाहता था फ़ेसबुक पर, लेकिन मेरे पास उस कहानी का पहला हिस्सा नहीं था। और अभी वो पूरी भी नहीं हुई है तो कैसे लोगों की समझ में आती!"

"मैं पूछ रहा हूँ कि तुमने क्या लिखा कहानी के बारे में?"

“बस थोड़ा-सा हिस्सा लिखा था उसका... तुम चिंता मत करो मैंने किसी का भी नाम नहीं लिखा है।”

“धीरू तुम ये नहीं कर सकते। अभी डिलीट करो।”

“मैं नहीं कर सकता।”

“क्यों?”

“लोगों को लगेगा कि मैं डर के मारे मैदान छोड़कर भाग गया।”

“किसे लगेगा?”

“जिनसे मैं लड़ रहा हूँ।”

“कौन हैं वे लोग?” झल्लाहट के मारे मेरी आवाज़ ऊँची होती जा रही थी।

“फ़ेसबुक फ्रेंड्स।”

“क्या तुम किसी को भी जानते हो?”

“नहीं, पर वो लड़ाई में बराबर शामिल हैं, और इसमें बहुत-से लोग मेरा साथ भी दे रहे हैं।”

धीरू ने मुझे अपने फ़ोन पर वो पोस्ट दिखाई। पाँच सौ से ज़्यादा कमेंट्स थे। मैं बुरी तरह डर गया।

“ये कब से चल रहा है?”

“जब तुम मेरे घर से गए थे उसी वक़्त मैंने इसे लिख दिया था। तब से ही।”

“अभी तुम दिन की धूप के बारे में बात कर रहे थे, कैसे शाम होती है और कैसे हम बूढ़े हो जाते हैं।”

“तभी तो कहा कि अभी हम धूप की तपिश से झुलस रहे हैं। इस वक़्त हमें घर पर नहीं बैठना है, बाहर निकलकर लड़ना है।”

मैं धीरू को नहीं समझा सकता था। मैं इतना परेशान था कि मेरे चेहरे पर झूठी मुस्कुराहट आने लगी थी, मैं अपनी स्थिति के आश्चर्य में था। मैंने उससे फ़ोन लिया और सरसरी तौर पर उसकी पोस्ट देखने लगा। उसने कमेंट सेक्शन में रेणु की कहानी का आख़िरी हिस्सा डाला था। पर नाम

बदल दिए थे... सीता और गीता।

"तुमने कहानी का पूरा हिस्सा डाला है धीरू।"

"अगर नहीं डालता तो कैसे समझ आता लोगों को कि मैं क्या बात कर रहा हूँ! तुम देखो मैंने नाम बदले हैं।"

"सीता और गीता!"

"सही नाम है न?"

"धीरू, नाम बदलने से क्या होता है?"

"क्यों रेणु ने भी तो नाम बदले हैं!"

"उसका अर्थ अलग है।"

"तुम्हें मेरी चिंता नहीं है कि मैंने अपने हस्तमैथुन वाली बात सोशल मीडिया पर लिख दी है, तुम्हें चिंता है एक काल्पनिक कहानी की!"

"धीरू, तुम जिस बात के लिए लड़ने फ़ेसबुक पर गए थे अब तुम उसी के ख़िलाफ़ बात कर रहे हो।"

"मतलब?"

"मतलब सुनो ख़ुद को... तुम इस कहानी के लिए लड़ रहे हो और मुझसे कह रहे हो कि मुझे कहानी की नहीं तुम्हारी चिंता होनी चाहिए। तुम्हें कोई हक़ नहीं है इसके बारे में बात करने का। इस कहानी का नायक तुम नहीं हो... और न ही मैं हूँ।"

मैं हारकर वापस उसके बग़ल में बैठ गया। मैं किस बात का जवाब किसे दे रहा था मेरी समझ नहीं आया। मैंने एक सिगरेट निकाली और चुपचाप उसे पीने लगा। धीरू मेरे बग़ल में बैठा हुआ अपने फ़ोन पर बना रहा। कुछ देर में मैं उठा और जाने लगा।

"यश!" धीरू ने पीछे से आवाज़ दी, "तुम सही कह रहे हो, पर मैं अभी तो इस पोस्ट को डिलीट नहीं कर सकता हूँ। मैं कहानी के हिस्से निकाल दूँगा बाद में, मैं वादा करता हूँ।"

मैंने उससे कुछ नहीं कहा। मैंने रिक्शा पकड़ा और वापस घर चला गया।

25.

मैं देर रात अपने बिस्तर में पड़ा हुआ अपनी सीलन देख रहा था। मुझे उस सीलन में पहले दिन रेणु का आना दिखा। उसका कमरे के बीच में खड़े होकर दोनों हाथ फैलाना दिखा। उसका हँसना, हमारा पीना दिखा, और दिखा मेरा उसके ऊपर अपना पुरुषत्व का दिखाना। मैंने अपनी आँखें बंद कर दीं। फिर जब आँखें खोलीं तो मुझे उसका खिड़की पर खड़े रहकर धुन को देखना दिखा। और जब अंत में मुझे उसका अपनी कहानी देना दिखा तो मैंने मना कर दिया कि नहीं मैं तुम्हारी कहानी नहीं पढ़ूँगा। बस ये करना था मुझे। मुझे मेरे चरमराते पुरुषत्व को पकड़कर उसे मना कर देना था, तो आज ये सारा भसड़ नहीं होता। मैं अपने दैनिक जीवन की बोरियत में बिना किसी उलझन के प्रवेश कर जाता। मुझे रेणु को कैफ़े में ही मना कर देना था कि नहीं तुम मेरे घर नहीं आ सकती हो। लेकिन इस वक़्त सीलन में वो कैफ़े का दृश्य देखते हुए भी मैं उसे अपने घर आने के लिए मना नहीं कर पा रहा था। मैंने फिर अपनी आँखें बंद कर दीं। मुझे लगा कि मैं रेणु को एक बड़ा-सा मेल लिखूँ और सारा सच बताकर अपने मोबाइल को कुछ दिनों के लिए बंद कर दूँ। जब ये तूफ़ान शांत होगा तो मैं कुछ गालियाँ खाकर वापस अपने सादे जीवन की पटरी पर आ जाऊँगा। लेकिन इसमें शिखा थी, फ़ेसबुक पर चल रही बहस थी, धुन थी, जीवन थे। बात एक तूफ़ान से ख़त्म नहीं होनी थी। इसे ख़त्म करने के लिए कई

तूफ़ानों की ज़रूरत थी।

तभी फ़ोन पर मैसेज की घंटी बजी और मैं डर गया–पता नहीं किसका मैसेज होगा। मैंने देखा मेरे हाथ में रागिनी का ख़त था जिसे मैंने पढ़ने के लिए निकाला था, पर पढ़ा नहीं था। मैं सीलन में अपने जीवन को तरतीब से ज़माने में व्यस्त हो गया था। मैंने मैसेज देखा, रेणु का मैसेज था– 'Please check your mail.'

और मैंने अपना सिर पकड़ लिया। डरते हुए मैंने अपने फ़ोन पर अपना मेल खोला।

'हेलो यश,

तुम बिल्कुल सही कह रहे थे। मेरी ग़लती है कि मुझे उस वक़्त ये बात समझ नहीं आई कि तुम मैसेज पर या मेल पर नहीं बता सकते हो कि कहानी कैसी है। तुम्हें किसी की ज़रूरत है कहानी पर बात करने के लिए। काश मैं बंबई में होती तो हर बार कहानी भेजने के बाद तुमसे मिलती! पर अच्छा है कि रागिनी है और वह सारा कुछ विस्तार से बता देती है मुझे कि तुम क्या कहना चाहते हो कहानी पर। तुम्हारा दृष्टिकोण एकदम सटीक और सही है।

रागिनी ने बताया कि तुम्हें रेणु का धीरज के साथ सोना और राजुला का उन्हें सेक्स करते देखना बहुत अखर रहा है। बिल्कुल सही है, पर मैं बायसेक्शुअल हूँ और मेरे लिए ये काम करता है। तुम्हारे कहने के बाद मैंने उस पर सोचा और छोटे-मोटे बदलाव किए हैं। पर वो मैं रखना चाहती हूँ। बाक़ी कहानी तुम्हें अच्छी लगी, इस बात की मुझे बहुत ख़ुशी है। मैं रागिनी से कह रही थी कि कितना अच्छा हुआ कि मैंने कैफ़े में उस दिन तुमसे बात कर ली थी।

कोई कहानी पढ़ रहा है जिसे समझ है, ये बात और अच्छा लिखने के लिए प्रेरित करती है।

अपने व्यस्त समय में मेरे लिए वक़्त निकालने के लिए बहुत शुक्रिया, यश!

कहानी का आगे का हिस्सा भेज रही हूँ। पढ़कर रागिनी को बताना कैसा लगा। मेरी लिखने की रफ़्तार तुम्हारी वजह से बढ़ गई है।

तुम्हारी दोस्त

रेणु'

मेल में कहानी अटैच थी, पर मैंने उसे नहीं खोला। मैं इस वक़्त कहानी नहीं पढ़ना चाह रहा था। मैंने फ़ोन किनारे रखा और वापस अपनी छत की सीलन को देखने लगा। धुन रागिनी से ख़त के ज़रिये बात कर रही है, रागिनी अपनी बात रेणु से कर रही है, सारा कुछ मेरे नाम पर हो रहा है जबकि मैं ख़ुद इस सब में नदारद हूँ। मैंने एक गहरी साँस ली और रागिनी का ख़त पढ़ने लगा।

प्रिय धुन,

बहुत पहले की बात है। मेरे कमरे की खिड़की पर एक चिड़िया आया करती थी। वो बहुत चीख़ती थी। मैं शायद दसवीं कक्षा में थी। माँ हमेशा उस चिड़िया को भगा दिया करती थी। एक दिन मैंने खिड़की के बाहर की तरफ़ एक छोटा-सा घोसला उसके लिए बना दिया, पर मजाल है वो उस घोसले में क़दम भी रखे! मैं उसके क़रीब जाऊँ तो वो बाहर वाले पेड़ पर जाकर बैठ जाए मानो मुझे बुला रही हो। मैं उसे प्यारी कहती थी, प्यारी चिड़िया। जब मैं उससे बात करूँ तो वो चुप हो जाए और जब मैं उदास रहूँ तो उसका बोलना बंद न हो। एक दिन मेरी सहेली मेरे कमरे में थी जिसे मैं बहुत पसंद करती थी, तब मैंने पहली बार देखा कि प्यारी मेरे बनाए घोसले में प्रवेश कर रही है। मैं चाहती थी कि मेरी सहेली भी प्यारी से मिले, पर मैंने देखा उसे वो चिड़िया दिखती ही नहीं थी। फिर मैंने माँ को भी कहा कि देखो एक चिड़िया सामने के पेड़ पर बैठी है, पर उन्हें भी नहीं दिखी वो चिड़िया। मुझे लगा मेरे भीतर कुछ गड़बड़ी है। मेरी माँ उस वक़्त मुझे डॉक्टरों के पास भी ले गई, पर किसी भी दवाई का कुछ

भी असर नहीं हुआ। प्यारी अब घोसले में रहने लगी थी और मैं बिस्तर में पड़े-पड़े उससे बात करने लगी थी। जब मैं कॉलेज में आई और मैंने पहली बार एक लड़की को हॉस्टल वाले अपने कमरे में चूमा था तो मेरे अलावा सिर्फ़ प्यारी इस बात की गवाह थी। मुझे मेरे कॉलेज से निकाल दिया गया था क्योंकि ये बात फैल गई थी कि मैंने एक लड़की को ज़बरदस्ती चूमा था। ज़बरदस्ती कुछ भी नहीं हुआ था, पर जब बात फैली तो उस लड़की ने ख़ुद को बचाने के लिए कहा कि मैंने उसके साथ ज़बरदस्ती की थी। ज़बरदस्ती शब्द का मेरे ऊपर इतना गहरा असर हुआ था कि मैं अपने बिस्तर से उठती नहीं थी। वहीं पड़ी रहती और रोती रहती थी। मुझे लगा बस एक प्यारी है जो मेरी बात समझती है। एक दिन मेरी माँ ने प्यारी से मेरे सारे संवाद सुन लिए। मैं डर गई कि वो उसका घोसला तोड़ देंगी, पर उन्होंने कहा कि मैं प्यारी को देख सकती हूँ। मैं उस दिन माँ से लिपटकर बहुत रोई थी। मुझे इतना अच्छा लगा कि मेरे अलावा भी कोई है जो मेरी प्यारी को देख सकता है, मैं पागल नहीं हूँ। माँ ने मुझे कहा कि तू विदेश जा पढ़ने के लिए और वहीं अपना भविष्य बना। मैंने उनकी बात मान ली और न्यूयॉर्क चली गई। वहाँ इतना खुला माहौल था कि मैं आश्चर्य में पड़ गई। जो बातें मैं अपनी प्यारी से फुसफुसाते हुए, डरते-डरते करती थी वो वहाँ खुलकर की जाने वाली बातें थीं। मैं वहाँ बहुत ख़ुश थी। पर मेरी प्यारी वहाँ नहीं थी। मुझे लगा कि ये दुनिया मेरी नहीं है मेरी दुनिया में वो चिड़िया का आना है, मेरा उससे फुसफुसाते हुए बात करना है। मैं चाहती थी कि मेरी दुनिया में मेरी चिड़िया की बातें लोगों को समझ आएँ। मैं सब कुछ छोड़कर वापस आ गई।

मैं अब मेरी प्यारी का दिखना छुपाती नहीं हूँ। मुझे मेरी माँ के अलावा भी लोग मिले हैं जिन्हें मेरी चिड़िया दिख जाती है। ज़्यादा लोग नहीं हैं, पर वे हैं, इस बात की तसल्ली है। एक दिन मैं भी तुम्हें अपनी प्यारी से मिलवाऊँगी। तुमसे मिलकर वो ख़ूब चहकेगी।

तुमने बिल्कुल सही कहा कि कहानी का वो हिस्सा जिसमें राजुला रेणु

को धीरज के साथ सोता हुआ देखना चाहती है, ठीक नहीं है। पर राजुला, जो असल में रेणु है, ख़ुद को तकलीफ़ पहुँचाना चाहती है। पता नहीं ये कितना काम कर रहा है, पर इसके पीछे विचार यही है।

तुम्हारे .ख़त पढ़कर बहुत आनंद आता है, धुन।

कहानी तुमसे साझा करने का सुख है।

प्यारी

राजुला

26.

बरसाती में चाँद की रोशनी भीतर आ रही थी। रेणु और राजुला के नग्न शरीर चादर में आधे छुपे आधे बाहर थे।

"तुम्हारे बग़ल में पड़े हुए मैं भूल जाती हूँ कि मैं क्या हूँ, रेणु या मैं वापस राजुला हो चुकी होती हूँ।" रेणु ने कहा और एक गहरी साँस छोड़ी। दोनों के माथे पर पसीने की बूँदें चमक रही थीं। पंखे की हवा से उस पसीने के कारण दोनों को माथे पर हल्की ठंडक महसूस हो रही थी। राजुला चुप रही। वह रेणु के शरीर पर अपनी उँगलियों की हल्की हरकत देख रही थी।

"माँ के आस-पास रहने से बहुत डर लगता है। वह बहुत असहज रूप से चुप हैं। अगर डाँट देतीं या कुछ कह देतीं तो पता चल जाता कि उनके भीतर क्या चल रहा है। अभी तो मेरी कुछ समझ नहीं आ रहा। जब उनके आस-पास होती हूँ तो बार-बार ख़ुद से कहती हूँ कि डरो नहीं तुम रेणु हो। फिर अपने शरीर पर हाथ फेरती हूँ और तुम्हारे बने टैटू महसूस करती हूँ। तब कहीं जाकर थोड़ा डर ख़त्म होता है।"

"तुम्हें उनसे इतना डरने की ज़रूरत नहीं है।"

"अगर माँ ने धीरज को बता दिया तो?"

"धीरज को तुम ही बता दो।" राजुला ने कहा।

"मैं?"

रेणु चुप हो गई। उसने करवट ली और राजुला से लिपट गई।

"धीरज कहीं बाहर गए हैं?" राजुला ने पूछा।

"हाँ, शुक्र है वह यहाँ नहीं हैं, वो अगले हफ़्ते वापस आ रहे हैं।"

"तो?"

"तो क्या?"

"तुम बताओगी उन्हें!"

"क्या बताऊँगी? मैं ख़ुद नहीं जानती हूँ कि ये क्या है? क्यों मेरे क़दम लगातार बरसाती की तरफ़ जाना चाहते हैं। मैं पैंतीस की होने वाली हूँ रेणु और मुझे लग रहा है कि मैंने अभी-अभी जवानी में क़दम रखा है। मेरे पास इस वक़्त किसी से लड़ने की जगह नहीं है। और अगर धीरज को पता चल गया तो तुम्हें यहाँ से जाना पड़ेगा और वो मैं सहन नहीं कर सकती हूँ।"

"कितनी सुविधाजनक बात है ये!"

रेणु उठकर बैठ गई। वह अपने कपड़े बटोरने लगी।

"तुमने कहा था कि तुम रात यहीं बिताओगी!" राजुला ने कहा।

"तुम्हारे सवालों के मेरे पास जवाब नहीं हैं, राजुला। और मैं तुमसे झूठ नहीं बोलना चाहती हूँ।"

रेणु जैसे ही बिस्तर से उठने लगी, राजुला ने उसका हाथ पकड़ लिया और अपने पास खींच लिया।

"I am sorry! जब तुम नीचे चली जाती हो तो मैं सीढ़ियों की आहट पर अपने कान गड़ाए रहती हूँ। मैं बस तुम्हारे ऊपर आने का इंतजार करती रहती हूँ। मुझे पता है, तुम्हारा घर में अभी बात करना असंभव है, पर मैं समय रहते बहुत स्वार्थी हो गई हूँ। मुझे जो चीज़ अच्छी लगती है मुझे हमेशा डर बना रहता है कि वो मुझसे छूट जाएगी।"

"मैं नहीं छूटना चाहती हूँ।"

राजुला ने रेणु का चेहरा अपने हाथों में लिया और उसे चूमने लगी। फिर उसने बग़ल से पानी की बोतल उठाई और रेणु के शरीर पर उसने पानी के छींटे मारे। फिर बोतल वापस रखकर उसने हर छींटे को चाटना शुरू किया।

"तुम्हें पता है!" राजुला धीरे-धीरे पानी के छींटों को चाटते हुए कह रही थी, "जब हम नदी किनारे रहते थे तो मेरी दोस्त और मैं स्कूल से भागकर जंगल में नदी किनारे जाकर बैठते थे?"

ये कहते हुए राजुला रेणु के स्तन के आस-पास के पानी को चाटने लगी।

"एक दोपहर को हम दोनों पानी में कूद गए। देर तक पानी में खेलते रहे। जब बाहर निकले तो वापस स्कूल जाने के लिए हमें कपड़े सुखाने थे। हम दोनों ने एक पेड़ के पीछे जाकर अपने कपड़े उतारे और उसे निचोड़कर धूप में डाल दिए। मेरी दोस्त डरी हुई थी कि कहीं कोई आ न जाए। और मैं उसके शरीर को

देख रही थी। पहली बार मैंने किसी दूसरे के नग्न शरीर को देखा था। उसके छोटे गोल कसे हुए स्तन से पानी की बूँदें सरककर नीचे की तरफ़ जा रही थीं। और उस वक़्त मेरी इतनी तीव्र इच्छा हुई उन पानी की बूँदों को चाटने की कि मैं बता नहीं सकती हूँ। वो मुझे उसके स्तन को देखता हुआ देख रही थी। मैं उसे छू नहीं पाई थी। जब भी मेरा गला सूखता है, मुझे पानी की वही बूँदें याद आती हैं जो उसके स्तन के आस-पास से बहुत ही धीमी गति से सरक रही थीं।"

राजुला रेणु के स्तन से होते हुए उसकी नाभि तक पहुँच गई थी। रेणु ने अपने दोनों पैर खोल दिए थे। राजुला रेणु की जाँघ के भीतरी किनारों को चूमने लगी। रेणु के मुँह से अचानक कुछ तेज़ आवाज़ें निकलने लगी थीं। राजुला ने अपना सिर उठाया और रेणु के मुँह पर उँगली रख दी। रेणु ने उसकी उँगली हटा दी। राजुला हँसने लगी। रेणु ने राजुला के सिर पर हाथ रखकर उसे वापस अपनी जाँघों के बीच में डाल दिया।

चाँद की रोशनी से पूरी बरसाती और उसकी छत चमक रही थी। नीचे जाती सीढ़ियों पर भी चाँद की रोशनी पसरी पड़ी थी। रेणु की आवाज़ हर कुछ देर में थोड़ी और ऊँची होती जाती। वो आवाज़ उस रोशनी से कहीं आगे तक सफ़र कर रही थी। धीमे-दबे क़दमों से धीरज की माँ ने चाँद की उस रोशनी में क़दम रखा। वह सीढ़ियों पर थीं और ऊपर तक आना चाहती थीं, पर रेणु (जो उनके लिए राजुला थी) की कराह उनके पूरे शरीर में ऐसी हरकत करने लगी कि वह जहाँ थीं वहीं ठिठककर रह गई थीं। वह सोचने लगीं कि इस वक़्त बरसाती के कमरे में क्या हो रहा होगा! रेणु की इस तरह की आवाज़ें उन्हें कभी धीरज के

कमरे से भी नहीं आई थीं। ये क्या आवाज़ें हैं? ये शरीर के किस कोने से निकल रही हैं? उनसे सीढ़ियों पर खड़े रहते नहीं बना, वह जहाँ खड़ी थीं, वहीं बैठ गईं। उनकी इच्छा हुई कि वह धीरज को अभी फ़ोन करें और सारा कुछ बात दें, पर क्या बताएँगी? उनकी कभी धीरज से इस क़िस्म की बातें नहीं हुई थीं। भगवान, घर, किचन, खाना, कपड़े, त्योहारों के अलावा उन्हें याद नहीं कि धीरज और उनके बीच कभी किसी दूसरे विषयों पर बात हुई हो। वह उठीं और भागती हुई अपने कमरे में पहुँचीं और उन्हें बिस्तर पर 'स्वांतः सुखाय' दिखा। उन्हें लगा जैसे स्वांतः सुखाय को सारा कुछ पता है। वह उस स्वांतः सुखाय के बग़ल में लेटीं, उसे गले लगा लिया और देर तक अपने जीवन की सारी शिकायतें उससे करने लगीं। उन्हें एहसास हुआ कि स्वांतः सुखाय सब सुन रहा था, पर कुछ भी जवाब नहीं दे पा रहा था। जब वह बोल-बोलकर ख़ाली हो गईं तो उन्हें गहरी नींद का एक झोंका आया और वो सो गईं।

27.

सुबह मंदा जी के काम करने की खटर-पटर से नींद खुली। मैंने उनसे गुज़ारिश की एक चाय बनाने की, उन्होंने मुझे अपने काम की व्यस्तता के बीच में देखा और गैस पर चाय चढ़ा दी। मंदा जी के हाथ की चाय पीते हुए मैंने रेणु की भेजी कहानी पढ़कर ख़त्म की। उन्होंने मेरे हाथों से ख़ाली कप लिया, उसे धोया और अपना काम ख़त्म करके वह वहीं खड़ी रहीं। मैं बिस्तर से उठकर बैठ गया। यूँ मंदा जी काम ख़त्म होते ही भाग लेती थीं, पर आज वह जा नहीं रही थीं। मेरे दिमाग़ में चल रहा था कि ये 'स्वांतः सुखाय' कौन है? पर मैंने अभी रेणु की कहानी को अपने दिमाग़ से निकाला और मंदा जी से पूछा, "क्या हुआ मंदा जी, सब ठीक है?"

"भैया, कुछ पैसे चाहिए।"

"अभी तो दिए थे!"

"वो तो घर में कम पड़ गए थे, आप वो पैसे पगार से काट लेना।"

"अभी कितने चाहिए?"

"तीन लाख रुपये।"

"क्यों?"

"गाँव में घर बनाना है।"

"गाँव में कौन रहता है?"

"कोई नहीं।"

"तो आप गाँव वापस जाना चाहती हो?"

"नहीं भैया, हम कहाँ वापस जाएँगे! गाँव बहुत अंदर है। वहाँ कोई नहीं रहता अब।"

"तो इतना पैसा क्यों खर्च करना!"

"क्या भैया! गाँव में अपना अच्छा घर तो होना चाहिए न! भले ही कोई न रहे। घर तो वही है। यहाँ तो झुग्गी है।"

"मैं भी किराए पर रहता हूँ, इतना पैसा नहीं है मेरे पास।"

"भैया, मेरी दो बीसी चलती है, उनका पैसा आते ही आपको दे दूँगी, बाक़ी पगार से कटवाती रहूँगी। बहुत मदद हो जाएगी।"

"ठीक है, देखता हूँ।"

मंदा जी के गाँव के घर वाली बात मेरे दिमाग़ में घूमने लगी थी। फिर अचानक मैं रेणु की कहानी के बारे में सोचने लगा और स्वांतः सुखाय की गुत्थी में फँस गया। फ़ोन पर शिखा के मैसेज थे। मैंने खोला तो उसमें लिखा था– 'तुमने फ़ेसबुक पर देखा, कहानी पर कितनी ख़तरनाक बहस चल रही है! ये वायरल हो रही है। अगर हो सके तो देख लो। और जैसे ही अगला हिस्सा आएगा तो मुझे भेजना।'

बिस्तर छोड़ते ही मुझे लगा भीतर सब भारी है। मैंने ढेर सारा पानी पिया और खिड़की पर खड़े होकर एक सिगरेट जलाई। मेरी आँखें बग़ल वाली बिल्डिंग के छठे माले पर थीं। मुझे जीवन की आकृति दिख रही थी। मुझे लगा कहीं वह झूठ तो नहीं बोलते हैं कि वो अंधे हैं! एक अंधा आदमी इतनी आसानी से कैसे एक कमरे के घर में जी रहा है! फिर लगा कि असल में तो झूठा मैं हूँ, जो झूठा होता है उसे सारा कुछ झूठ ही नज़र आता है। मुझसे सिगरेट ख़त्म नहीं हुई। मैंने उसे बुझा दी और लगा कि मुझे अपने झूठ का कुछ करना चाहिए। मुझे एक बड़ा झूठ चाहिए जिससे ये सारे छोटे झूल रहे झूठ ख़त्म हो जाएँ।

मैं रागिनी का ख़त लेकर इंटरनेट कैफ़े में गया। वहाँ मैंने पहले कहानी का एक प्रिंटआउट लिया धुन के लिए। और शिखा और धीरू को कहानी

मेल की। बस कहानी मेल करने के पहले मैंने उसके अंत में कुछ वाक्य जोड़ दिए।

> ‘वह उठीं और भागती हुई अपने कमरे में पहुँचीं और उन्हें बिस्तर पर ‘स्वांतः सुखाय’ दिखा। उन्हें लगा जैसे स्वांतः सुखाय को सारा कुछ पता है। वह उस स्वांतः सुखाय के बग़ल में लेटीं, उसे गले लगा लिया और देर तक अपने जीवन की सारी शिकायतें उससे करने लगीं। उन्हें एहसास हुआ कि स्वांतः सुखाय सब सुन रहा था, पर कुछ भी जवाब नहीं दे पा रहा था। जब वह बोल-बोलकर ख़ाली हो गईं तो उन्हें गहरी नींद का एक झोंका आया और वह सो गईं।
>
> धीरज की माँ ये सब स्वीकार नहीं कर पाईं और धीरज के आने के पहले घर छोड़कर पहाड़ों में आश्रम में चली गईं। जब धीरज आया तो रेणु (जो कि राजुला थी) ने उसे सारा कुछ बताया। धीरज पहले ग़ुस्से में आग-बबूला हो गया, पर बाद में उसने बात को समझा और उसने रेणु और राजुला के संबंध को स्वीकार कर लिया।
>
> वे तीनों एक ही घर में हँसी-ख़ुशी रहने लगे।
>
> समाप्त।’

ये मेल भेजा और मैं प्रार्थना करने लगा कि काश ये झूठ धीरू और शिखा पर काम कर जाए। अब कम-से-कम मैं उनसे ये तो कह सकता हूँ कि भई कहानी ख़त्म हो चुकी है, लेखक को जैसा मंज़ूर है वहाँ उसने कहानी ख़त्म कर दी, बस। जब मैंने आख़िरी हिस्से के अपने झूठ को पढ़ा तो मुझे यक़ीन हो गया कि मैं कभी लेखक नहीं हो सकता हूँ।

कहानी भेजने के बाद मैं सीधा बग़ल वाली बिल्डिंग के छठे माले पर गया। मैंने देखा, धुन अभी भी घर पर ही थीं, उनके कमरे के बाहर ताला नहीं लगा था। मेरे हाथों में लिफ़ाफ़ा था। मैंने जीवन के कमरे के सफ़ेद दरवाज़े को धीरे से खटखटाया। मैं नहीं चाहता था कि धुन मेरे दरवाज़ा खटखटाने को सुन लें। भीतर से आवाज़ आई।

"धुन? तुम हो?"

"जी, मैं यश।"

उन्होंने दरवाज़ा खोला। मैं जल्दी से भीतर आया और धीरे से दरवाज़ा लगा दिया।

"कैसे हैं आप?"

"मैं ठीक हूँ, तुम कैसे हो? वैसे धुन अभी गई नहीं है, वो मुझे लंच देने के बाद जाती है। आज वह शायद देर से अपने काम पर जा रही है।"

"मैं आपसे ही मिलने आया था।"

"अच्छा बताओ, क्या बात है?"

"मुझे बहुत घबराहट हो रही है तो मुझे लगा आपसे बात कर लेता हूँ।"

"आओ बैठो।"

हम दोनों सोफ़े पर बैठ गए। मुझे पता नहीं था कि मैं असल में यहाँ क्या बात करने आया था। मैं बस अपना सारा झूठ अपने शरीर से झाड़ देना चाहता था। पर इसे बातों में कैसे कहें? मैं उनके बग़ल में चुपचाप बैठा रहा।

"बोलो मैं सुन रहा हूँ।" जीवन ने कहा।

मैंने सोचा, अगर जीवन सुन ही रहे हैं तो मेरे दिमाग़ में जो भी पहली चीज़ आती है मैं उसे ईमानदारी से कहना शुरू करता हूँ।

"मैं चाहता हूँ आप मुझे बता दो कि क्या करना है!" मैंने कहा।

"किस बारे में?"

"जीवन के बारे में।"

"किसके जीवन के बारे में?"

"मेरे।"

"मैं कैसे बता सकता हूँ!"

"आप कोशिश तो करें।"

"कैसे?"

"जैसे आप बिना कमरे से निकले पूरा शहर घूम रहे होते हैं।"

"पर वो तो मेरा जीवन है, तुम्हारे जीवन की कल्पना मैं कैसे कर सकता हूँ!"

"क्यों नहीं कर सकते, लोग काल्पनिक किताबें लिख रहे होते हैं वो कैसे लिखते हैं!"

"पर मैं तो तुम्हें जानता भी नहीं हूँ।"

"आप मान लो।"

"क्या?"

"आपने ही मुझे उस दिन बेटा कहा था न!"

"हाँ।"

"तो मान लीजिए कि मैं आपका बेटा हूँ।"

जीवन चुप हो गए। मुझे लगा वह सोफ़े पर से उठ जाना चाहते थे। मैंने उनके बग़ल में रखी छड़ी उन्हें पकड़ा दी। उन्होंने उस छड़ी को कसकर पकड़ लिया। मैं उनकी उँगलियों का लाल होना देख सकता था। पर वह उठे नहीं। उन्होंने अपनी लाल उँगलियों पर अपना सिर टिका लिया। मुझे लगा वह कुछ सोच रहे हैं, पर तभी वह तेज़-तेज़ साँस लेने लगे। मैंने उनके कंधे पर हाथ रखा।

"आप ठीक हैं?"

उन्होंने मेरा हाथ झटक दिया।

"मैं लेटना चाहता हूँ।" उन्होंने गहरी साँसों के बीच में जैसे-तैसे कहा।

मैं खड़ा हुआ और वह सोफ़े पर लेट गए। उन्होंने छड़ी को अपनी छाती पर रख लिया और दोनों हाथों से उसे पकड़े रहे। कुछ देर में उनकी साँसें सामान्य हुईं। मुझे लगा वह गहरी नींद सो चुके थे। मैं धीरे से वहाँ से

निकलने लगा।

"क्या दिख रहा है तुम्हें?" उनकी आवाज़ आई।

"जी?" मैं वापस पलटकर आया।

"तुम जा रहे थे?"

"मुझे लगा आप सो गए हैं।"

"एक अंधा आदमी कब सोता है कब जागा रहता है ये कैसे पता कर लिया तुमने?"

उनका एक हाथ छड़ी से अलग हुआ और हवा में टटोलते हुए मेरी तरफ़ बढ़ा। मैंने अपना हाथ उनके हाथों में पकड़ाया। उन्होंने मुझे धीरे से खींचकर अपने पास बिठा लिया।

"तो बताओ बेटा, क्या दिख रहा है तुम्हें?"

"इस वक़्त?"

"हाँ ठीक अभी..."

उनके हाथ बहुत खुरदुरे थे, पर पकड़ में एक मज़बूती थी। मैंने अपने हाथ को उनके हाथों में रहने दिया।

"आप दिख रहे हैं।"

"और..."

"और ये छोटा-सा कमरा, सिंक में बर्तन, खुली अलमारी में बिखरे कपड़े, खिड़की।"

मैं अपनी पूरी ईमानदारी पर था। जो कुछ जैसा था, मैं उसे वैसा-का-वैसा जी लेना चाहता था। बिना झूठ की लाग-लपेट के।

"इसके बाहर क्या दिख रहा है?"

"खिड़की के बाहर, कुछ पेड़, मेरी बिल्डिंग का एक हिस्सा और थोड़ा आसमान।"

"अब अपनी आँखें बंद करो।"

वह कुछ देर रुके रहे।

"कर ली?" उन्होंने बहुत धीरे से पूछा।

"जी।"

"अब क्या दिख रहा है?"

"मेरा कमरा, कमरे की सीलन, दोपहर की चुप।"

"कमरे से बाहर निकलो।"

"लिफ़्ट, सब्ज़ी वाला, हाईवे के बग़ल की सर्विस रोड।"

"तुम कहाँ खड़े हो?"

"हाईवे के बग़ल में..."

"अब बताओ, कहाँ जाना चाहते हो?"

"पता नहीं..."

"क़दम तो बढ़ाओ।"

"मुझे डर है कि जैसे ही मैंने हाईवे पर क़दम रखा मैं ऑफ़िस पहुँच जाऊँगा। मैं ऑफ़िस नहीं जाना चाहता हूँ।"

"वहीं खड़े रहो, मैं भी आता हूँ तुम्हारे साथ।"

उन्होंने मेरा हाथ छोड़ा और कुछ देर में फिर पकड़ लिया।

"मैं आ गया", उन्होंने फुसफुसाते हुए कहा, "अब बताओ, कहाँ जाना चाहते हो?"

"घर।"

"तो चलो, मैं हूँ तुम्हारे साथ।"

मैं देर तक हाईवे के किनारे खड़ा रहा। जीवन को मैं अपने बग़ल में खड़ा हुआ देख सकता था। उनका हाथ मेरे हाथों में था, उनके हाथों में छड़ी नहीं थी, वह देख पा रहे थे। कुछ देर में मैंने महसूस किया कि मेरा शरीर कड़क होता जा रहा है। जीवन के हाथ पर मेरी पकड़ थोड़ी तेज़ होती जा रही थी। मैंने कुछ कदम आगे बढ़ाए....

"कहाँ हैं हम?" जीवन ने पूछा।

"मेरे गाँव के घर की गली के नुक्कड़ पर हैं, सामने घर दिखाई दे रहा है। घर का दरवाज़ा खुला हुआ है।"

"चलो, चलते हैं।"

मैंने कुछ क़दम और आगे बढ़ाए तो देखा खुले हुए दरवाज़े से मेरे पिता कुर्सी पर बैठे हुए दिख रहे हैं। मैं दरवाज़े तक पहुँचा तो देखा पिता की शक्ल जीवन से बहुत मिलती है।

"कौन है?" पिता ने पूछा।

मुझे आश्चर्य हुआ कि मेरे पिता अंधे थे। उन्हें मैं दिखाई नहीं दे रहा था। मैं उसी वक़्त याद करने लगा कि क्या मेरे पिता सचमुच अंधे थे, क्या उन्हें मैं सच में कभी दिखाई नहीं दिया था!

उन्होंने फिर पूछा, "कौन है?"

मैंने उन्हें कोई जवाब नहीं दिया, मैं सीधा किचन में घुसा जहाँ मुझे मेरी माँ और सादिया आंटी दिखीं। वे दोनों किचन की बालकनी पर लगे हुए लकड़ी के झूले में बैठी थीं। मेरे घर के किचन में बालकनी नहीं थी। माँ हमेशा कहती थीं कि घर में एक झूला होना चाहिए, पर घर में कभी झूला नहीं था। मैं उनके पास गया। बालकनी के बाहर घने जंगल का विस्तार दिख रहा था। हमारे घर के बाहर कच्ची सड़क थी, जंगल नहीं था। एक चिड़िया मुँडेर पर बैठी चहक रही थी। मैं उस चिड़िया को पहचान गया। ये रागिनी की चिड़िया थी... प्यारी। माँ झूले में सादिया आंटी की गोद में सिर रखकर सो रही थीं और सादिया आंटी के हाथों में एक किताब थी। तभी उन्होंने मुझे देखा, "अरे बेटा तू! सुनो, यश आया है।" सादिया आंटी ने माँ को उठाने की कोशिश की।

"उन्हें सोने दीजिए, बहुत थकी हुई लग रही हैं माँ।"

"हाँ, बहुत थक जाती है।"

वह माँ के सिर पर हाथ फेरने लगीं। माँ ने नींद में ही सादिया आंटी का हाथ अपने हाथों में ले लिया और करवट लेकर सादिया आंटी के हाथ को अपने गाल के नीचे फँसा लिया। सादिया आंटी झेंप गईं। वह अपना हाथ खींचने लगीं। मुझे लगा ये कितनी बड़ी त्रासदी है कि मेरे सिर्फ़ यहाँ होने से ये सुंदर प्रेम प्रदूषित हो रहा है!

"रहने दीजिए, आप दोनों साथ में बहुत सुंदर दिखते हैं।" मैंने कहा।

सादिया आटीं मुस्कुरा रही थीं, पर उनकी झेंप पूरी तरह गई नहीं थी।

"क्या पढ़ रही हैं आप?"

"इस्मत चुग़ताई की कहानी है लिहाफ़।"

"पर आपको तो पढ़ना नहीं आता है!"

"वही तो, हिज्जे कर-करके सुना रही थी तेरी माँ को और वह सो गई।"

"कैसी है कहानी?"

"पूरी कहानी लिहाफ़ में दबी-छुपी है।"

"मैं पढ़कर सुनाऊँ?"

उन्होंने वो किताब मुझे पकड़ा दी। मैंने उसे अपने हाथ में लिया और जैसे ही किताब को देखा तो दिखा सारे पन्ने कोरे हैं। कहीं भी एक शब्द भी नहीं लिखा है।

"ये तो..."

मैं कहना चाहता था, ये तो ख़ाली है, पर मैंने देखा सादिया आंटी मेरी माँ की कमर पर सिर रखकर लेट गई हैं और मेरे कहानी सुनाने का इंतज़ार कर रही हैं। बालकनी पर रागिनी की प्यारी चहक रही है। तभी माँ की आँखें खुलीं और उन्होंने मुझे ऐसे देखा मानो मैं यहाँ से कभी गया ही नहीं था। उन्होंने अपना हाथ बढ़ाया और मुझे झूले में अपने बग़ल में बिठा दिया। मेरे सामने सादिया आंटी और माँ एक-दूसरे में गुत्थमगुत्था वैसे ही लेटी हुई थीं जैसा मैंने उन्हें एक दिन अपनी दीवार की सीलन में लेटे हुए देखा था और आँखें बंद कर ली थीं। मेरी आँखें अभी खुली हुई थीं और उन्हें ऐसे देख रही थीं मानो इससे सामान्य ख़ूबसूरत दृश्य मेरी आँखों ने कभी देखा ही न हो।

"सुनाओ।" माँ ने लेटे-लेटे कहा।

मैंने कोरे पन्ने पर निगाह डाली। गला साफ़ करते हुए थूक निगला। पर क्या सुनाता, किताब कोरी थी।

"सुनाओ।" बग़ल से जीवन की आवाज़ आई, मैंने देखा कि मेरे पिता किचन के पास अपनी कुर्सी पर बैठे हुए हैं।

"पर ये कोरी है किताब।"

मुझे पता नहीं था इस वक़्त मैं किससे बात कर रहा था, अपने पिता से या जीवन से।

"तुम शुरू करोगे पढ़ना तो शब्द दिखते जाएँगे, जैसे तुमने चलना शुरू किया और देखो तुम घर पर हो।"

जीवन की आवाज़ में पिता ने कहा। मैंने देखा, माँ और सादिया आंटी मुझे ही देख रही थीं। मैंने पढ़ना शुरू किया–

'बहुत पहले की बात है एक बच्चा हुआ करता था। जब उसका स्कूल में दाख़िला करवाया गया तो उसे पता चला कि वह तो अंधा है। उसे बाहर का संसार दिखता ही नहीं है। फिर पता चला कि असल में सारे बच्चे अंधे होते हैं। चश्मा उन्हें घर के बाहर ही मिलता है जिससे वे संसार देखना सीख पाते हैं। जैसे-जैसे उसने बाहर के संसार को देखना सीखा, उसे अपना घर धुँधला दिखने लगा। पिता एक धुँधली आकृति होते जा रहे थे। पर माँ ठीक थीं। वह ज़्यादा वक़्त माँ के आँचल में बिताता और पिता के धुँधलेपन से दूर भागता। एक दिन पिता पूरी तरह ग़ायब हो गए। मोहल्ले वाले, गाँव के नुक्कड़ पर, स्कूल में उससे उसकी माँ के बारे में अजीब से सवाल पूछे जाते। वह हर परीक्षा में अव्वल आता था। उसे सवालों के हल करने में जवाबों का रटना पता था। लेकिन उसे पता नहीं था कि उन सवालों का क्या करे जिनके जवाब रटने से नहीं आते हैं! स्कूल में उसने बस रटना ही सीखा था। सो वह रटे-रटाए जवाब बटोरने लगा। उसे बाहर बिखरी हुई जितनी भी माँ की परिभाषाएँ दिखीं, उसने उन सबको रट लिया। जब-जब वह नई परिभाषा रटकर घर आता माँ कुछ धुँधली हो जातीं। उसे डर था कि एक दिन उसे माँ का दिखना भी बंद हो जाएगा। वह परिभाषाओं को रटने के बजाय मंदिरों में, आश्रमों में, विद्वानों से बात करने लगा। ये सारे-के-सारे पुरुष थे। वह जब भी इन पुरुषों के जवाबों को आत्मसात् करके घर आता, उसकी माँ ग़ायब होती जातीं। दिन बीतते गए और धीरे-धीरे उसे माँ दिखना बंद हो गईं। वह रोया, चीख़ा, चिल्लाया, पर माँ नहीं दिखीं। वह

चीख़ते हुए बार-बार कहता कि मेरी माँ बाक़ी माँओं की तरह सामान्य क्यों नहीं थीं? वो बस सामान्य देख सकता था, और उसके चश्मे की वजह से उसके सामान्य का दायरा बहुत छोटा था।

फिर एक दिन उसे किताब की अलमारी हवा में हिलती हुई दिखी, उसे लगा वहाँ कोई है, कोई है जो कुर्सी पर चढ़कर अलमारी के ऊपर की किताबें साफ़ कर रहा है, पर उसे कोई दिखा नहीं। उसे लगा किताबें ख़ुद-ब-ख़ुद अपनी धूल फेंककर वापस जमती जा रही हैं। वह डर गया, अब वह डर ठीक किसका था ये वह नहीं जानता था, पर उसने किताब की अलमारी को एक लात मारी और वो अलमारी पूरी-की-पूरी सामने की तरफ़ गिर गई और उसके गिरते ही उसे माँ की चीख़ सुनाई दी, पर माँ उसे नहीं दिखीं। वह घबराकर, उस वक़्त घर से भाग गया था। वह गाँव की सड़कों पर दौड़ता रहा। उसे सारा बाहर साफ़ दिखाई दे रहा था और पूरा घर ग़ायब हो चुका था। भागते-भागते वह गाँव की सीमा तक पहुँच गया। जब उसने पीछे पलटकर देखा तो पूरा गाँव धुँधला हो चुका था। वह अब इस धुँधलेपन को सहन नहीं कर सकता था, सो वह आगे भागता रहा और एक दिन वह शहर पहुँच गया। बहुत बड़े शहर में पहुँचकर उसने साँस ली। यहाँ उसे जो जैसा था वैसा ही दिख रहा था। उसने उस शहर में गुम जाने का फ़ैसला किया। अब वह इस साफ़ दिख रहे शहर में धुँधला होकर जी रहा था।

लेकिन, एक दिन रेणु ने उसे देख लिया। रेणु ने उसके दिखते ही उसे अपनी कहानी सुनाई। कहानी जवान सादिया और कुँआरी माँ की थी। वह कहानी में भीतर तक घुसा जा रहा था। एक दिन कहानी से निकलने की जद्दोजहद में उसे ठोकर लगी और उसका चश्मा चरमराकर टूट गया। उसके सामान्य देखने का दायरा उसकी आँखों के सामने चरमराकर टूट गया। उसे अब माँ साफ़-साफ़ दिखने लगी थीं। इतनी साफ़ कि वह यक़ीन नहीं कर पा रहा था कि उसने कभी माँ को ऐसे देखा था। वह झूले में सादिया आंटी के साथ झूला झूलती रही थीं। माँ कितनी सुंदर थीं, कितनी

कोमल थीं, वह सोचने लगा। वह अभी दिख रही माँ की परिभाषा रट लेना चाहता था। वह चाहता था कि इस परिभाषा को रटकर वह गाँव के नुक्कड़ पर जाए, गलियों में, स्कूलों में जाए और सबको सुनाए प्रेम की ये परिभाषा, जिसे किसी किताब में जगह नहीं मिली थी। पर इसकी कोई परिभाषा नहीं थी। ये अभी भी परिभाषा के बाहर था। कौन लिखेगा इसकी परिभाषा... और तभी उसे दरवाज़े पर आहट सुनाई दी...'

किसी ने दरवाज़ा खटखटाया। जीवन के हाथों की पकड़ ढीली हो गई। दरवाज़े पर फिर खट की आहट हुई। मैंने अपनी आँखें खोलीं तो मुझे पूरा कमरा गीला दिखा। मैंने अपनी टी-शर्ट से अपना चेहरा पोंछा। जीवन उठकर बैठ गए। किसी ने दरवाज़ा फिर खटखटाया।

"जीवन!" धुन की आवाज़ बाहर से आई।

मैंने जल्दी से दरवाज़ा खोल दिया। धुन मुझे देखकर चौंक गईं।

"मैं आपसे ही मिलने आया था फिर जीवन के साथ बैठकर गप्पबाज़ी शुरू हो गई।"

वह भीतर आईं। उनके हाथ में टिफ़िन था। उन्होंने टिफ़िन किचन में रखा।

"ये खाना रखा है। मैं शाम को थोड़ा देर से आऊँगी।"

उन्होंने जीवन से कहा और वह जाने लगीं।

"रुकिए, मैं भी आपके साथ आता हूँ। जीवन, मैं चलता हूँ फिर।"

जीवन दरवाज़ा बंद करने के लिए खड़े हुए। तो मैं उनके गले लग गया।

"बहुत शुक्रिया!"

"ठीक है बेटा।"

लिफ़्ट में मैंने धुन को लिफ़ाफ़ा दिया।

"ये कहानी का अगला अंश है और राजुला का ख़त है।"

वह लिफ़ाफ़ा लेते हुए झेंप गईं।

"ये अच्छा है कि आप जीवन के साथ कुछ वक़्त बिता रहे हैं। वरना वो बहुत अकेले हो जाते हैं।"

मैंने उन्हें कोई जवाब नहीं दिया। बिल्डिंग से बाहर निकलकर वह अपनी चुप्पी में ऑफ़िस की तरफ़ निकल गईं और मैं अपनी बिल्डिंग की तरफ़ मुड़ गया।

28.

क्या अगर मैं बहुत लंबा और गहरा सो जाऊँ तो ये सब एक बुरे सपने के कूड़े में जा सकता है ?

मैं सच में इतना लंबा सो जाना चाहता था कि मैं उठते ही सब भूल जाऊँ। और वापस फिर से अपना चश्मा पहनकर धुँधला जीवन जीना शुरू कर दूँ।

सच की एक ज़िम्मेदारी होती है। उसके रास्ते लंबे होते हैं। सच की ज़िम्मेदारी से बचने के लिए मैंने झूठ की छोटी गलियाँ ढूँढ़ निकाली थीं, मैं उन शॉर्टकट से होता हुआ बहुत जल्दी अपने सुरक्षित कमरे में पहुँच जाता था। फिर लगने लगा कि मैं कोई बड़ा झूठ खोज रहा था, क्योंकि लोहा ही लोहे को काटता है, या कोई बड़ा झूठ पहले से ही मौजूद था मैं बस उस बड़े झूठ को बचाने में छोटे-छोटे कई झूठ की सहायता ले रहा था। शायद वो बड़ा झूठ मैं ख़ुद था।

शिखा का लंबा मैसेज आया– 'ये कहानी कहाँ ख़त्म हो गई ? अभी तो कितना कुछ बचा था। क्या तुम रेणु से नहीं कह सकते कि कहानी उसने जल्दी ख़त्म कर दी है ? बोलो उसे। उसे और लिखना पड़ेगा।'

अब कैसे मैं सच की ज़िम्मेदारी निभाऊँ, जब मैं पहले ही झूठ की गलियों में गुम चुका था। शिखा का मुझे डर था, वह मेरे बॉस, रेणु किसी के पास भी जा सकती थी। मुझे इसे सँभलकर जवाब देने पड़ेंगे। मैंने झूठ

से अपना छुटकारा स्थगित किया और उसे जवाब लिखा–

'मैंने भी रेणु से यही कहा, उसका जवाब कट-पेस्ट कर रहा हूँ।'

मैंने जल्दी से अपना नोटपैड खोला और उसमें एक जवाब, जो मुझे लगता है सही होगा, टाइप किया। फिर उसे कॉपी करके शिखा को भेज दिया।

'कहानी जो बीच में ही अचानक ख़त्म हो जाती है वो एक क़िस्म की टीस पैदा करती है। और वही टीस है जिसकी वजह से लोग कहानी भूल नहीं पाएँगे। हर चीज़ जो पूरी हो जाती है, उसके पूर्ण होते ही लोग उसे भूल जाते हैं।'

मेरे जवाब भेजने के कुछ ही वक़्त बाद शिखा ने जवाब लिखा– 'यार ये तुम्हारे इंटलेक्चुअल लोगों का कुछ समझ नहीं आता। पूरी कहानी ख़राब कर दी।'

उसके बाद उसने कई दुखी चेहरे के ईमोजी भेजे। मैंने भी बदले में उसे और ज़्यादा दुखी चेहरे के ईमोजी भेजे। मैं झूठ की गलियों में बहुत आराम से सारे सही मोड़ मुड़ रहा था। इन गलियों के सारे चोर रास्ते मुझे पता थे।

फिर कुछ दिनों में धीरू का मैसेज आया– 'तुमने रेणु को सब बता दिया न?'

'हाँ।' मैंने एक शब्द का जवाब दिया।

'तुम चुप नहीं रह सकते थे?'

धीरू भी कहानी के अंत से ख़ुश नहीं था। धीरू के लिए मुझे इन झूठ की गलियों के और भीतर कहीं विचरना होगा। मैंने उसे लिखा– 'रेणु को उसकी किसी दोस्त ने फ़ेसबुक पर चल रही बहस के बारे में बताया था। उसने तुम्हारे फ़ेसबुक पेज पर जाकर सब पढ़ा, सारे कमेंट्स, तुम्हारे लिखे सारे जवाब, और उसने सीधा मुझे फ़ोन किया।'

मैं और भी कुछ लिखना चाहता था, पर धीरू का बीच में ही जवाब आया– 'ओह!'

मैंने आगे का लिखा, काटा और फिर लिखा– 'मैं क्या करता? मैं उससे

झूठ तो नहीं बोल सकता था!'

'पर मैंने तो नाम बदल दिए थे, सीता और गीता!' धीरू का जवाब आया।

'धीरू, कैसी फ़िल्मी बात कर रहे हो, सीता और गीता लिखने से क्या होगा, मस्सा लगाकर हीरो आता है और कोई उसे पहचान नहीं पाता!'

'हाँ, वो भी है।'

फिर मैंने देखा कि वो कुछ टाइप कर रहा है, पर बहुत देर तक उसका मैसेज नहीं आया। फिर उसने टाइप करना बंद किया, कुछ देर में उसने फिर से टाइप करना शुरू किया, फिर बंद किया। मैं इंतज़ार कर रहा था। धीरू कुछ भी कर सकने की क्षमता रखता था। मैं झूठ की गली के मोड़ पर सुस्ताने के लिए खड़ा था। मुझे सुरक्षित जगह पहुँच जाने का रास्ता दिख रहा था, पर मैं जल्दबाज़ी नहीं कर सकता था। धीरू को किया एक भी ग़लत मैसेज मेरे झूठ की बनाई गलियों को ताश के पत्तों की तरह तहस-नहस कर सकता था।

'मेरी लड़ाई का क्या होगा?' अंत में उसका मैसेज आया।

'कौन-सी लड़ाई?' मैंने लिखा।

'जो मैं फ़ेसबुक पर लड़ रहा था।'

'उसका क्या?'

'मैं जीतने वाला था।'

'किससे?'

'किससे का क्या मतलब है? सबसे, इस दुनिया से, फ़ेसबुक फ्रेंड्स से। पहली बार तो मुझे लगा कि मैं किसी बड़े रिवॉल्यूशन का हिस्सा हूँ। तुम्हें पता है कितने लोग इसमें मेरे साथ खड़े हैं!'

'फ़ेसबुक पर हो रही लड़ाई का रेणु की कहानी से क्या संबंध है?' मैंने उसे लिखा और लिखते ही मुझे लगा कि मैं ग़लत गली में मुड़ गया हूँ।

'सारी लड़ाई तो वहीं से शुरू हुई है। मतलब, वे तीनों एक ही घर में हँसी-ख़ुशी रहने लगे। ये क्या अंत है! इस अंत से तो सारी लड़ाई ही ख़त्म

हो गई न!'

'तो अच्छा है न कि लड़ाई ख़त्म हो गई!'

'ऐसे कैसे! तुमने कभी देखा है कि कोई रिवॉल्यूशन, अंत में सब हँसी-ख़ुशी रहने लगे, जैसे वाक्यों पर ख़त्म हुआ है?'

'तो तुम क्या चाहते थे?'

'इस कहानी के अंत में तो लड़ाइयाँ होनी थीं, चीख़-पुकार, टीवी, मीडिया सब शामिल होने थे इसमें।'

'मैंने भी रेणु को यही कहा था।' मैंने लिखा और मुझे लगा कि मैं अपने ही शॉर्टकट में फँस गया हूँ।

'क्या कहा?' उसका जवाब तुरंत आया।

'यही जो तुमने अभी कहा।'

'क्या?'

'यही कि ये क्या अंत है रेणु? और तुम तो कम नाराज़ हो रहे हो, मैं तो बहुत ज़्यादा नाराज़ हो गया था उससे। मतलब सच में ये कोई अंत है!'

'फिर उसने क्या बोला?'

मैं नई गलियाँ तलाश रहा था। मैं इस वक़्त चल नहीं रहा था, भाग रहा था। हर मोड़ पर मुझे दीवार दिखती, हर मोड़ डेड-एंड पर लाकर मुझे खड़ा कर रहा था।

'रुको, मैं उसका जवाब ही कट-पेस्ट करता हूँ।' मैंने लिखा।

ये लिखने के बाद मैं जवाब सोचने लगा। धीरू ऑनलाइन था। वह इंतज़ार कर रहा था। मैंने फ़ोन पर वापस अपना नोटपैड खोला और लिखने की कोशिश करने लगा। ऑफ़िस में मेरा यही काम था, जिन फ़िल्मों को हमारी कंपनी नहीं करना चाहती थी उन्हें मैं ही मना करता था। मना करना एक कला है, और वो कला झूठ की गलियों में विचरने के आपके हुनर से आती है। मना ऐसे करना होता है कि किसी को बुरा न लगे और आपका काम भी हो जाए। लेकिन इस वक़्त मेरा यह हुनर मेरा साथ छोड़ता हुआ दिख रहा था।

'क्या बोला उसने?' धीरू का मैसेज आया, वह बेचैन हो रहा था।

'अरे उसका जवाब मेरे मेल पर है, उसका मेल ढूँढ़ रहा हूँ।' मैंने लिखा।

'ठीक है।' धीरू का जवाब आया।

मुझे थोड़ा वक़्त चाहिए था। तभी मुझे एक नया रास्ता दिखा और मैंने जल्दी-जल्दी जवाब लिखना शुरू किया–

'फ़ेसबुक पर सारे कमेंट्स और बहसें पढ़कर मुझे लगा कि न तो कोई रेणु को जानता है और न ही कोई राजुला को, पर सारे लोग ऐसे बहस कर रहे हैं मानो ये कहानी उनकी ही हो। अगर इनमें से किसी के भी घर इनकी माँ या बहन कह दे कि वो लेस्बियन है तब मैं देखना चाहती हूँ कि वे किस तरह की बात करेंगे! मैं इस कहानी को, अंत में सब ख़ुशी-ख़ुशी रहने लगे, ये अंत इसलिए ही दे रही हूँ कि मेरे लिए ये इनके झूठे सुखी समाज पर तमाचा है। इन्हें ये अखरेगा, ये चाहते हैं कि राजुला के साथ बुरा हो, रेणु अपने किए पर पछताए, मैं किसी को भी ये सुख नहीं देना चाहती हूँ।'

मैंने जवाब नोटपैड से कॉपी किया और धीरू के साथ हो रही बातचीत में पेस्ट करके उसे भेज दिया। अब मैं इंतज़ार करता रहा धीरू के जवाब का। वह दूसरी तरफ़ शांत था। कुछ देर बाद उसका मैसेज आया।

'इसका क्या मतलब है?' धीरू ने लिखा।

'सच में यार, पर फिर मैं क्या बोलता! उसकी कहानी है, उसे जो ठीक लगा उसने किया।'

'अगर रेणु फ़ेसबुक पर होती तो ऐसा अंत लिखने के लिए लोग उसकी धज्जियाँ उड़ा देते।'

'सही कहा तुमने।'

मैं बात को ख़त्म करना चाह रहा था, पर धीरू इस वक़्त ग़ुस्से में था।

'इसलिए इनका ये हाल होता है।'

'किनका?'

'ये लेस्बियन लोगों का, इसलिए उनकी तरफ़ से कोई लड़ता नहीं है।'

'शायद ये उनकी लड़ाई है, उन्हें नहीं चाहिए। हम जैसे लोग उनकी तरफ़ से लड़ने के लिए।'

'ऐसा कैसे, तुम फ़ेसबुक पर आओ तो तुम्हें पता चलेगा।'

'तुम्हारी फ़ेसबुक की लड़ाई में कितनी लड़कियाँ हैं जो लेस्बियन हैं?'

मैं धीरू को शांत करने के लिए उसकी हर बात में हाँ-में-हाँ नहीं मिला सकता था। वरना ये बात कभी ख़त्म ही नहीं होगी। और मुझे भी उसके कहे पर थोड़ा ग़ुस्सा आने लगा था, पर इतना नहीं कि मैं ख़ुद अपने झूठ का पर्दाफ़ाश कर दूँ।

'लगभग तो सारे पुरुष ही हैं। कुछ लड़कियाँ भी हैं, पर मैंने पूछा नहीं कि वे लेस्बियन हैं या नहीं।'

'पूछा नहीं का क्या मतलब है? ये तो बेसिक बात है, तुम उनकी लड़ाई लड़ रहे हो और वही इसमें शामिल नहीं हैं।'

धीरू शांत हो गया। कुछ देर में मैंने देखा कि वो ऑफ़लाइन हो गया था। मैंने गहरी साँस ली। मैं झूठ की गलियों में भागते-भागते थक गया था। मैंने अपना फ़ोन ख़ुद से दूर किया और चित्त लेट गया। मुझे अपने पास से अजीब-सी बदबू आने लगी थी। मुझे लगा कि मैं कब से नहाया नहीं हूँ। मैं बाथरूम में गया और कई मग्गे पानी अपने सिर पर उड़ेल दिया। फिर भी वो बदबू जाने का नाम नहीं ले रही थी। मैंने अपने पूरे शरीर पर साबुन मला, घिस-घिसकर ख़ुद के शरीर को रगड़ा, और एक पूरी बाल्टी अपने सिर पर उड़ेल दी।

धीरू और शिखा को मैंने जैसे-तैसे शांत कर दिया था। अब एक धुन थीं। धुन के साथ मैं अकेला नहीं फँसा था, उसमें रागिनी भी शामिल थी। पर जैसा रागिनी ने अपने ख़त में कहा था धुन से कि ये कहानी तुम्हारे लिए ही लिखी गई है, इसलिए मैं धुन को लेकर परेशान नहीं था। सच में असल में कहानी धुन के लिए ही लिखी गई थी, वह कहानी की सारी बारीकियों को जी रही थीं। रेणु ने मुझे कैफ़े में देखकर सोचा था कि शायद मैं उसकी

कहानी के लिए सही व्यक्ति होऊँगा, पर असल में वह सही व्यक्ति धुन थीं। मैं तो इसमें बस एक ज़रिया था। रेणु को मेरे ज़रिये, धुन के रूप में, सही श्रोता मिल गया था।

शरीर की बदबू ख़त्म होने का नाम नहीं ले रही थी। उससे बचने के लिए मैंने ख़ुद को काम में इतना मसरूफ़ कर लिया कि मुझे दिन-रात का कोई होश न रहे। मैं एक दिन सुबह-सुबह काम पर जा रहा था और सड़क पर मुझसे मंदा जी टकरा गईं। उन्होंने मुझे देखते ही पूछा, "आप कितने बिजी हो गए हो ? दिखते ही नहीं हो!"

मैंने उनसे हँसी-हँसी में कहा कि आपके तीन लाख कमाने के लिए मेहनत कर रहा हूँ।

मुझे लगा वह मेरे कहे को एक अच्छा चुटकुला मानकर हँस देंगी, पर उन्होंने अपने दोनों हाथ आशीर्वाद की मुद्रा में उठाए और कुछ दुआएँ देकर आगे बढ़ गईं। मैंने अपने सिर को झटका दिया और ऑफ़िस की तरफ़ निकल गया।

ऑफ़िस में इतना काम नहीं था कि मैं देर रात तक वहाँ बैठ सकूँ। फिर मुझे पता चला कि हमारे ऑफ़िस में एकाउंट डिपार्टमेंट के लोग हैं जो सबसे देर से घर जाते हैं। मैं एकाउंट डिपार्टमेंट में गया और उनसे कहा, "मैं एकाउंट्स सीखना चाहता हूँ, मेरी इच्छा है कि मैं एक सफल एकाउंटेंट बनूँ।"

सभी मेरी बात पर हँस दिए। उन्हें लगा कि मेरा ह्यूमर बहुत अच्छा है। मुझे आश्चर्य हुआ और उनकी हँसी से मुझे एक बल मिला तो मैंने कहा, "एकाउंट असल में पोएट्री है, अंकों की संरचना, अंकों का ज्ञान, उनके सलीक़े से जम जाने पर सारा कुछ सही लगने लगता है, वरना एक ग़लती कंपनी को डुबो सकती है।"

मेरे कहते ही लोग फिर हँस दिए। इसी बात पर उन्होंने एक तरीक़े से मुझे अपना लिया। जब मैं रोज़ वहाँ जाने लगा तो मुझे पता चला कि इस बेहद बोरिंग जगह में मैं ही हूँ जो लोगों को हँसा सकता था। मैं एकाउंट

सेक्शन में एक जोकर था। मेरे लिए ये ज़्यादा अच्छा काम करता था क्योंकि मुझे एकाउंट में असल में तो कोई दिलचस्पी नहीं थी। मैं बस ख़ुद को अपने अकेले कमरे में पड़ा हुआ नहीं देख सकता था। मुझे वक़्त काटने की एक जगह मिल गई थी। देर रात जब अपने कमरे में पहुँचता तो मैं इतना थक चुका होता कि मैं बिस्तर पर गिरते ही सो जाता था।

देर रात घर पहुँचकर मुझे जब भी धुन का ख़त पड़ा मिलता तो मैं उस ख़त को सुबह ऑफ़िस जाते वक़्त कैफ़े में उसी वेटर को दे देता जो मुझे देखकर कभी मुस्कुराया था। फिर रागिनी को मैसेज करता कि ख़त कैफ़े में है, ले लेना। रागिनी वेटर से ख़त लेती और अपने जवाब भी वो उसी वेटर को दे देती। रागिनी के जवाब मैं लेकर देर रात धुन के दरवाज़े के नीचे से खिसका देता। मैंने उनके ख़त पढ़ने बंद कर दिए थे। वो मेरे लिए नहीं थे। मैं जितना ख़ुद को दूर रख सकता था इन सबसे, रख रहा था। मुझे धीरे-धीरे सारा कुछ सामान्य होता नज़र आने लगा था। सामान्य मतलब थका हुआ, रेंगता-सा जीवन, उबाऊ। बस अब मुझे कमरे की सीलन देखते ही डर लगने लगता था और शरीर से एक क़िस्म की बदबू लगातार आ रही होती थी।

तभी एक दिन रेणु का मैसेज आया– ‘कहानी का अगला हिस्सा भेजा है, देख लेना।’

29.

धीरज की माँ सुबह उठीं तो स्वांतः सुखाय बिस्तर के नीचे पड़ा हुआ था। उन्होंने तुरंत उसे उठाकर वापस अपने से चिपका लिया।

स्वांतः सुखाय एक टेडीबेयर था। बाज़ार में सड़क के किनारे बिकने वाला इंसानी क़द का सस्ता टेडीबेयर। धीरज के पापा उसे तब लाए थे जब धीरज छोटा था। धीरज उसे देखते ही डर गया था। सो धीरज के पापा ने कहा कि जब वो थोड़ा बड़ा होगा तब उसे देंगे। तब से वो धीरज की माँ की सुरक्षा में रहने लगा। धीरज के पापा की असमय मृत्यु के वक़्त ये टेडीबेयर ही था जिसने धीरज की माँ को सहारा दिया था। वह असमय मृत्यु की गुत्थी सुलझाने में टेडीबेयर से बातें करने लगी थीं। और उनके आश्चर्य का ठिकाना नहीं रहा जब कुछ वक़्त बाद टेडीबेयर ने भी उन्हें जवाब देना शुरू कर दिया था। वह उसे धीरज के पिता की शर्ट पहना देतीं तो वह उनकी आवाज़ में उनसे बात करने लगता। वो टेडीबेयर उन्हें धीरज के पिता से कहीं ज़्यादा प्यार देता। उसी वक़्त उन्होंने उसका नाम 'स्वांतः सुखाय' रखा था।

कभी-कभी वह बाज़ार से नए फ़ैशन की टी-शर्ट लाकर उसे पहना देतीं तो वो टीवी पर दिखाई देने वाले किसी जवान लड़के-सा हो जाता और उनसे ख़ूब इधर-उधर की बातें करता जिस पर धीरज की माँ तकिये में मुँह दबाकर हँसती रहतीं।

लेकिन, कल रात स्वांत: सुखाय ने उन्हें कोई जवाब नहीं दिया था। वो शांत था। वो धीरज की माँ के ग़ुस्से पर चुप था। धीरज की माँ उठीं और आईने के सामने खड़ी हो गईं। उन्हें उनके चेहरे की झुर्रियाँ नज़र आईं। वह अपनी उँगली से उन्हें देर तक छूती रहीं। इस घर को घर बनाने में कितनी दरारें इस चेहरे ने सही हैं, वह सोचने लगीं।

वह राजुला से बात करना चाह रही थीं, जो बहुत पहले रेणु हो चुकी थी, पर वो क्या कहतीं उससे? कौन-से वाक्य से अपनी बात शुरू करतीं? वाक्यों के घने बादल उनके सिर के भीतर बारिश कर रहे थे। सारा कुछ उन्हें गीला नज़र आ रहा था। वह किचन में गईं, पर उनका काम करने का मन नहीं किया। किचन गंदा और गीला दिखाई दे रहा था। वह किचन से चाक़ू लेकर अपने कमरे में आ गईं। वह वापस आईने के सामने खड़ी हो गईं। चेहरे पर आईं दरारों के साथ उन्हें इस घर के रहस्यों की भी रेखाएँ दिखीं। वह घर का कोई भी रहस्य जब अपने भीतर दबातीं तो देखतीं कि उस रहस्य के दरवाज़े रेखाओं के रूप में उनके चेहरे पर उभर आए हैं। शायद इसीलिए वह बहुत कम उम्र में बूढ़ी दिखने लगी थीं। धीरज के पापा के रहस्य, धीरज के बड़े होने के रहस्य, घर पर आए रिश्तेदारों के रहस्य। वह चाहती थीं कि इस रहस्य को भी वह पचा लें। पर इस रहस्य के दरवाज़े की रेखा कहाँ आएगी, वह अपने चेहरे को टटोलने लगीं। उनके

चेहरे पर अब किसी भी नई रेखा की जगह नहीं बची थी।

"मैं थक गई हूँ। मैं बहुत थक गई हूँ।" उनके मुँह से निकला।

जब राजुला ब्याह होकर घर आई थी तो धीरज की माँ को राजुला के कान अच्छे नहीं लगे थे। उनके हिसाब से कान बड़े होने चाहिए और मुँह छोटा। भगवान ने दो कान और एक मुँह किसलिए दिया है। बोलो कम और सुनो ज़्यादा। धीरज की माँ इस बात से भी चिढ़ी रहती थीं कि राजुला हमेशा अपने कानों को अपने बालों से ढके रखती है। उन्होंने कई बार, बीच बातचीत में, राजुला के बालों को कान के पीछे करने की कोशिश की थी, पर राजुला अपने बाल कान के पीछे करने से चिढ़ जाती थी। तो वह उसके लिए भारी झुमके लेकर आने लगीं, ताकि वह उसे पहने और उसके कान उस झुमके के बोझ से लटककर बड़े हो जाएँ। पर मजाल है राजुला ने कभी भी उन झुमकों को हाथ भी लगाया हो! राजुला हमेशा हल्के पंख वाले झुमके पहनती थी। धीरज की माँ को पंख से नफ़रत होती गई थी। उन्होंने एक रात स्वांतः सुखाय से कहा था, "अगर तुम्हारे पंख होते तो मैं कभी तुमसे बात नहीं करती।"

धीरज की माँ ने तय किया कि वह धीरज के आने का इंतज़ार करेंगी। उन्होंने वह चाक़ू अपनी गोदरेज की अलमारी में रख दिया, पर उनका ग़ुस्सा शांत नहीं हो रहा था। उन्हें इसका कारण पता था क्योंकि वह अपने रहस्य को पचा नहीं पा रही थीं।

"अगर पेट में जाकर चीज़ें पचना बंद हो जाएँ तो आपका जीना मुश्किल हो जाता है।"

उन्होंने एक दोपहर स्वांतः सुखाय से कहा था।

उन्होंने किचन में काम करना बंद कर दिया था। खाना देखते ही उन्हें उबकाई आने लगती थी। वह रोज़ सुबह-शाम पास के पार्क में टहलने जाने लगीं जिससे भीतर सारा कुछ पच जाए। वापस आकर अपना चेहरा आईने में देखतीं, पर उन्हें कहीं नई रेखा नज़र नहीं आती। उनके चेहरे पर जगह ही नहीं थी। हर रात वह चोरी से राजुला का बरसाती में जाना देखतीं, और सीढ़ियों पर बैठकर देर तक बरसाती से आती आवाज़ें सुनतीं। एक दिन उनसे रहा नहीं गया। उन्होंने गोदरेज की अलमारी से चाक़ू निकाला और स्वांतः सुखाय के पास आकर लेट गईं। उन्होंने स्वांतः सुखाय को पचने और नहीं पचा पाने की अपनी पूरी व्यथा सुनाई, और स्वांतः सुखाय ने जवाब दिया– 'मैं समझता हूँ तुमने कितना सहा है!'

उनकी आँखें भर आईं। इसका अब उनके पास एक ही इलाज था जो उन्होंने स्वांतः सुखाय को बताया। स्वांतः सुखाय चुपचाप उन्हें देखता रहा, उसने कोई जवाब नहीं दिया। उन्होंने धीरज के पापा की शर्ट स्वांतः सुखाय के शरीर से उतारी। उसे उन्होंने अपनी गोदी में बिठाया और उसकी कमर में धीरे-धीरे चाक़ू घुसाने लगीं। स्वांतः सुखाय कराह उठा। धीरज की माँ ने स्वांतः सुखाय को अपने सीने से लगा लिया, पर चाक़ू को भीतर घुसाना बंद नहीं किया। जैसे ही चाक़ू स्वांतः सुखाय के अंदर चला गया, वह फूट-फूटकर रोने लगीं। स्वांतः सुखाय ने उन्हें समझाया– 'अभी कमज़ोरी दिखाने से काम नहीं चलेगा। जो तय किया है उसे करो।'

वक़्त दोपहर का था। स्वांतः सुखाय धीरज की माँ की गोद में था और धीरज की माँ बरसाती की सीढ़ियाँ चढ़ रही थीं। बरसाती

के पास जैसे ही वो पहुँचीं उन्हें धीमी गति से आता हुआ संगीत सुनाई दिया। संगीत बहुत मधुर था। राजुला के कमरे से आते हुए संगीत की तरफ़ वह बढ़ रही थीं। उन्होंने देखा कि बरसाती का दरवाज़ा हल्का खुला हुआ था। उन्होंने आवाज़ लगाई, "रेणु, रेणु!"

लेकिन, रेणु तो बहुत पहले राजुला हो चुकी थी। उन्हें भीतर से कोई जवाब नहीं आया। उन्होंने धीरे से दरवाज़ा खोला तो देखा रेणु ज़मीन से डेढ़ इंच ऊपर उठी हुई है, नीचे ज़मीन पर ख़ून के निशान हैं। वह हक्की-बक्की रह गईं और राजुला को देखती रहीं। फिर उन्हें लगा ये राजुला की कोई चाल है, उन्होंने नीचे झाँककर देखा तो उन्हें आश्चर्य हुआ कि सच में वह ज़मीन से डेढ़ इंच ऊपर उठी हुई थी। राजुला की गर्दन पीछे की तरफ़ लटकी हुई थी, पैर हल्के मुड़े हुए थे। तभी राजुला के शरीर में हल्की हरकत हुई और वह थोड़ा और ऊपर उठ गई। धीरज की माँ को लगा कि अगर उन्होंने राजुला को नहीं रोका तो वह ऐसे ऊपर उठती ही रहेगी। वह राजुला से बात करना चाहती थीं, उनके पास बहुत-से सवाल थे और वह चाहती थीं कि राजुला उनको जवाब दे। उन्होंने राजुला को हिलाया, "रेणु, रेणु उठो, हो गया बहुत नाटक, उठो।"

राजुला नहीं उठी। राजुला के चेहरे पर एक मुस्कुराहट थी, उन्हें लगा कि वह उन्हें चिढ़ा रही है। उन्होंने स्वांत: सुखाय को नीचे रखा और अपनी पूरी ताक़त से राजुला के शरीर को दबाने लगीं। राजुला का शरीर दबते हुए ज़मीन छूने लगा था और उसकी जाँघों से ख़ून टपकना शुरू हो गया था। धीरज की माँ ने जैसे ही उसे छोड़ा, वह वापस ऊपर उठ गई मानो ज़मीन में कोई

स्प्रिंग लगा हो। ऊपर उठते ही उसकी जाँघों से ख़ून का टपकना भी बंद हो गया। धीरज की माँ ने फिर उसे दबाया और राजुला फिर ऊपर उठ गई। धीरज की माँ का ग़ुस्सा बढ़ने लगा था। वह और ज़ोर से राजुला को ज़मीन पर लातीं, पर वह फिर उठ जाती, और हर बार ऊपर उठने में वह एक-दो इंच ज़्यादा ऊपर उठ जाती। राजुला को ज़मीन पर लाना एक ज़िम्मेदारी की तरह धीरज की माँ ने अपने ऊपर ले लिया। ठीक उसी ज़िम्मेदारी से जिस ज़िम्मेदारी से वह तुलसी के पौधे को पानी देती थीं। उसे बरसात में भी पानी देना नहीं भूलती थीं। माली का कहना था कि आपका तुलसी का पौधा इसलिए सूख जाता है क्योंकि उसे जरूरत से ज़्यादा पानी दिया जा रहा है। धीरज की माँ इस बात को नहीं मानती थीं। तुलसी के पौधे का सूखना अपशगुन होता है, वह ये बात जानती थीं, पर आज तक तुलसी का पौधा सिर्फ़ तीन बार सूखा था। पहला– जब धीरज के पापा की मृत्यु हुई थी। दूसरा– जब राजुला ब्याह कर घर आई थी और तीसरा– अभी जब रेणु बरसाती में रहने लगी थी।

राजुला जो बहुत पहले रेणु थी, अब धीरज की माँ के सिर के ऊपर तक उड़ने लगी थी। उन्हें उसके कपड़ों से खींचकर उसे नीचे लाना पड़ रहा था, पर हर बार वह फिर थोड़ा और ऊपर उड़ने लगती। धीरज की माँ ने बग़ल से कुर्सी खोजी और उस पर चढ़कर वह राजुला को दबाने लगीं। फिर कुछ देर बाद उन्हें टेबल खींचना पड़ा। वह पहले कुर्सी पर चढ़तीं फिर कुर्सी से टेबल पर और फिर वह राजुला को दबाना शुरू करतीं। कुछ ही देर में रेणु छत से टकराने लगी थी और नीचे ज़मीन पर उसके ख़ून का एक छोटा पोखर जैसा बन गया था। धीरज की माँ को

राजुला का छत पर टकराना उस ख़ून के पोखर में भी नज़र आ रहा था।

नीचे अपने बेडरूम में रेणु (जो धीरज की माँ के लिए राजुला थी) अपने बिस्तर पर गहरी नींद सो रही थी। तभी राजुला का ख़ून बरसाती से रिसता हुआ रेणु के कमरे में गिरने लगा। रेणु अपनी गहरी नींद में सपना देख रही थी कि वह तालाब के किनारे लेटी हुई है और तालाब का पानी उसे खींचता हुआ तालाब की तरफ़ लेकर जा रहा है। तभी उसकी आँखें खुलीं, उसने देखा उसकी चादर पर ख़ून का बड़ा-सा दाग़ बना हुआ है। बिस्तर छोड़ते ही उसने अपने बेडरूम की छत को देखा जहाँ से ख़ून टपक रहा था। उसे पता चला कि ये ख़ून तो बरसाती के कमरे से आ रहा है।

रेणु भागती हुई बरसाती की सीढ़ियाँ चढ़ते हुए ऊपर पहुँची तो देखा धीरज की माँ अपनी गोद में टेडीबेयर को लेकर बरसाती की छत पर खड़ी हुई हैं और ऊपर आसमान की तरफ़ देख रही हैं। जब रेणु ने उस तरफ़ देखा जिस तरफ़ धीरज की माँ देख रही थीं तो उसे दूर आसमान में एक धब्बा-सा दिखा। धीरज की माँ चुप थीं। वह रेणु के आते ही थोड़ा असहज हो गईं। तभी उनकी निगाह आँगन में उनकी तुलसी पर गई। उन्होंने देखा उनकी तुलसी उनकी आँखों के सामने सूखती जा रही थी। वह अपनी तुलसी को बचाने नीचे भागीं। तभी रेणु को उस धब्बे में राजुला नज़र आई। राजुला को जैसे आसमानी हवा लग गई हो। वह गोल-गोल घूमती हुई ऊपर की तरफ़ उड़े जा रही थी।

“राज़ुला... राज़ुला...” रेणु चीख़ने लगी। वह बरसाती में इधर-

उधर भागने लगी। उसकी समझ नहीं आया कि वह क्या करे! हर बार वह ऊपर देखती और राजुला नाम की चीख़ उसके भीतर से निकलती।

नीचे आँगन से धीरज की माँ अपनी तुलसी बचाने में उसे पानी डाल रही थीं और उन्हें रेणु की चीख़ें सुनाई दे रही थीं। उन्हें अजीब लगा कि राजुला ख़ुद को ही क्यों आवाज़ लगा रही है!

कुछ देर में रेणु के चीख़ने की वजह से उसकी आवाज़ चली गई। वह चीख़ना चाहती थी, पर उसके गले से कोई भी सुर नहीं निकल रहा था। वह बरसाती की छत पर पसर गई और दूर राजुला का अपनी आँखों से ओझल होते जाना देखती रही।

30.

मेरे घुटनों का दर्द जा चुका था। पीठ ऐसी लगती थी मानो ठंडी बर्फ़ की सिल्ली हो। अब वहाँ कोई हरकत नहीं थी। मैंने देखा, मैं चलते-चलते ईस्ट से वेस्ट की तरफ़ आ चुका था। पौ फटने को थी। चाय की इच्छा से मैं अपने घर से निकल गया था।

मैं कई दिनों से ऑफ़िस नहीं गया था। घर के नीचे भी बहुत कम ही उतरा था। इसलिए कब सो रहा था, कब उठ रहा था, इसका कोई अंदाज़ा नहीं था। इस बीच जब भी मंदा जी काम कर रही होतीं तो मैं उनके सामने सोने का बहाना करके अपनी आँखें बंद किए पड़ा रहता।

कल रात भर नींद नहीं आई थी। मैं सीलन को नहीं देखने में करवट लिए अपने बिस्तर पर पड़ा रहा था। देर तक किसी से बात करने की इच्छा भीतर कुलबुलाती रही। नहीं, कुलबुलाना सही शब्द नहीं है। देर तक किसी की कमी खलती रही। मेरा साँस लेना मेरे कमरे में गूँज रहा था। एक हल्की करवट की भी इतनी आवाज़ें थीं कि दीवारों से टकराकर वापस मेरे कानों में ऐंठन पैदा कर रही थीं। मुझे लग रहा था कि मैं गहरे सूखे कुएँ के अँधेरे में लेटा हुआ हूँ, और आस-पास माँ रेंग रही हैं। मैंने ध्यान से देखा तो वो माँ नहीं कछुआ था। माँ कछुआ बनकर मेरे आस-पास रेंग रही थीं, वह मेरे अँधेरे कुएँ से बाहर निकल जाना चाहती हैं। दीवार पर अपने सामने के छोटे दो पाँव को रखकर चढ़ने की कोशिश करतीं, पर पीठ के बल धप्प से गिर

पड़तीं। फिर देर तक सीधा होने का संघर्ष शुरू होता। बहुत मुश्किलों से वह सीधा हो पातीं और फिर दीवार की तरफ़ धीरे-धीरे अपने क़दम बढ़ाने लगतीं। फिर कुएँ की दीवार चढ़ने की कोशिश करतीं और फिर वही धप्प। मैं पूरी रात यही देख रहा था।

काश रागिनी की गर्दन पर किसी पक्षी का टैटू होता तो माँ इस कुएँ से उड़ चुकी होतीं!

मैं सुबह-सुबह समुद्र के पास चला आया था। ज्वार-भाटे में पता नहीं इस वक़्त क्या था, पर समुद्र दूर था। मैंने अपनी चप्पल उतारकर अपने हाथों में रख ली और समुद्र की रेत पर चलने लगा। रेत की ठंडक पैरों में अच्छी लग रही थी। मैं चलते-चलते जब थक गया तो रेत की ठंडक पर पसर गया। तभी साइकिल पर एक चाय वाला दिखा। मैंने उससे एक चाय ली और देर तक थकी हुई लहरों का उठना और उनका ख़त्म हो जाना देखता रहा।

क्या मेरी माँ ने कभी समुद्र देखा होगा? वह इतने सारे पानी को देखकर यक़ीन नहीं करतीं। वह कहतीं कि मुझे यक़ीन नहीं हो रहा है।

'ये तो आँखों के सामने है माँ!' मैं कहता।

फिर मैं उन्हें पानी तक ले जाता और कहता कि देखो ये लहरें आपके पैरों को छूने आ रही हैं। वो आपको यक़ीन दिलाने आ रही हैं।

माँ के पैर भीग जाते। वह हँसने लगतीं।

मैं माँ को हँसता हुआ नहीं देख पा रहा था। मैं याद करने लगा कि वह हँसते हुए कैसी दिखती थीं!

'माँ, आप हँसते हुए कैसे दिखती हो?' मैं पूछता।

वह मुझे ऐसे देखतीं जैसे मैंने किसी दूसरे ग्रह की बात की हो।

'तू कभी उन कमरों में नहीं आया जिनमें मैं हँसा करती थी?' वह कहतीं।

'उन कमरों के दरवाज़े बंद रहते थे।' मैं कहता।

'दरवाज़े नहीं थे कमरों में।' वह कहतीं।

‘दरवाज़े नहीं थे?’

‘मैं तुझे अंदर बुलाना चाहती थी, पर तू खिड़कियों से झाँकता था।’

‘क्या मैंने कुछ देखा था?’

‘तू छोटा था तब, खिड़कियाँ ऊँची थीं।’

‘पर मैं सुन तो सकता था, अगर आप कुछ कहतीं।’

‘सुनता तो तू सब था, सुने हुए के चित्र तेरे थे, उन चित्रों में मैं कभी हँस नहीं पाई।’

मैं और माँ देर तक अपने पैरों को समुद्र के पानी में भिगाते रहते। फिर मैं उनसे पूछता– ‘अब आपको यक़ीन है कि समुद्र है?’

‘क्या तुझे अब यक़ीन है मुझ पर?’ वह पूछतीं।

मैं देर तक माँ को देखता रहता। माँ मुस्कुराकर वापस पानी में भीग रहे अपने पैरों को देखने लगतीं।

‘क्या मैं आपसे एक बात पूछ सकता हूँ?’ मैं उनसे पूछता।

‘पूछो।’ वह कहतीं।

‘अब मैं क्या करूँ? आप एक बार बता दो, मैं वही करूँगा।’

माँ मुझे देर तक देखती रहतीं। मैं अपने पैरों को देखने लगता, पर मुझे वहाँ पानी नहीं दिखता। मैं देखता कि पानी और दूर जा चुका है। मैं सूखी रेत में अपने पैरों को गड़ाने की कोशिश करता।

‘मैं एक बात पूछूँ तुझसे?’ माँ कहतीं।

‘हाँ माँ!’

‘जब मैं किताबों की अलमारी साफ़ कर रही थी, तो क्या तूने जान-बूझकर उस अलमारी को लात मारकर गिराया था?’

मैं घर आकर गहरी नींद से सोया था। जब उठा तो दिन और रात का होश नहीं था। पर भीतर एक इच्छा हरकत कर रही थी कि मुझे धुन से मिलना है। पता नहीं क्यों मुझे लगा कि वो औरत धुन है जो इन सबको सही कर सकती है। मैंने देखा बाहर अभी भी अँधेरा था। मैंने फ़ोन देखा तो बॉस

के कई मिस्ड कॉल थे। मेल चेक किया तो रेणु का मेल आया हुआ था।

मैंने सबसे पहले रेणु का मेल खोला–

'बहुत अच्छा लगा कि तुम्हें कहानी का ये हिस्सा बहुत पसंद आया। रागिनी ने बताया कि तुम्हें राजुला का उड़ जाना मुक्त जीने जैसा लगा। तुमने रागिनी से बात करते वक़्त मुक्त शब्द का प्रयोग किया था?

इस कहानी को लिखते वक़्त यही शब्द मेरे दिमाग़ में हरकत कर रहा था। मैंने कहानी का आख़िरी हिस्सा लगभग ख़त्म कर दिया है।

मैं दो दिनों में वापस आ रही हूँ। कल तक कहानी भेजूँगी। अब हम मिलेंगे और वाइन पर मैं तुमसे इस कहानी के बारे में बात करूँगी।

See you very soon.

Love,

रेणु।'

मैंने तुरंत जवाब लिखा– 'Looking forward.'

और मेल भेज दिया। मैं एक शब्द भी ज़्यादा या कम नहीं लिखना चाहता था। मुझे नहीं पता था रागिनी मेरे ज़रिये क्या बातें कर रही है रेणु से! फिर मुझे ध्यान आया कि बहुत दिनों से मैंने रागिनी और धुन के बीच में ख़तों का आदान-प्रदान नहीं किया था।

बॉस के कई मैसेज थे, जिसमें जितनी जल्दी हो सके मुझे ऑफ़िस में आकर मिलो जैसी बातें थीं।

अगले दिन ऑफ़िस जाने के पहले मैं कैफ़े में एक कॉफ़ी पीने गया तो देखा, रागिनी और धुन साथ में बैठे काफ़ी पी रही हैं। मैं उन्हें देखते ही मुड़ गया था। मुझे लगा कि धुन ने मुझे देखा है, पर वह शायद मेरा ही भ्रम था। काश धुन इस कैफ़े में अकेले बैठी होती! काश वह और मैं देर तक बात कर सकने का वक़्त लेकर एक-दूसरे से मिलते! मैं वहाँ से निकलकर सीधा ऑफ़िस आ गया। वहाँ पहुँचते ही बॉस के आदेश पर मैं उनके केबिन

में उनके सामने बैठा था।

"तुम्हारी दूरदर्शिता का मैं क़ायल हो गया गुरु!"

बॉस ने कहा और मेरे सामने एक स्क्रिप्ट रख दी। स्क्रिप्ट लिफ़ाफ़े में थी। मैं उसे निकालने ही वाला था कि उन्होंने कहा, "नहीं, यहाँ नहीं, आराम से अपनी डेस्क पर जाकर पढ़ो। मैं एक रात में पूरी स्क्रिप्ट पढ़ गया था। अब तुम ग़ायब थे तो मैंने ही एक टीम बनाई और इस पर ज़ोर-ओ-शोर से काम शुरू करवा दिया है।"

"अरे वाह!" मैंने झूठी उत्सुकता दिखाते हुए कहा, जिसमें मैं हमेशा से ही माहिर था।

"ये है तो फ़िल्म की स्क्रिप्ट, पर मुझे लगता है कि ये एक सीरीज़ भी आराम से हो सकती है। इसमें से बहुत कुछ निचोड़ा जा सकता है। पढ़ो फिर बात करेंगे।"

मैंने इजाज़त ली और अपने डेस्क पर आकर बैठ गया। मैंने आते ही धीरू को फ़ोन लगाया, पर उसने फ़ोन नहीं उठाया। मैंने लिफ़ाफ़े से स्क्रिप्ट निकाली। ऊपर लिखा था– सीता और गीता 2.0, मैं ये नाम देखते ही डर गया। नाम के नीचे लिखा था– सच्ची घटना पर आधारित। मैंने तुरंत स्क्रिप्ट खोली और सरसरी तौर पर पढ़ने लगा। मैं अवाक् रह गया, उस कहानी की फूहड़ता पर, उसमें दिखाई गई वासना पर और अंत पढ़कर तो मुझसे रहा नहीं गया। मैं तुरंत उठा, ऑफ़िस के बाहर आया और शिखा को फ़ोन लगाया।

"हेलो, शिखा, तुम ऐसा नहीं कर सकती हो।" शिखा के फ़ोन उठाते ही मैंने कहा।

"क्या किया मैंने?"

"सुनो, ये स्क्रिप्ट वापस ले लो।"

"ओ, तुम्हें मिल गई स्क्रिप्ट! सुनो, तुम्हारे अलावा बहुत से प्रोडक्शन हाउस हैं जिन्होंने इस फ़िल्म को हरी बत्ती दिखा दी है। तुम्हारे बॉस ने सबसे ज़्यादा पैसा ऑफ़र किया सो मैंने हाँ बोला, वरना मैं तो चाहती भी नहीं थी

कि तुम्हारी कंपनी से ये स्क्रिप्ट प्रोड्यूस हो।"

"पर ये कहानी तुम्हारी नहीं है, तुम्हारे पास इसे बनाने के अधिकार नहीं हैं।"

"मैं केस लड़ लूँगी। वैसे मैंने सारे नाम बदल दिए हैं, मतलब मैंने नहीं लेखक ने।"

"कौन है लेखक?"

"तुम्हारा दोस्त... धीरू।"

मैंने अपना सिर पकड़ लिया।

"तभी स्क्रिप्ट में मेरा भी किरदार है!"

"वो लेखक ने क्रियेटिव लिबर्टी ली है।"

"और अंत में राजुला, मतलब जो असल में रेणु है, मतलब गीता को तुमने नंगा करके भरे चौक पर पत्थरों से पिटवाया है।"

"मुझे ये अंत बहुत अच्छा लगा, कितना कथार्टिक है न!"

"तुम एक लड़की होकर ऐसा कैसे कर सकती हो?"

"तुम एक पुरुष होकर किसी की निजी कहानी को अपने दोस्तों में बाँट सकते हो तो मैं तो ये कर ही सकती हूँ। और ये मलीना फ़िल्म से सीन चुराया है जिसमें मोनिका बलुची को सरेआम नंगा करके मारा जाता है। पता है ये कितना कमाल आइडिया है! मतलब जो लोग एक लड़की का दूसरी लड़की से प्रेम नहीं देख सकते हैं उनके लिए एक तरीक़े से पाप की सज़ा है गीता को सरेआम पिटते देखना और जो लेस्बियन हैं उनके लिए ये कितना कथार्टिक होगा! ये अंत सबके लिए काम कर रहा है।"

मैं चुप हो गया। मुझे समझ नहीं आया कि मैं शिखा से क्या कहूँ! शिखा का उत्साह फ़िल्म को लेकर इतना ज़्यादा था कि उसे मेरी गुहार सुनाई ही नहीं दे रही थी।

"सुनो यश, अगर तुम चाहो तो मैं कहानी साझा करने के तुम्हें पैसे दे सकती हूँ। यक़ीन मानो हमने बहुत मेहनत की है इस फ़िल्म पर, बहुत काम किया है। हम विदेशी कैमरामैन ला रहे हैं, देश का सबसे बड़ा निर्देशक

इसका निर्देशन करने के लिए तैयार है।"

मैं फुटपाथ पर जहाँ खड़ा था वहीं बैठ गया। मुझे लगा था कि सब ठीक हो गया है, पर कुछ भी ठीक नहीं हुआ था। मैंने फ़ोन काट दिया। शिखा से बहस करने का कोई मतलब नहीं था। वह मेरी एक भी बात नहीं सुनना चाहती थी। और उसके सीधे सवालों का मेरे पास कोई जवाब नहीं था।

मैंने धीरू को कई फ़ोन किए, कई मैसेज भेजे, पर उसने किसी का भी जवाब नहीं दिया। धीरू को जब किसी एक की धुन चढ़ती थी तो वह सारी चीज़ों को भूल जाता था। वह मुझे भूल चुका था। मैं देर तक ऑफ़िस में 'सीता और गीता 2.0' के सामने बैठा रहा।

मैंने मेल खोला और ऑफ़िस में इस्तीफ़े की अर्ज़ी दी और घर की तरफ़ निकल गया।

31.

ख़ुदकुशी, ये शब्द मुझे हमेशा से ही आकर्षित करता रहा था। यह मुझे हमेशा 'ख़ुदख़ुशी' जैसा सुनाई देता रहा था। ख़ुद-ख़ुशी, आत्महत्या के लिए कितना अजीब शब्द है! इसके सुनाई देने में मुझे लगता कि कितना अजीब शब्द है ये, इस शब्द में ख़ुशी भी शामिल है। पर मैं कायर आदमी था, मैं ख़ुदकुशी कभी नहीं कर सकता था। बहुत पहले की बात है जब बंबई में मेरे एक दोस्त ने आत्महत्या कर ली थी। आत्महत्या के कुछ रोज़ पहले ही वह मेरे घर आया था, हमने बहुत शराब पी थी। मुझे आज भी याद है उसने कहा था कि– मैं बंबई छोड़ रहा हूँ, मैंने मैक्लॉडगंज के ऊपर धर्मकोट के पास एक पुराना घर देखा है, मैं सोच रहा हूँ वहाँ चला जाऊँ, वो बहुत बड़ा घर है, मैं वहीं रहूँगा और उसके कुछ हिस्सों को Airbnb में तब्दील कर दूँगा, मैंने पूरा प्लान किया हुआ है। तुम आना वहाँ, तुम जब सुबह उठोगे तो बादल तुम्हें तुम्हारे कमरे में आते हुए नज़र आएँगे। मज़ा आ जाएगा।

उसकी आँखों में चमक थी। भविष्य में बादलों के बीच डोलता हुआ एक घर था। मैं उस रात उसकी ख़ुशी में ख़ुद को बहुत आनंद में महसूस कर रहा था।

कुछ दिनों बाद उसकी ख़ुदकुशी की ख़बर धीरू ने मुझे दी थी और मुझे याद है कि मैं ख़बर सुनते ही सीधा ऑफ़िस चला गया था। मैंने कई दिनों

तक ख़ुद को काम में व्यस्त कर लिया था। जब भी धीरू से मिलता और वह मेरे उस दोस्त की बात छेड़ता तो मैं तुरंत बात बदल देता। अंत में मैंने कुछ वक़्त के लिए धीरू से मिलना भी बंद कर दिया था। मैंने अपने दिमाग़ में मान लिया था कि वो दोस्त मरा नहीं है बल्कि वह सच में अगले दिन मैक्लॉडगंज चला गया है। वह अब वहीं रहता है और उसने वहाँ जाकर अपने आपको इतना बदल दिया है कि उसे पहचानना मुश्किल है। क्या ये ख़ुदकुशी का सबसे अच्छा तरीक़ा नहीं है? मतलब आप अपने जिए जा रहे जीवन को पूरी तरह नमस्ते कह दें और किसी एकदम नई जगह जाकर एकदम शुरू से नया जीवन जीना शुरू करें, नए नाम, नए विचार के साथ। ये ख़ुदकुशी के बजाय सच में ख़ुदखुशी करने जैसा होगा। शायद धुन ने ख़ुदखुशी की थी। जब वह अपना पिछला जीवन छोड़कर यहाँ चली आईं और बंबई के छोटे-से कमरे से एक नया जीवन जीना शुरू किया।

मैं अपनी बिल्डिंग के नीचे धुन के इंतज़ार में जाने कब से बैठा था! मुझे उनसे बात करनी है ये बात मेरे दिमाग़ में जाने कब से मँडरा रही थी! मैं कई बार छठे माले पर भी होकर आया, पर हर बार उनके कमरे के बाहर ताला दिखा। मैंने तय किया कि कितनी ही रात क्यों न हो जाए मैं आज उनसे बात किए बिना यहाँ से हिलूँगा भी नहीं।

नौ बजे के क़रीब वह मुझे हमारी कॉलोनी के परिसर में दाख़िल होती दिखीं। आज उन्होंने साड़ी पहन रखी थी। कत्थई रंग की साड़ी, जो उनके ऊपर बहुत फब रही थी। उन्होंने दूर से ही मुझे देख लिया था। उनकी चाल कुछ धीमी हुई। मैं खड़ा हो गया था। वह सीधी मेरे पास आईं।

"मैं आपका ही इंतज़ार कर रहा था।"

"सॉरी, मैं आजकल रोज़ देर से वापस आ रही हूँ, मैं सोच ही रही थी आपसे मिलने का।"

"आज मौसम काफ़ी अच्छा है। हम साथ में टहल सकते हैं?"

हम दोनों वापस हमारे परिसर से निकले और हाईवे के बग़ल की सर्विस रोड पर टहलने लगे। धुन के चेहरे पर चमक थी, वह पहले से कहीं ज़्यादा ख़ुश दिख रही थीं। मुझे कारण पता था, पर मैं उन्हें असहज नहीं करना चाहता था।

"आज हवा बहुत तेज़ चल रही है।" धुन ने कहा।

"हाँ, तूफ़ान की भविष्यवाणी है।"

"जब बिजली कड़कती है तो मैं ख़ुशी से उछल जाती हूँ।"

"और मैं अपने बिस्तर में दुबक जाता हूँ, मुझे बहुत डर लगता है।"

धुन आसमान की तरफ़ देखने लगीं। आसमान में काले गहरे बादल एक कोने से उभरते हुए दिखाई दे रहे थे। तेज़ हवा की वजह से हमारी चाल बहुत धीमी थी। सर्विस रोड पर अँधेरा था, शांति थी और ठीक बग़ल में हाईवे पर ट्रैफ़िक जाम लगा हुआ था। धुन की साड़ी हवा में उड़ रही थी, पर उन्हें फ़र्क़ नहीं पड़ रहा था।

"मैं पहली बार किसी से मिला हूँ जिसे बिजली का चमकना पसंद है।" मैंने कहा।

"जब मैं बहुत अकेला महसूस करती थी तो कभी-कभी जुहू-बीच पर टहलने निकल जाया करती थी। समुद्र मुझे बेहद आकर्षित करता था। देर तक मैं लहरों का आना-जाना ताकती रहती थी। फिर मुझे वो देखते, प्रेमी जोड़े, दो लैंपपोस्ट के बीच वाले अँधेरे में दुबके हुए। मैं सभी जोड़ों के पास से गुज़रती और भीतर प्रार्थना कर रही होती कि काश मुझे दो लड़कियाँ एक साथ इस तरह बैठी दिख जाएँ, जो कभी नहीं हुआ। जब मेरी यहाँ पहली प्रेमिका बनी थी तो मैं उसे सबसे पहले वहीं बीच पर लेकर गई थी और हम देर तक लैंपपोस्ट के ठीक नीचे उसके उजाले में बैठे थे। ये मेरा अपनी उन प्रार्थनाओं से एक क़िस्म का बदला था, जो प्रार्थनाएँ कभी पूरी नहीं हुईं। फिर मुझे लगा कि ये कितनी छोटी बात है, मेरे बदला लेने से कुछ भी नहीं बदलेगा। तब से ही मुझे प्राकृतिक आपदाओं के प्रति आकर्षण बढ़ा है। जब मैं बहुत तकलीफ़ में होती थी और बिजली कड़कती थी तो मैं सोचती

कि काश सब कुछ ख़त्म हो जाए। ऐसा कुछ हो जाए कि ये दुनिया फिर से शुरू हो और वो शुरुआत में ही ये समझ जाए कि आपसी प्रेम से कोई नुक़सान नहीं होता है, वो इस दुनिया को और ख़ूबसूरत बनाता है, चाहे फिर वो प्रेम दो पुरुषों में हो या दो महिलाओं में, उससे क्या फ़र्क़ पड़ता है!"

धुन बात कहके चुप हो गईं। मैं उनके बग़ल में अपने पैरों को देखते हुए चल रहा था। धुन से मैं बात करना चाहता था, पर ठीक क्या कहना है की तलाश में, कब धुन की बातों में बह गया मुझे पता ही नहीं चला। धुन की बातें सुनने में मुझे शांति मिल रही थी। जो व्यक्ति अपने जीवन में ख़ुश होता है उसके विचार भी कितने सटीक सुनाई देते हैं! मैंने देखा, धुन मुस्कुरा रही थीं। उनकी मुस्कुराहट को देखकर मैं भी मुस्कुराने लगा।

"क्या हुआ?" मैंने पूछा।

"ये सब कहने में बार-बार मेरे सामने रागिनी का चेहरा आ रहा है। आस-पास इतना परायापन देखने के कारण एक चिढ़ घर कर जाती है, पर फिर रागिनी जैसे लोगों की वजह से एक गहरा विश्वास भीतर बैठने लगता है और ये दुनिया फिर से ख़ूबसूरत दिखने लगती है।"

"तो आपको पता चल गया कि वो रेणु या राजुला नहीं बल्कि रागिनी है?"

"हाँ, मैं रागिनी से आजकल मिल रही हूँ, उसने मुझे सब बता दिया है। मैं समझ सकती हूँ कि तुम कितनी मुश्किल में पड़ गए थे। अब बस मैं रेणु का इंतज़ार कर रही हूँ। रागिनी ने बताया कि वह आने वाली है।"

"हाँ, वो आने वाली है इसलिए मेरा आपसे बात करना ज़रूरी था।"

"तुम चिंता मत करो, मैं और रागिनी सब सँभाल लेंगे। रेणु तुमसे कुछ नहीं कहेगी।"

"मेरी मुश्किलें, जितनी आपको पता हैं उससे कहीं ज़्यादा हैं।"

"मतलब?"

हवा चलना बंद हो चुकी थी और वातावरण में वापस बंबई की उमस फैल गई थी, पर आसमान में गहरे बादल चारों तरफ़ छा चुके थे। हम दोनों

सर्विस रोड पर बहुत आगे निकल आए थे। वापस आते हुए, जो भी कुछ मेरे साथ अब तक घटा था, मैं वो सारा-का-सारा धुन को बयाँ करने लगा। मैंने देखा कि मैं बहुत जल्दी-जल्दी अपनी बात कह रहा था, शायद मुझे डर था कि कहीं धुन बीच में टोक न दें या ये न कह दें कि मुझे ये सब सुनने में कोई दिलचस्पी नहीं है। जब मैंने अपनी बात ख़त्म की तो हम धुन की बिल्डिंग के नीचे खड़े थे। धुन भी चुप थीं और मैं भी। सारा कुछ कह देने के बाद मैं बहुत हल्का महसूस कर रहा था। लेकिन, इन सबमें अभी भी मेरी समझ नहीं आया कि मैं ये सब धुन को क्यों बताना चाहता था!

"मेरे पास थोड़ी वाइन पड़ी है, मुझे नहीं लगता कि तुम इस वक़्त अपने घर जाना चाहते हो!"

धुन ने कहा, और मैं धुन को देखता रहा। मैं मुस्कुराना चाहता था, पर बहुत कोशिश करने पर भी मेरे चेहरे पर मुस्कुराहट नहीं आई। धुन पलटकर लिफ़्ट की तरफ़ चली गईं। मैं वहीं खड़ा रहा। लिफ़्ट का दरवाज़ा खोलकर वह लिफ़्ट के अंदर गईं, पर लिफ़्ट का दरवाज़ा उन्होंने बंद नहीं किया, वह मेरा इंतज़ार करने लगीं। कुछ देर में मैं लिफ़्ट की तरफ़ चलने लगा।

धुन के कमरे में घुसते ही लगा कि कमरा नहीं बल्कि एक छोटा-सा घर है। ये कमरा, मेरे कमरे जितना ही छोटा था, पर धुन ने इसे बहुत ही ख़ूबसूरती से जमाया था कि इसका छोटा होना इसकी कमी के बजाय इस घर की खूबी नज़र आ रही थी। सामने वर्जीनिया वुल्फ़ की एक बड़ी-सी श्वेत और श्याम तस्वीर लगी हुई थी। फ्रिज़ पर बहुत से पन्ने फ्रिज़-मैगनेट से अटकाकर चिपके हुए थे। लग रहा था कि बहुत-सी कविताएँ लिखी हैं उन पर। एक पढ़ने की टेबल और कुर्सी बालकनी पर रखी हुई थी। ज़मीन पर एक मोटा गद्दा था जिस पर बहुत से रंग-बिरंगे तकिये रखे हुए थे। एक इंद्रधनुष वाला छोटा झंडा भी था जो बिस्तर के ऊपर लगी किताबों की अलमारी से झाँक रहा था। धुन ने उस छोटी-सी जगह के हर कोने का इस्तेमाल बहुत बारीकी से किया था। कुछ देर में धुन वाइन के दो गिलास लेकर आईं और हम दोनों उनकी बालकनी में आकर बैठ गए। उनकी

बालकनी से हाईवे दिखाई देता था। हाईवे पर अब ट्रैफ़िक नहीं था। तेज़ी से गाड़ियाँ दोनों तरफ़ भाग रही थीं। कुछ घूँट वाइन पीने के बाद धुन ने पूछा, "तो अब क्या करोगे?"

"अभी तक तो बस मैं इतना चाहता था कि आपसे बात कर लूँ।"

"मेरे पास इसका एक ही हल है कि तुमने जैसा मुझे बताया है, वैसा ही तुम रेणु और रागिनी को सारा कुछ बता दो। और आशा करो कि वो तुम्हारी समस्या समझ जाएँ।"

"मैं इस विचार से ही काँप जाता हूँ।"

"रेणु और रागिनी को पता तो सब चल ही जाएगा।"

"क्या हम नाम बदल सकते हैं? जैसा रेणु ने कहानी में बदले थे?"

धुन मेरी बात सुनकर हँसने लगीं। मुझे भी हल्की हँसी आ गई।

"तुम्हारे पास ये हल है समस्या का?"

ये कहकर वह और ज़ोर से हँस दीं।

"हाँ, अगर मैं धुन हो जाऊँ और आप यश?"

"विश्वास करो, तुम कभी धुन नहीं होना चाहोगे। तुम्हारी समस्याएँ क्षणिक हैं, तुम ये जानते हो कि ये जैसे-तैसे एक दिन हल हो ही जाएँगी। पर मेरी समस्या बहुत छोटी है, मैं जैसी हूँ उसमें एक सामान्य-सी ज़िंदगी चाहती हूँ और मुझे पता है मेरे जीते-जी ये संभव नहीं होगा। अब बताओ तुम धुन होना चाहोगे?"

धुन ये सब मुस्कुराते हुए कह रही थीं। मैंने दो लंबे घूँट में अपने हाथ में रखी वाइन ख़त्म की। धुन भीतर जाकर वाइन की बोतल ले आईं। मेरे मना करने पर भी उन्होंने मुझे एक गिलास वाइन और दे दी। तभी मेरे फ़ोन में नोटिफ़िकेशन आया। मैंने देखा रेणु का मेल है। रेणु का मेल देखते ही मैं खड़ा हो गया। धुन अचानक चौंक गईं। मेरी इच्छा हुई कि अभी यहाँ से तुरंत निकल जाऊँ, पर बालकनी बहुत छोटी थी और दरवाज़े की तरफ़ धुन खड़ी थीं। मेरे एक हाथ में वाइन का गिलास था और दूसरे हाथ में फ़ोन।

धुन ने मेरे हाथों से वाइन का गिलास लिया और टेबल पर रख दिया। मैं तेज़-तेज़ साँस लेने लगा था। धुन ने मेरा हाथ पकड़ा।

"क्या हुआ?" धुन ने पूछा।

"रेणु का मेल है।"

"क्या लिखा है?"

मैंने मेल खोला और पढ़ना शुरू किया।

'प्रिय यश,

मैं बहुत-बहुत ख़ुश हूँ। मुझे नहीं लगा था कि मैं इतनी जल्दी अपनी कहानी ख़त्म कर दूँगी। इसकी बहुत बड़ी वजह रागिनी और तुम हो। कोई तुम्हारी कहानी पढ़ने का इंतज़ार कर रहा है ये भावना अजीब-सा उत्साह बनाए रखती है लिखने में। तुम दोनों को कहानी भेजते ही मेरे भीतर एक गुदगुदी-सी बनी रहती है। मैं ठीक अभी इस गुदगुदी को महसूस कर सकती हूँ। काश मैं अभी इसी वक़्त तुम दोनों से मिल सकती और कहानी का अंत ख़ुद पढ़कर सुना सकती, पर पहाड़ से बंबई आना आसान नहीं है।

मैं कहानी का अंत भेज रही हूँ। तुम पढ़ लेना। मैं कल रात तक बंबई पहुँचूँगी। आशा है हम तुरंत मिलेंगे!

तुम्हारी दोस्त,

रेणु।'

हम दोनों कुछ देर चुपचाप एक-दूसरे को देखते रहे। धुन मेरे सारे किए को जानती थीं, ये बात, रेणु का मेल पढ़ने के बाद मुझे और तकलीफ़ पहुँचाने लगी। धुन क्या सोच रही होंगी मेरे बारे में! वैसे तो मैं ख़ुद भी अपने बारे में अच्छा नहीं सोच रहा था। धुन ने मेरा हाथ पकड़कर मुझे वापस बिठा दिया और वाइन का गिलास मेरे हाथों में दे दिया।

"सब ठीक हो जाएगा। अगर तुम कहो तो मैं रागिनी..."

मुझे धुन की आवाज़ सुनाई नहीं दे रही थी। मेरे दिमाग़ में 'सीता और

गीता 2.0' की फूहड़ता चल रही थी। मुझे साँस लेने में तकलीफ़ होने लगी थी। मैंने देखा, धुन अभी भी कुछ कहे जा रही थीं। उनका हाथ मेरे कंधे पर था। मैंने उनका हाथ पकड़ा और वह चुप हो गईं।

"मैं जाना चाहता हूँ।"

"कहाँ?" धुन ने पूछा।

"घर..."

मैंने कुछ गहरी साँसें लीं और धीरे-धीरे वाइन के छोटे घूँट पीने लगा। मैंने कमरा नहीं, मैंने घर कहा था। क्या मैं सच में अपने घर जाना चाहता हूँ? मैं धुन से अपने गाँव के घर की बात करना चाहता था, मैं उससे अपनी माँ के बारे में बात करना चाहता था, मगर मैं चुप रहा। मैं अपने झूठे जीवन का ज़िक्र करना चाहता था, अपने भगोड़ेपन को कोसना चाहता था पर मैं चुप रहा। धुन ने भी कुछ नहीं बोला। वह मेरे बग़ल में चुपचाप बैठी रहीं। हल्की बारिश शुरू हो गई थी। हाईवे पर अब इक्का-दुक्का गाड़ियाँ दिख रही थीं। बारिश के पानी की वजह से हाईवे की सड़क चमक रही थी। छठे माले की बालकनी से सामने दिख रहा बंबई बहुत सुंदर लग रहा था, पर उस सुंदरता को देखने की आँख मेरे पास नहीं थी। मेरे लिए धुन का बग़ल में चुपचाप बैठे रहना, दिख रही सुंदरता से कहीं ज़्यादा ख़ूबसूरत था। हम दोनों अपनी-अपनी चुप्पी लिए देर तक साथ बैठे रहे।

जाते हुए मैंने धुन से पूछा, "क्या मैं रेणु की कहानी आपको भेज दूँ अभी?"

"तुम मत भेजो, रागिनी मुझे भेज देगी।"

32.

अगले दिन सुबह उठते ही मैं अपने बैंक गया और जितने पैसे निकाल सकता था उतने निकाल लिए थे। उस पर भी मैं मंदा जी को कुल जमा सवा दो लाख दे पाया। मेरे पास इससे ज़्यादा पैसे नहीं थे। मैंने उनसे कहा, "घर खड़ा कर लो। जब तक वो खड़ा होगा, तब तक खिड़की और दरवाज़ों के पैसे का भी जुगाड़ हो जाएगा।" वह हँसने लगी थीं। फिर मैं अपने मकान मालिक के पास गया और कहा कि मैं आज ही ये घर छोड़ रहा हूँ। उनके पास जो डिपॉजिट रखा है उससे वह बाक़ी हिसाब कर लें।

मैं ये सारे काम बहुत ही स्थिरता में कर रहा था। मेरे भीतर कोई भी हड़बड़ी नहीं थी। मेरे दिमाग़ में मैं लगातार अपने घर के बारे में सोच रहा था। मेरे गाँव का घर, मैं जब भी उसके बारे में सोचता तो मुझे हमेशा बंद दरवाज़े दिखते और दिखती थीं दीवारें। खिड़कियाँ कभी याद नहीं आती थीं। कच्ची मिट्टी और गोबर से लिपी ज़मीन और ऊबड़-खाबड़ दीवारें। यहाँ अपने कमरे की सीलन को देखने पर चेहरे दिखाई देते थे, घर नहीं। मंदा जी की आँखों में उनके भविष्य के घर की चमक साफ़ दिखाई देती थी। मेरा घर मेरे लिए कहीं बहुत भीतर दफ़्न था। मैं बहुत याद करता तब भी उसके केवल अवशेष ही दिखाई देते, पूरा घर कभी नहीं दिखता था।

मैं ख़ुद-ख़ुशी के लिए तैयार था, पर जाने से पहले मैं एक बार जीवन से मिलना चाहता था।

कुछ ही वक़्त में मैं अपने घर के बग़ल वाली बिल्डिंग के छठे माले के सफ़ेद दरवाज़े के सामने खड़ा था। मेरा सिर उस सफ़ेद दरवाज़े पर टिका हुआ था। मेरा दिमाग़ ख़ाली था, मैं कुछ भी सोच नहीं रहा था, बस एक थकान थी। तभी भीतर से आवाज़ आई, "कौन?"

"जी मैं हूँ, यश।"

दरवाज़ा खुला और मैं भीतर प्रवेश कर गया।

मैंने भीतर प्रवेश करते ही जीवन से इजाज़त माँगी और मैं उनके सोफ़े पर लेट गया। वह देर तक किचन में कुछ काम करते रहे। फिर वह मेरे लिए चाय बनाकर ले आए, पर मैं हिला नहीं। मैंने चाय को नहीं छुआ। मैं बस लेटा रहा। वह मेरे सामने कुर्सी पर बैठे थे। उनकी ठुड्ढी उन्होंने अपने दोनों हाथों पर टिकाई हुई थी, और उनके हाथों ने छड़ी को कसकर पकड़ा हुआ था।

"मंदा जी अपने गाँव का घर बनाने जा रही हैं।" मैंने कहा।

"हाँ, उन्होंने मुझे भी बताया।" जीवन ने कहा।

"लोग घर क्यों बनाते हैं? और ख़ासकर जब उन्हें पता है कि वो उसमें कभी रहेंगे नहीं!" मैंने कहा।

"हम सबको एक वो चीज़ चाहिए होती है जिसके पास जाया जा सकता है, जैसे बूढ़े होते माँ-बाप, या घर। अब उसके माँ-बाप रहे नहीं तो घर ही है जिसके पास जाया जा सकता है।"

मैं चुपचाप लेटा रहा और फिर से अपने घर के बारे में सोचने लगा। मुझे आश्चर्य हुआ कि मेरे भीतर घर नहीं था, पर उस घर में माँ का टहलना मैं अभी भी सुन सकता था, उनका हँसना, उनका किताबें साफ़ करना, उस घर में से आती मेरी माँ की ख़ुशबू मैं यहाँ लेटे हुए सूँघ सकता था। मैं घर के बारे में और सोचने लगा, पर ऐसा कुछ भी याद नहीं आया जिसे छुआ जा सके। मैं छूना चाहता था, चिपक जाना चाहता था किसी से।

"मैंने धोखा दिया है।" मैंने कहा।

जीवन चुप रहे। मैं चाहता था कि वह कुछ बोलें, पर सब कुछ चुप था। मैंने एक गहरी साँस ली और कहा, "मैंने अपने पिता को धोखा दिया है, मैं कभी वो बेटा नहीं हो पाया जिसकी उन्होंने कल्पना की थी। मैंने माँ को धोखा दिया है। मेरे आस-पास से जो भी गुज़रा मैंने उसे ठग लिया है।"

मैं चुप हो गया। मुझे लगा कमरे में मैं अकेला बड़बड़ा रहा हूँ, मेरी आवाज़ मुझसे ही आकर वापस टकरा रही है। मैंने जीवन को देखा तो लगा वह अपनी छड़ी पर टिके हुए सो गए हैं। मैं उठकर बैठ गया, वह बड़ी-बड़ी आँखों से मुझे देख रहे थे। क्या वह देख सकते हैं? मैंने अपना हाथ उनकी आँखों के सामने फेरा, पर उनकी पलक नहीं झपकी। मैं वापस लेट गया और उनके कमरे की छत ताकने लगा।

कुछ देर में जीवन ने मेरी चाय का कप उठाया और एक लंबा सिप लिया।

"चाय तो ठंडी हो गई होगी?" मैंने कहा।

"हाँ, ये ठंडी हो चली है, पर कभी-कभी शक्कर वाली चाय पीने में जो सुख है मैं उसे बयान नहीं कर सकता।"

उनके चेहरे पर मुस्कुराहट थी।

"ठंड के दिनों में सूरज की किरणें सीधा इस कमरे में आती हैं। तुमने उस सुनहरे रंग को अपने कमरे में फैलते हुए कभी देखा है?" जीवन ने पूछा।

"हाँ, सुबह-सुबह मेरे भी कमरे में सूरज की किरणें आती हैं।"

"मुझे अंधे होने पर सबसे ज़्यादा यही चीज़ अखरती है। मैं अब अपने कमरे का सुनहरा होना नहीं देख पाता हूँ। मैं बहुत कोशिश करता हूँ धूप को छूने की, उसे अपने शरीर पर महसूस करने की, पर वो नहीं हो पाता है। अंत में ये, सूरज का घर में प्रवेश करना, जैसी छोटी घटना सबसे बड़ा सुख दिखाई देती है, और मैं उस सुख को कभी देख नहीं पाऊँगा।"

उन्होंने अपना हाथ आगे बढ़ाया। मैंने उनके हाथों को छुआ।

"जीवन बड़े धोखों में, बड़े दुखों या सुखों में नहीं है। जीवन बहुत छोटी

चीज़ों में है। जीवन माफ़ कर देने में है और माफ़ी माँगने में है।"

"मैं माफ़ी माँगने की सीमा लाँघ चुका हूँ।" मैंने कहा।

"ख़ुद को तो माफ़ कर ही सकते हो?"

उन्होंने कहा और उठकर फ्रिज़ की तरफ़ चले गए। वहाँ से वह मिठाई का डिब्बा ले आए।

"ये खाओ, बहुत ही अच्छे पेड़े हैं। तुम्हें मीठे की ज़रूरत है।"

मैंने उठकर उनके हाथों से मिठाई का डिब्बा लिया और कुछ पेड़े मुँह में भर लिए। वो बेहद स्वादिष्ट थे।

"आपका घर है?" मैंने पूछा।

"क्या?"

"आप कभी वापस अपने घर गए हैं?"

"एक उम्र के बाद कहीं जाया जा सके के सारे रास्ते बंद हो जाते हैं। फिर बस इंतज़ार ही होता है कि शायद कोई उन रास्तों से होता हुआ एक दिन आपका दरवाज़ा खटखटाए।"

"किसी ने कभी खटखटाया आपका दरवाज़ा?"

"हाँ..."

"किसने?"

"तुमने।"

मैं उन्हें देखता रहा। वह और भी कुछ कहना चाह रहे थे, पर मैं तुरंत सोफ़े से खड़ा हो गया। मैं ऐसा कुछ भी नहीं सुनना चाहता था जिससे मैं वापस फँस जाऊँ। मैं तेज़ कदमों से चलता हुआ उनके कमरे से निकल गया।

33.

मैं ट्रेन में बैठा हुआ था और अपने घर की तरफ़ निकल गया था। 'The Well of Loneliness', 'Orlando' और 'After Sappho', ये तीन किताबें मैं अपने साथ ले आया था। और मेरे साथ रेणु की कहानी थी, उसके सारे पन्ने मैं प्रिंटआउट कराकर ले आया था। उसकी कहानी के अंत के साथ, जिस अंत को मैंने अभी तक नहीं पढ़ा था।

'हेलो रेणु,

मैं नहीं चाहता था कि तुम ये कहानी लिखो। मैंने कोशिशें भी कीं कि मैं कुछ लोगों को ये कहानी पढ़ने को दूँ, और कहानी पढ़ते हुए जब वे इस कहानी की मुझसे बुराई करें तो मैं उन बुराइयों को तुम तक ऐसे पहुँचाऊँगा कि ये बातें कहानियों में मुझे बुरी लग रही हैं और तुम इसे लिखना त्याग दो। मैं इस कहानी की बुराइयाँ देखने में असमर्थ था क्योंकि ये कहानी मुझे बेहद असहज कर रही थी। पहले मैं सोचता था कि मेरे ज़रिये असल में ये कहानी तुमने धुन जैसी महिलाओं के लिए लिखी है (धुन से तुम जल्द ही मिलोगी), पर ऐसा नहीं है। ये कहानी असल में मुझ जैसे पुरुषों के लिए है।

मुझसे ग़लतियाँ हुई हैं, मैंने तुम्हारी कहानी अपने कुछ दोस्तों को पढ़ने के लिए दी थी। और अब स्थिति यहाँ तक पहुँच चुकी है कि वे तुम्हारी कहानी का इस्तेमाल एक फ़िल्म बनाने के लिए कर रहे हैं। उन्होंने तुम्हारी

कहानी को एक फूहड़ फ़िल्म में तब्दील कर दिया है। मैंने उन्हें रोकने की कोशिश की, पर नहीं रोक पाया।

मैंने तुमसे कभी पूरा सच नहीं बोला, मैंने रागिनी से भी सच नहीं कहा, धुन से मैं सारा कुछ कह पाया। जैसा कि मैं ख़ुद को जानता हूँ, उस कहे में भी झूठ के छींटे यहाँ-वहाँ बिखरे होंगे।

मैं अपने इस तरीक़े के जीवन से बेज़ार हो गया हूँ। मेरी नदी का पानी कड़वा है, उसे न मैं पी पाता हूँ और ना ही मैं इससे किसी और की प्यास बुझा पाता हूँ। मुझे लगता है कि समस्या इस नदी के उद्गम में है कहीं। मैं अपने उद्गम की तरफ़ जा रहा हूँ।

I am sorry!

यश।'

मैंने रेणु को मेल भेज दिया। मैं ट्रेन में आस-पास बैठे लोगों की शक्ल को देखने लगा। पता नहीं मैं क्या खोज रहा था उनकी शक्लों में? मैं चाहता था कि किसी की आँखें ये कहती दिख जाएँ कि 'सही किया तुमने'। मेरे आस-पास कॉलेज के लड़के-लड़कियों का एक ग्रुप बैठा हुआ था और बहुत शोर मचा रहा था। मैं खिड़की से बाहर देखने लगा। बाहर हल्की बारिश हो रही थी। तेज़ हवा में मेरे बाल उड़ रहे थे, मेरे सामने से तेज़ी से पीछे की तरफ़ भागता दृश्य था। खेत, नदी, छोटे गाँव, खुला आसमान, कई साल पहले मैं इसी तरह अपने गाँव से भागकर यहाँ आया था। उस वक़्त भी मैं ऐसे ही खिड़की पर बैठा हुआ था और सारा बचपन पीछे छूटता हुआ देख रहा था। अब मैं उसके विपरीत भाग रहा था, अपने बचपन की तरफ़, तो क्या मैं अपने बचपन में वैसा-का-वैसा पहुँच जाऊँगा?

मैंने जिस दिन बंबई में अपना पैर रखा था तब से मैं अंगद की तरह वहाँ जम गया था। मैंने कभी बंबई नहीं छोड़ा। जबकि मैं कुछ भी पकड़कर नहीं रखना चाह रहा था, मैं तो बस चाहता था कि मैं धुँधला बना रहूँ। मैंने बहुत ही अजीब तरीक़े से पूरे शहर को कसकर पकड़कर रखा था। अभी

लग रहा था कि असल में कितना आसान था निकल जाना, अपनी पकड़ को ढीला रखना!

मुझे मेरे शरीर से अभी भी बदबू आ रही थी, पर मैं इस बदबू से अब असहज नहीं था।

मैं अपने गाँव की तरफ़ जा रहा था। शायद वो गाँव अब गाँव नहीं रह गया होगा, वो शहर में तब्दील हो चुका होगा। घर के बाहर से जाती कच्ची सड़क पर डामर बिछ गया होगा और घर भी शायद गिर पड़ा होगा। फिर भी घर के रास्ते पर, उसकी तरफ़ चलने में एक तसल्ली थी। ऐसा लग रहा था मैं अपनी की गई ढेरों ग़लतियों के मूल की तरफ़ यात्रा कर रहा हूँ। वहाँ पहुँचकर क्या होगा पता नहीं, शायद प्याज़ के छिलकों को उतारते-उतारते मुझे भीतर कुछ मिले ही न! पर मैं छुपते-छुपते थक चुका था। मैंने जिन चीज़ों से भागना शुरू किया था मैं उनके सामने जाकर एक बार खड़ा हो जाना चाहता था।

तीनों किताबें मेरे क़रीब रखी हुई थीं, पर दिमाग़ में रेणु की कहानी हरकत कर रही थी। मैंने बैग से रेणु की कहानी निकाली और देर तक उस कहानी के पन्नों को पलटता रहा। अब कहानी पढ़ते वक़्त मुझे सादिया आंटी के शरीर पर टैटू नज़र आते और माँ घर की छत पर खड़ी आसमान में कुछ ढूँढ़ती हुई दिखतीं। नाम बदल लेने पर रेणु राजुला हो गई थी और राजुला रेणु। और कहानी पढ़ते वक़्त मुझे रेणु में सादिया दिखाई देती और राजुला में माँ।

"Excuse me!" सामने बैठे एक लड़के ने कहा।

"जी?" मैंने पूछा।

"क्या मैं ये किताब देख सकता हूँ?"

मैंने उसे अपने बग़ल में रखी किताब, 'The Well of Loneliness' पकड़ा दी। तभी उसके साथ बैठी लड़की ने मुझसे दूसरी किताब माँग ली। मैंने तीनों किताबें उस ग्रुप में बाँट दीं। 'The Well of Loneliness'

सामने बैठा लड़का पढ रहा था, 'Orlando' ऊपर बैठी लड़की और 'After Sappho' मेरे बग़ल में बैठी लड़की। कॉलेज का ग्रुप अब थोड़ा शांत हो चला था। मैं इन तीनों को पढ़ता देखता रहा। मेरे चेहरे पर मुस्कुराहट थी। तभी मुझे याद आया कि मैंने रेणु को, मुझे अपनी कहानी देने के लिए धन्यवाद नहीं कहा। मैंने उसे ये नहीं कहा कि मेरे लगाए सारे चश्मे उसकी कहानी की वजह से टूट चुके हैं। शायद एक दिन मैं ऐसी यात्रा वापस बंबई की करूँगा और तब मैं रेणु से वो सब कह दूँगा जिसे कहने के लिए मैं अभी तैयार नहीं था।

'चाय-चाय' चिल्लाता हुआ एक लड़का ट्रेन से गुज़र रहा था। मैंने अपने साथ-साथ सारे कॉलेज के ग्रुप के लिए चाय ले ली। चाय के कुछ सिप मैं ले ही रहा था कि मुझे मेरी पीठ में हरकत महसूस हुई। कछुआ वहीं था, वो उछलकर रागिनी के पास नहीं गया था। मुझे खुजली होती रही, पर मैंने अपना हाथ पीठ पर ले जाने की कोशिश नहीं की। मुझे पता था कि मुझे इसके साथ रहने की आदत डालनी होगी।

कुछ देर में मुझसे रहा नहीं गया और मैंने खुजली करने के बजाय रेणु की कहानी का आख़िरी अंश खोला और उसे पढ़ने लगा।

34.

सामने पड़े पानी को देखने से उसे लगता ये पानी उसकी प्यास बुझा सकता है। वह पानी को चखना भूलती जा रही थी। पानी का स्वाद क्या होता है? आज ही वह पैंतीस की हुई थी। उसकी इच्छा हुई कि वह पानी में अपना अक्स देखे। कैसी दिख रही होगी वह पैंतीस में?

"तुम पैंतीस में पहुँचकर और सुंदर दिखोगी।" राजुला ने एक रात उससे कहा था।

पीछे से एक पहचानी आवाज़ आई। वह पलटी तो उसे धुँधली आकृति दिखी, नीली शर्ट और कत्थई पैंट पहने धीरज उसकी तरफ़ आ रहा था। वह वापस पानी को देखने लगी। नीला धब्बा और कत्थई रंग उसके बग़ल में आकर खड़ा हो गया।

पानी का रंग क्या होता है?

वह पूछना चाह रही थी, पर उसकी आवाज़ जा चुकी थी। उस दोपहर की चीख़ों ने उसकी आवाज़ उससे छीन ली थी। अब वह जब भी बात करने की कोशिश करती तो सिर्फ़ घों-घों की

आवाज़ ही उसके मुँह से निकलती थी।

"राजुला, क्या कर रही हो यहाँ? चलो केक काटना है, सब अंदर इंतज़ार कर रहे हैं।" धीरज ने कहा।

हर बार राजुला नाम सुनते ही उसके भीतर एक टीस उठती थी। अगर राजुला होती तो वह राजुला से कहती कि नाम बदलने वाला खेल तब तक ही ठीक था जब तक हम दोनों खेल रहे थे। मुझे ये खेल अब नहीं खेलना है। उसे पीछे से आते हुए फ़िल्मी गानों के सुर सुनाई देने लगे। इसके पहले वो सुर और सब लोगों की आवाज़ें कहाँ थीं? धीरज के राजुला कहते ही मानो आवाज़ों का दरवाज़ा खुल गया था और उसे आस-पास का सारा कुछ सुनाई देने लगा था। उसने इशारे से कहा कि आती हूँ।

"अरे चलो भी।" धीरज के कहने में कोमल अधिकार था।

'मैं यहीं तब तक बैठे रहना चाहती हूँ जब तक कि मेरी जड़ें न निकल आएँ।' रेणु ने कहना चाहा, पर धीरज को समझ आया कि 'तुम चलो, मैं आती हूँ।'

उसकी आवाज़ गए इतने महीने बीत चुके थे फिर भी उसके इशारे पक्के नहीं हुए थे। वह कहना कुछ चाहती थी और लोग कुछ और समझ लेते थे। फिर वह उनका समझना सुधारती नहीं थी। पहले जब वह बोल पाती थी तो वह ख़ुद क्या चाहती थी, उसे कभी समझ नहीं आता था। आज जब उसे पता था कि वो क्या चाहती थी तो कोई उसे समझने वाला नहीं था।

धीरज बेमन से खिसकते हुए उन्हीं आवाज़ों की तरफ़ जाने लगा। नीले धब्बे और कत्थई रंग को वह देर तक जाता हुआ महसूस

कर सकती थी। उसके जाते ही मानो पीछे से आ रही गाने की आवाज़ें भी धुँधली पड़ने लगी थीं। उसके ओझल होते ही रेणु नदी किनारे पड़े पत्थरों को बटोरने लगी। वह उन पत्थरों को देर तक अपने हाथों में रखे सहलाती रही। अपने बचपन में वह शायद इन पत्थरों को दूर पानी में फेंकने की कोशिश करती। उन्हें पानी के ऊपर टप्पा खिलाती और हर पत्थर ने कितने टप्पे खाए उसका हिसाब रखती। उसके सारे फेंके पत्थरों में कोई एक पत्थर जीत जाता। फिर वह जीते हुए पत्थर को याद करती, क्या आकार था उसका, कितनी चिकनाई थी, ऐसा क्या था उसमें कि वो जीत गया था। ये क्या खेल है? इस खेल में, वह सोचने लगी कि– राजुला कैसा पत्थर थी! उसकी बनावट में ऐसा क्या था कि लोग उसे तुरंत फेंक देना चाहते थे! क्या वह हम सबसे जीतकर गहरी नदी के तल में पड़ी हुई हम सब पर इस वक़्त हँस रही होगी!

तभी नदी किनारे चलते-चलते उसे एक पत्थर दिखा, गहरे रंग का चिकना पत्थर। उसने बाक़ी सारे पत्थर फेंके और उस पत्थर को उठाकर उसे अपने गालों पर महसूस करने लगी। उस पत्थर में ठंडक थी। गालों पर फेरते हुए उसे लगा कि वह राजुला के घुटनों पर सिर टिकाकर उससे बात कर रही है। उसने उस पत्थर को अपनी साड़ी के पल्लू में रख लिया और फिर वह उस जैसे दिखने वाले पत्थर बटोरने लगी। धीरे-धीरे उसका पल्लू भारी हो गया। उसने उन सारे पत्थरों को अपने पल्लू में बाँधा और नदी की तरफ़ चलने लगी।

'चलो, सारे लोग केक कटिंग के लिए तुम्हारा इंतज़ार कर रहे हैं, क्या सोचेंगे लोग?'

उसे राज़ुला की आवाज़ आई। रेणु ने कोई जवाब नहीं दिया। उसे यदा-कदा राज़ुला की आवाज़ आती रहती थी। पहले वह चौंक जाती थी, पर अब उसे उसकी आदत हो गई थी।

'चलो, वरना लोग कहेंगे कि देखो अभी भी उस चुड़ैल का साया नहीं गया इस पर से।' राज़ुला ने रेणु के कानों के आस-पास फुसफुसाया।

'मैं पहले पानी देखते ही कूद जाती थी, तैरना मैंने बहुत बाद में सीखा था। पहले मैं पानी में बस कूद जाना जानती थी।' रेणु को ख़ुद की आवाज़ आई, पर वह कुछ बोलना नहीं चाह रही थी। उसका बोलना तो बहुत पहले बंद हो चुका था। रेणु चलते-चलते कमर तक नदी में जा चुकी थी।

'तुम गीली हो रही हो राज़ुला।' राज़ुला ने कहा।

'मैं रेणु हूँ।'

'अभी भी रेणु हो? मुझे लगा तुम कब की वापस राज़ुला हो चुकी हो।'

रेणु की आँखों से पानी टपकने लगा। उसने जैसे ही अपने आँसू पोछने के लिए हाथ उठाया, सारे पत्थर पल्लू से छूटकर पानी में गिर गए। वह फूट-फूटकर रोने लगी। रोने की आवाज़ भी घों-घों के साथ उसके गले से निकल रही थी। उसने ख़ुद को पानी में छोड़ दिया, पर वह डूब नहीं रही थी। उसे एहसास हुआ कि वह राज़ुला नहीं थी। राज़ुला में वज़न था, वह डूब सकती थी। राज़ुला इतनी हल्की भी थी कि वह उड़ सकती थी। वह पानी के ऊपर लेटी रही। उसे आसमान में पक्षियों का झुंड दिखा जो अपने घरों

की तरफ़ जा रहा था। रेणु की निगाह झुंड से अलग उड़ रहे पंछी पर टिक गई। कितने दिन बीत गए थे जब रेणु ने राजुला को उड़ते हुए देखा था! उसके बाद पूरा घर कितनी जल्दी अपनी सामान्य स्थिति में लौट आया था मानो राजुला कभी घर में आई ही न हो! रेणु ग़ायब हो जाना चाहती थी।

'मैं डूब नहीं पा रही हूँ, राजुला।' उसने कहा।

'मैं उड़ना भी नहीं जानती हूँ, राजुला।' उसने कुछ देर बाद कहा।

वह राजुला के जवाब का इंतज़ार करती रही, पर दूसरी तरफ़ से कोई जवाब नहीं आया।

अब वह क्या करे? न तो वह पूरी तरह रेणु हो पाई और नहीं वह अब राजुला थी। जब राजुला ने उससे कहा था कि अपने घर में बात करो तो वह डर गई थी। वह कभी बात नहीं कर पाई कि उसे क्या पसंद है। आज जब वह कहना चाहती थी कि उसे राजुला पसंद है तो उसकी आवाज़ चली गई थी।

उसे लगा जाने कितने लोग हैं जो ठीक वक़्त पर अपनी बात नहीं कह पाए और फिर वे पूरी ज़िंदगी के लिए गूँगे हो गए!

रेणु ने नहाने के बाद कपड़े बदल लिए थे। उसके सामने केक रखा हुआ था जिस पर लिखा था- Happy 35 राजुला। उसने फूँक मारकर मोमबत्ती बुझाई और बग़ल में रखे चाक़ू से केक काटा। एक छोटे टुकड़े को जब उसने अपने हाथों में लिया तो देखा सामने धीरज के हाथों में मोबाइल था, वह उसका वीडियो बना रहा था। उसने धीरज को केक खिलाया। फिर धीरज की माँ

को केक खिलाया।

वे हिल स्टेशन पर रेणु का जन्मदिन मनाने आए थे। सब कह रहे थे कि रेणु की सेहत के लिए हवा-पानी बदलना ज़रूरी है। रेणु को भी लगने लगा था कि ये सब उसके लिए ज़रूरी था।

"बेटा, तूने तड़का नहीं लगाया दाल में?" धीरज की माँ ने खाने की टेबल पर बोला।

"मैं उड़ नहीं पाई और मैं डूबना भी नहीं जानती हूँ।" रेणु ने घों-घों की आवाज़ में कहना चाहा।

धीरज की माँ ने सुना, "मेरा जी ठीक नहीं है।"

"मैं तुझे रात को काढ़ा बनाकर देती हूँ। तुझे अच्छी नींद आएगी।"

धीरज की माँ रेणु को रोज़ काढ़ा देती थीं और रेणु गहरी नींद सो जाती थी। अगले दिन जब वह उठती तो उसे लगता कि वह कई दिनों बाद सोकर उठी है। अब वह कान के भारी झुमके भी पहनने लगी थी, उसके कान लंबे होते जा रहे थे और आजकल वह खींचकर चोटी बाँधती थी, उससे उसका सिर हमेशा उसे पीछे की तरफ़ खिंचा हुआ लगता, मानो कोई पीछे खड़ा हो जो उसे आगे बढ़ने से लगातार रोक रहा हो। धीरज ने ऊपर की बरसाती तुड़वा दी थी और वहाँ बहुत-सी सब्ज़ियाँ उगा दी थीं। अब उनकी छत टैरिस गार्डन में तब्दील हो चुकी थी।

कोई राजुला पुकारता तो रेणु भीतर एक टीस महसूस किया करती थी, पर अब उस टीस का असर भी बहुत हल्का होने लगा था। वह, पता न लगे की धीमी गति से, वापस राजुला होती जा रही थी। वह रोज़ धीरज को ऑफ़िस के लिए टिफ़िन तैयार करके

देती, दोपहर का खाना बनाती, शाम को धीरज की माँ के साथ सामने पार्क में टहलने जाती और रात होने पर धीरज की माँ का काढ़ा पीकर सो जाती। उसकी घों-घों की आवाज़ के भीतर से कुछ शब्द भी सुनाई देने लगे थे। उन शब्दों में जब भी कोई उड़ने जैसी बात उसे सुनाई देती तो उसे लगता कि उसका मन ठीक नहीं है और वह काढ़ा पी लेती। उसे लगने लगा था कि असल में उसका मन रेणु है जो ख़राब रहता था। वह अब पूरी तरह से राजुला हो चली थी।

मानव कौल

मानव कौल के जीवन को उनके लिखे के बहाने समझा जा सकता है। एक लेखक का लिखा किस तरह उसके जीवन और लेखन में यात्रा कर रहा होता है उसे मानव की किताबों से गुज़रते हुए गुना जा सकता है। मानव की यह लेखन-यात्रा अब तक 15 किताबों तक पहुँच चुकी है—‘**ठीक तुम्हारे पीछे**’ (कहानियाँ), ‘**प्रेम कबूतर**’ (कहानियाँ), ‘**तुम्हारे बारे में**’ (न कविता, न कहानी), ‘**बहुत दूर, कितना दूर होता है**’ (यात्रा-वृत्तांत), ‘**चलता-फिरता प्रेत**’ (कहानियाँ), ‘**अंतिमा**’ (उपन्यास), ‘**कर्ता ने कर्म से**’ (कविताएँ), ‘**शर्ट का तीसरा बटन**’ (उपन्यास), ‘**रूह**’ (यात्रा-वृत्तांत), ‘**तितली**’ (उपन्यास), ‘**टूटी हुई बिखरी हुई**’ (उपन्यास), ‘**पतझड़**’ (उपन्यास), ‘**कतरनें**’ (न कविता, न कहानी), ‘**साक्षात्कार**’ (उपन्यास) और ‘**संयम**’ (उपन्यास)।